Gernot Wersig ist Professor am Institut für Publizistik- und Kommunikationswissenschaft der Freien Universität Berlin.

Studium der Publizistik, Soziologie und Dokumentation; Promotion 1971; Habilitation im Fach Informations- und Dokumentationswissenschaft 1972; seit 1977 Professor für Informationswissenschaft an der FU Berlin. Zahlreiche Aktivitäten im Bereich Dokumentation/ Informationswissenschaft bei DGD, FID, UNESCO und DSE.

Gernot Wersig

Informations- und Kommunikationstechnologien

Eine Einführung in Geschichte, Grundlagen und Zusammenhänge

13

REIHE UNI-PAPERS
Band 13

Die Deutsche Bibliothek – CIP-Einheitsaufnahme

Wersig, Gernot:
Informations- und Kommunikationstechnologien : eine Einführung in Geschichte, Grundlagen und Zusammenhänge / Gernot Wersig. - Konstanz : UVK Medien, 2000
  (Reihe Uni-Papers ; Bd. 13)
  ISBN 3-89669-276-3

ISSN 1433-7657
ISBN 3-89669-276-3

©UVK Medien
  Verlagsgesellschaft mbH, Konstanz 2000

Umschlag: Barbara Simon, München
Druck: Legoprint, Lavis

UVK Medien Verlagsgesellschaft mbH
Schützenstr. 24 · D-78462 Konstanz
Tel.: (07531) 9053-0 · Fax: (07531) 9053-98
www.uvk.de

Inhalt

Vorwort	7
1. Vorklärungen	9
1.1 Mensch	9
1.2 Technik und Technologie	15
1.3 Informations- und Kommunikationstechnologien	19
1.4 Technikevolution	20
1.5 Ansätze zu Systematiken	24
1.6 Historische Etappen	31
2. Klassische trägerorientierte Technologien	35
2.1 Druck	35
2.2 Fotografie	51
2.3 Bewegtes Bild	64
2.4 Schallplatte	75
2.5 Elektromagnetismus und Tonband	82
3. Klassische Übertragungstechnologien	87
3.1 Vorbemerkungen	87
3.2 Telegrafie	88
3.3 Telefon	99
3.4 Funk	104
4. Elektronische Datenverarbeitung	119
4.1 Ausgewählte Grundlagen	119
4.2 Hardware	124
4.3 Anwendungen	135
4.4 PC-Grundlagen	139

5. Multimedia 143
   5.1 Kriterien 143
   5.2 Multimedia als viele Datentypen 146
   5.3 Multimedia als Optische Platten 150
   5.4 Multimedia als Digitalisierung des Rundfunks 163

6. Neue Netze 167
   6.1. Typologie und Grundbegriffe 167
   6.2 Entwicklung der Netze 176
   6.3 Digitalisierung der Netze 182
   6.4 Netz-Tendenzen 187

Literatur 193
Register 197

Vorwort

In der zweiten Hälfte der 80er Jahre wurde im Studienfach Informationswissenschaft an der Freien Universität Berlin im Grundstudium eine Pflichtvorlesung „Informations- und Kommunikationstechnologien" durchgeführt, für die den Studierenden ein Skript zur Verfügung gestellt wurde. Als 1995 beschlossen wurde, das Fach einzustellen und den Studiengang Publizistik zu Publizistik- und Kommunikationswissenschaft zu erweitern, wurde in das Grundstudium dieses Faches eine Wahlpflichtveranstaltung „Systematik der Informations- und Kommunikationstechnik" aufgenommen, die abwechselnd als Vorlesung und als Proseminar durchgeführt wird. Für diese Veranstaltung wurde als Hintergrundmaterial das seit 1986 existierende Skript überarbeitet.

Diese überarbeitete Version wird – korrigiert, neu formatiert, aktualisiert (etwa auf den Stand Herbst 1999) – hiermit einer breiteren Öffentlichkeit vorgelegt. Dem liegt die Beobachtung zugrunde, dass auch an vielen anderen Hochschulen und Ausbildungseinrichtungen in Deutschland, Österreich und der Schweiz in den kommunikations-, medien-, publizistikwissenschaftlichen und -praktischen Studiengängen die über lange Zeit wenig beachteten technischen Grundlagen eine zunehmend wichtige Rolle spielen. Mit der Digitalisierung der Kommunikation und der damit verbundenen „kommunikativen Revolution" wird der Anteil, den die Technik an den Veränderungen von Kommunikations- und Medienwelten hat, immer deutlicher und daher auch notwendiger Bestandteil des Grundwissens in diesem Bereich.

Auch wenn die neue Aufmerksamkeit für die technische Basis der Kommunikation vor allem durch die „neuen Medien" veranlasst ist, darf sich eine derartige Darstellung nicht auf diese technische Ebene beschränken, weil
- ohnehin nach dem Rieplschen Gesetz auch die alten, analogen, technisch eigentlich überholten Technologien und Medien nicht einfach verschwinden werden, sondern sich nach funktionaler Veränderung ihre Nischen erobern werden,

- viele „Selbstverständlichkeiten" gegenwärtiger Kommunikations- und Medienwelten sich erst aus der Entwicklung der Technologien und ihrer Anwendungen entdecken und verstehen lassen,
- die Potentiale und Entwicklungslinien der neuen und digitalen Technologien sich häufig erst dann einschätzen lassen, wenn man sie aus der Perspektive ihrer Einbindung in den technischen Evolutionsprozess betrachtet.

Dieses Lehrbuch versucht daher eher einen breiten Überblick zu geben, der bereits bei den frühen Techstufen ansetzt, als dass er gegenwärtig wirksame Technik in allen Details darstellt. Es erschien mir ganz wichtig, nicht auf das reine Funktionieren der Technik abzustellen, sondern ihre evolutionäre Komponente, die auch immer verknüpft ist mit der Entwicklung menschlicher Bedürfnisse, anzudeuten – und diese kommt häufig in den Anfängen und den Strukturen der technisch primitiven Problemlösung deutlicher zum Ausdruck als in den späten industriellen und damit auch weitgehend anonymen und in Laboren verborgenen Entwicklungsstufen. Diese Herangehensweise war in der vorhandenen Literatur fast nie anzutreffen (sieht man von den wunderbaren aber kaum zugänglichen Bänden von Gööck ab).

Auch wenn dieses Buch in seiner Grundstruktur seit fast fünfzehn Jahren getestet und entwickelt wurde, kann es nicht fehlerlos sein. Ich bin weder Naturwissenschaftler noch Ingenieur, sondern musste alles aus der Sicht eines Sozialwissenschaftlers kompilieren. Beide Seiten werden die Dinge anders sehen und darstellen wollen. Den Sozialwissenschaftlern und Kommunikationspraktikern werden die naturwissenschaftlichen und technischen Bestandteile zu weit gehen, den Historikern die technikhistorischen Komponenten nicht weit genug. Das ist das Wesen des Kompromisses, den ich hier bewusst eingegangen bin.

Aber: Eine solcher Kompilation geht möglicherweise irgendwann einer Überarbeitung entgegen und insofern bin ich dankbar für jeden Hinweis – auf Fehler, auf Auslassungen, auf Darstellungsprobleme –, aber auch für jeden Wunsch, der insbesondere von Seiten der Studierenden vorgebracht wird. Hinweise und Wünsche wären praktischerweise über e-mail vorzubringen: wersig@zedat.fu-berlin.de.

Gernot Wersig, Berlin

1. Vorklärungen

1.1 Mensch

Unklare Grundkonstellation

Technik steht immer im Dienste des Menschen als Verlängerung und Verbesserung von biologischen oder kulturellen Fähigkeiten. Zum Verständnis der Beziehungen von Menschen und – insbesondere Informations- und Kommunikations- – Technologien kann es sehr hilfreich sein, von einem Verständnis von Menschen auszugehen, das speziell auf die Informations-/Kommunikations-Ebenen Bezug nimmt (ausführlicher Wersig 1993, Teil IV).

Ausgehend von seiner biologischen Basis kann man den Menschen als eine *Menge von Systemen* ansehen (Immunsysteme, Versorgungssysteme, Entsorgungssysteme, Temperaturaufrechterhaltung etc.). Diese Systeme stehen nicht gleichberechtigt nebeneinander, sondern sind vielfältig miteinander verknüpft (über Leistungsträger wie Organe, die an vielen Systemen beteiligt sind) und sind nicht auf einer funktionalen Ebene angeordnet, sondern auf übereinander liegenden Schichten. Auf den unteren Schichten betreffen sie etwa einzelne Zellen, darüber Zellverbände, dann Gewebe, Organe, Kreisläufe etc. Der Mensch ist eine komplexe *Architektur* von Leistungsträgern und Systemen, die hierarchisch übereinander geschichtet sind. Die Leistungsbereitschaft eines Systems hängt vom Funktionieren der darunter angeordneten Systeme ab. Auf der obersten Schicht ist das Bewusstsein als die gewissermaßen ultime Systemschicht angesiedelt. Funktionsstörungen auf untereren Ebenen werden in der Regel auf der darüber liegenden Ebene bemerkt und von dort aus „autonom" beseitigt. Erst wenn diese *autonomen Mechanismen* nicht mehr die Funktionsfähigkeit sichern können bzw. autonome Mechanismen auf der Ebene des Gesamtorganismus eingesetzt werden (z.B. Fieber), wird diese oberste Kontrollebene einbezogen.

Mit einer solchen Sicht des Menschen verbindet sich auch die Ablehnung einer Diskussion, die insbesondere im Kontext der künstlichen Intelligenz eine große Rolle spielt: der Diskussion um die Trennung von Körper und Geist („Leib-Seele-Problem"). Die hier zugrundegelegte Auffassung wäre als *„evolutionärer Holismus"* aufzufassen, nach dem evolutionär der Mensch (aber auch viele andere Wirbeltiere) ein immer komplexerer Organismus geworden ist, in dem schließlich die oberste Kontrollschicht der Komplexität nicht mehr reflexartig und reaktiv abbilden kann, sondern sie reduzieren und reflektieren können muss. Im Falle des menschlichen Gehirns spielt hier wahrscheinlich so etwas wie „evolutionäre Präadaptation" eine Rolle – der Neocortex als biologische Basis des Bewusstseins wächst wahrscheinlich aus reinen Adaptationsproblemen (etwa Gehirnzellenreserve für durch Überhitzung absterbende Zellen des relativ abrupt in die Savanne versetzen Affen), erst als diese biologische Basis vorhanden ist, nutzt der Organismus diese Kapazität sekundär für andere Zwecke.

Der Mensch als Menge von Systemen, die autonom zusammenwirken, aber vor allem auch gemeinsam nach außen auftreten müssen, stellt aufgrund seiner komplexen Architektur in sich ein wesentliches Kommunikationsproblem dar. Zu dessen Lösung finden sich im Menschen bereits die beiden Haupttypen von Kommunikationssystem, die auch später dann technisch unterschieden werden können:

- Das *Verteilsystem*, das von einer (oder mehreren synchronisierten) Stelle aus identische Nachrichten aussendet, die von entsprechend befähigten Rezeptoren aufgegriffen werden können – etwa in Form der Hormonsysteme.
- Das einzelne Punkte verbindende *interaktive Nachrichtensystem*, in dem bei Bedarf gezielt von einer Teilnahmestation zu einer anderen Teilnahmestation Nachrichten gesendet werden können – dies ist in Form des allerdings stark zentralisierten Nervensystems realisiert.

Die Menge von Systemen wirkt zwar koordiniert zusammen und nach aussen (im „Handeln"), hat aber keine scharfe Grenze zur Umwelt (deshalb ist es auch so schwierig, Menschen als ein „System" zu beschreiben). Biologisch ist die Haut als das größte Organ die Grenze zur Umwelt, aber bereits auf der Epidermis spielt sich ständig ein Wechselspiel ab von Absterben und Nachwachsen, von außen sich darauf Setzen und von außen Eindringen, so dass bei vielen Komponenten auf und in der Haut nicht klar ist, was nun zum Menschen gehört und was nicht. Dies kann noch verkompliziert werden, wenn man berücksichtigt, dass der Mensch in seine Umwelt weitere „Häute" einzieht, die er auch als Grenzen seiner selbst zur Umwelt betrachtet – die zweite Haut der Kleidung, die dritte Haut der Wohnung. Der

Mensch nimmt Umwelt auf, bearbeitet diese z.T. mit Umwelt (die Darmflora kann gut außerhalb des Darms existieren) und speichert Dinge, die er bei nächster Gelegenheit an die Umwelt abgibt. Aufgrund der unklaren Grenze zwischen Mensch und Umwelt ist der Organismus (aber auch der Mensch in seinen kognitiven Schichten) ständig dabei, sich gegenüber der Umwelt zu definieren: das Immunsystem ist eine wichtige biologische Schicht, das Konzept des „*Selbst*" dient als Referenzgröße zur ständigen Abgrenzung und Neudefinition. Der Mensch ist also ständig dabei, sich in seiner Umwelt zu verorten, wobei er sowohl sich selbst als auch seine Umwelt konstruiert (das wird erkenntnistheoretisch als „*Konstruktivismus*" gefasst).

Sinne

Eine zentrale Rolle spielen dabei die Sinne als Instrumente zur Aufnahme von Daten aus der Umwelt. Die Sinne sind zunächst eine biologische Basis der Konstruktion von Welt, ihre physikalische Basis und ihr Auflösungsvermögen setzen den Rahmen, innerhalb dessen wir „Welt" wahrnehmen. Klassischerweise unterscheidet man etwa folgende Sinnesleistungen:

Nahsinne, d.h. Sinne, die Daten nur aus einer relativ großen Nähe aufnehmen:
- Olfaktorisch (Geruch), wobei Schwebstoffe durch die Luft von entsprechenden chemischen Rezeptoren aufgenommen werden. Neuerdings geht man davon aus, dass der Mensch sogar zwei verschiedene olfaktorische Sinne hat (einer für die „normalen" Stoffe, einer für solche, die in Verbindung zum Sexualsystem stehen).
- Gustatorisch (Geschmack), wobei feste Stoffe von entsprechenden chemischen Rezeptoren bewertet werden (nach relativ einfachen Bewertungskategorien, die vor allem der Gefahrenabwehr dienen).
- Haptisch / Taktil (Tastsinn), bei dem Organe an Nervenenden in der Haut mechanisch gereizt werden.
- Andere Hautsinne wie Schmerz und Temperatur. Gelegentlich wirken Hautsinne auch als Fernsinne, wenn die Quelle der physikalischen Reize weiter entfernt ist (z.B. Wind).

Fernsinne, d.h. Sinne, bei denen die Quelle der Daten weiter entfernt ist, so dass eine direkt materielle Begegnung nicht notwendig ist. Die physikalische Basis für Fernsinne sind Wellen:

- Schallwellen sind Materieschwingungen, die durch gestörte Materie entstehen und für das menschliche Ohr hörbar sind. Sie pflanzen sich durch materielle Medien mit einer begrenzten Geschwindigkeit fort und können von daher auch nur begrenzte Distanzen überwinden.
- Lichtwellen sind der Ausschnitt aus dem Spektrum der elektromagnetischen Wellen, der für die menschlichen Augen sichtbar ist. Sie pflanzen sich mit Lichtgeschwindigkeit auch im Vakuum fort und werden je nach Beschaffenheit des Mediums, das sie durchqueren, verlangsamt.

Zusätzlich zu den klassischen Sinnen gibt es aber noch andere Sinne, die auf komplexere Sinnesorgane wirken, etwa:
- Gravitation und Gleichgewicht
- Kognitive Verrechnungen komplexer Situationen („Ahnungen")
- Extrasensorische Phänomene wie Hellsehen, Vorahnungen, Gedankenübertragung
- Kognitiv-mentale Phänomene wie Denken, Fühlen, Phantasie

Alles, was wir über die Welt erfahren, muss durch die Darstellungsformen dieser Sinne gehen. Die Technik, über die hier gehandelt werden muss, hat zum Teil die Funktion, Dinge, die unsere Sinne nicht wahrnehmen – weil wir keine physikalischen Sinne dafür haben wie Röntgenstrahlen oder weil sie zu weit entfernt sind – in Signale umzusetzen, die unseren Sinnen zugänglich sind. Da die Welt viele Phänomene enthält, die unseren Sinnen nicht zugänglich sind, erfahren wir direkt immer nur einen sehr kleinen Ausschnitt. Wir benutzen Technik, um diesen Ausschnitt zu erweitern, den wir dann aber nicht mehr im gleichen Sinne „erfahren".

Komplexitätsreduktion

Der Mensch (und viele andere Tiere) hat nicht nur eine unklare Grenze zur Umwelt, er definiert auch in dieser Umwelt Territorien und Posten, die als Bestandteil seines Selbst-Territoriums gelten. Dazu zählen:
- Territorialgrenzen und -markierungen
- Eigentum
- Stellvertreter

Damit markiert er nicht nur seine Position in der Welt, sondern reduziert auch deren Komplexität, indem die Außenwelt nicht mehr als komplett fremd gelten kann.

Eine ähnliche Funktion haben Außenstellen, die meist als *Gedächtnisse* fungieren. In ihnen können in der Außenwelt Komplexitätsreduktionsinstrumente abgelegt werden, die derart die organismusinterne Außenweltdarstellung in Form des internen Gedächtnisses nicht belasten müssen (von Notizzetteln bis zu Datenbanken).

Weitere Verfahren der Komplexitätsreduktion sind etwa:
- Kompression von Sinneseindrücken
- Abstraktion und Klassenbildung
- Zeichen
- Modellierung

Zeit

Eine besondere Bedeutung für den Menschen (bzw. die Unterscheidung von Akteuren überhaupt) hat die Zeit. Der Mensch unterscheidet die drei Zeitebenen Gegenwart, Vergangenheit, Zukunft, wobei die Gegenwart, in der die Antizipation der Zukunft in Form des Handelns eine zentrale Rolle spielt, sich kontinuierlich in Vergangenheit verwandelt. Von daher spielen auch in den Informations- und Kommunikationstechnologien zwei unterschiedliche Technikgruppen eine Rolle: die zeitabhängigen und die zeitunabhängigen Technologien, wobei ein Entwicklungstrend darin besteht, die zeitabhängigen durch zeitunabhängige Formen zu parallelisieren (Speicherung).

In der Zeit sind Menschen bestimmt durch Anfänge und die Aussicht auf ein unabänderliches Ende, dessen Eintreten allerdings relativ wenig vorhergesagt werden kann. Sie sind *zeitlich finale Komplexe*. Durch das Funktionieren der Sinne in der Zeit und die daran anschließenden Gedächtnisse nimmt der Mensch Strukturen seiner selbst und der Außenwelt auf, verändert diese durch neue Sinneseindrücke, organisiert diese Gedächtnisse, um eine seiner Situation adäquate Repräsentation von Welt und sich selber zu erhalten. Dies wird auch als „*Wissen*" bezeichnet.

Handeln

Der Mensch ist ein energietransformierendes Wesen, das ständig Energie aufnehmen muss. Aufgrund seiner evolutionären Anlage verfügt er mit der kognitiven Ebene (Bewusstsein) über die Fähigkeit des Umgangs mit der Zeit, d.h. insbesondere die Möglichkeit, eine Zukunft zu sehen, die anders ist als die Gegenwart. Der Mensch verfügt über die Fähigkeit, *Ziele* zu verfolgen und dies heißt immer, an der Gegenwart etwas zu verändern, das als Zukünftiges antizipiert wird. Die Zielstruktur der Menschen ist sehr komplex und evolutionär entfaltet, wobei insbesondere die Zielkomplexe, die mit dem Überleben zu tun haben, neben den Zielkomplexen stehen, die mit dem Erleben zu tun haben. Das Erleben wird bewertet u.a. durch ein (auch hormonelles) Sanktionssystem, für das auch die mental-emotionalen Modelle wie Schmerz, Trauer oder Glück, Freude gelten.

Der Mensch verfolgt Ziele, um sein Leben zu erhalten und zu bereichern, indem er Zukunft antizipiert. Er verfolgt diese Ziele aber auch mit dem eingebauten Gebot der *Rationalität*: Mit möglichst wenig Aufwand einen möglichst großen Effekt zu erreichen („Faulheit"). Ein zentrales Gebot der Rationalität ist, das zu tun, was am meisten Erfolg verspricht. Das bedeutet Planung und Bewertung des Handelns unter Berücksichtigung des Wissens von dieser Welt. Die Umsetzung von Wissen in das Wissen, das für konkretes Handeln benötigt wird, wird auch häufig als „Information" bezeichnet. Für viele Zwecke kann man daher sinnvoll unterscheiden zwischen:

Daten, Wissen, Information

Daten	Repräsentationen der Welt, die von einem Repräsentationssystem in ein anderes transformiert werden können und letztlich der Sinnenwelt von Menschen zugänglich gemacht werden müssen.
Wissen	Zunächst individuell in der Zeit (biografisch) erworbene und gespeicherte Modellierungen von Welt und Selbst, später dann gesellschaftlich verallgemeinert.
Information	Das Wissen, das für konkretes zielgerichtetes Handeln in der Welt benötigt wird, unter Berücksichtigung der Konditionen des Handelns (Zeitpunkt, erwarteter Handlungsgewinn etc.).

Kommunikation

In der Welt der Menschen gibt es nicht nur die Phänomene der Welt, sondern auch andere Komplexe, die ebenso geformt sind, wie er selber. Diese anderen Menschen sind aber immer und notwendigerweise in einer raumzeitlichen Distanz. Die Überwindung dieser Distanz kann als Kommunikation aufgefasst werden. Dabei können unterschiedliche Bezugsrahmen, denen die Überwindung der Distanzen dienen sollen, unterschieden werden, wie:
- Vereinigung zum gemeinsamen Handeln
- Verständigung über die Beschaffenheit der Welt
- Selbstbildung und -reflektion durch Fremdreflektion (Spiegelung)
- Gemeinsame Interpretation der Beschaffenheit der Welt (Weltsicht)

1.2 Technik und Technologie

„Technik" und „Technologie"

„Technik" und „Technologie" sind im Deutschen eine etwas künstliche Unterscheidung. Ursprünglich meinte das deutsche „Technik" sowohl das englische „technique" (etwas gleichartig Anzuwendendes, also eine abstrakte Technik) als auch das englische „technology" (die materielle Technik). Mit der Übertragung von englischen Texten entstand dann auch die Gewohnheit, die beiden im Englischen unterschiedenen Wörter durch unterschiedliche deutsche Wörter zu differenzieren. Für die Differenzierung der Bedeutungen dieser Wörter wurden viele Vorschläge gemacht, die von der englischen Differenzierung abweichen. Hier wird später eine eigene Differenzierung vorgeschlagen.

Technik

Der Hintergrund für die Bildung von Technik ist Handeln, bei dem angezielt wird, dass es immer auf die gleiche Art und Weise stattfindet (und erfolgreich ist), d.h. Handeln, bei dem eine gleichartige Zielsetzungslage vorausgesetzt werden kann und ein Weltzusammenhang, der es ermöglicht, auch gleiche Umstände herzustellen, so dass *das gleiche Handeln zum gleichen Erfolg* führt. Es geht also um die Herstellung der Gleichartigkeit von Handeln, der *Wiederholbarkeit* – und insofern ist die deutsche Gleichsetzung nicht ganz unberechtigt – man kann diese Wiederholbarkeit durch abstrakte Regeln oder durch materielle Umstände erreichen. Der Technik liegt daher immer auch die Unterstellung zugrunde, dass die Welt so beschaffen ist, dass in ihr Wiederholbares möglich ist. Dies wird dann ab dem 14. Jahrhundert im Begriff der Naturgesetze gefasst, die allerdings als Unterstellung auch bereits der Jahrtausende davor entwickelten Technik zugrundelagen – nicht als kognitive Weltunterstellung aber als erfolgreiche Erfahrung.

Für viele Probleme sind die biologischen Möglichkeiten des Menschen:
- nicht ausreichend (etwa seine Kraft)
- ihm zu anstrengend
- zu fehlerhaft
- nicht regelmäßig genug
- zu individualistisch

Um seine Möglichkeiten in die Welt hinein zu verlängern, benützt der Mensch Hilfsmittel – zunächst in der Welt vorhandene –, die er im Rahmen der gefühlten oder erfahrenen Naturgesetze einsetzt. Diese erste Stufe von Technik wird auch häufig als *Werkzeug* bezeichnet. Das Werkzeug selber ist aus anderen Gründen entstanden und wird vom Menschen umfunktioniert, die Energie zu seiner Anwendung liefert zunächst der Mensch. Da Werkzeuge in diesem Sinne eigentlich nicht funktional sind, sondern nur funktionalisiert werden, liegt es nahe, für bestimmte Zwecke geeignete Werkzeuge herzustellen (für diesen Herstellungsprozess benötigt man meist bereits wieder Werkzeuge). Häufig werden diese Werkzeuge, die zu bestimmten Zwecken hergestellt werden, auch *Geräte* genannt. Da ein Gerät für einen bestimmten Zweck hergestellt wird, erwartet man von ihm, dass es diesen Zweck auch gleichmäßig erfüllt – auch wenn viele Werkzeuge im Rahmen einer Zwecksetzung multifunktional verwendbar sind, wie etwa ein Messer.

Mit der Beherrschung der Natur durch frühe Technikformen der Werkzeuge und Geräte wächst auch relativ bald der Anspruch an technische Lösungen als Verlängerungen der menschlichen Fähigkeiten. Je komplexer die Aufgaben werden, desto mehr müssen zu einem bestimmten Zweck konstruierte

Geräte zusammenwirken, dies gilt insbesondere für Zwecke, in denen die Wiederholungen, deren Zweck Technik ist, durch die Technik – bei immer noch vom Menschen hinzugefügter Energie – durchgeführt werden. Diese Kombinationen von Geräten, die bestimmte Aktionen wiederholen, nennt man auch *Apparate*. Apparate, denen die Energie kontinuierlich und nicht mehr von organischen Quellen zugeführt wird, nennt man dann *Maschinen*. Da diesen Energie kontinuierlich zugeführt werden, zeichnen sie sich durch besonders gleichmäßige Geschwindigkeiten aus, in denen die Wiederholungen getaktet werden.

Hieraus lässt sich als ein Verständnis von „Technik" ableiten: *Technik* ist die Gesamtheit von Objekten, Maßnahmen und Verfahren, die vom Menschen durch sinnvolle, zielgerichtete Ausnutzung der Naturgesetze und Naturprozesse sowie geeigneter Stoffe als Erweiterung der begrenzten menschlichen Fähigkeiten hergestellt und eingesetzt werden.

Technologie

Die Technik hat eine eigene Evolution, zu der in einer ersten Näherung der Weg vom Werkzeug zur Maschine gehört und dann in einem weiteren Schritt, der von erheblicher Bedeutung war, darin mündet, dass auch die Energie zum Betrieb von Technik technisch hergestellt und zugeführt wird. Damit sind zunächst zwei Komplexitätszunahmen erkennbar:
- Es werden immer mehr Techniken hergestellt, die dazu dienen, andere Techniken herzustellen („Werkzeugtechnik").
- Es entwickeln sich Techniken zum Betrieb von Techniken, also gewissermaßen „Infrastrukturtechniken".

Damit verbinden sich zwei weitere Komplexitätsphänomene:
- Die entstehenden Geräte, Apparate und Maschinen werden einerseits in sich immer komplexer, andererseits immer mehr miteinander kombinierbar zu technischen Wirkketten (etwa in der Produktionstechnik).
- Es werden für den einzelnen Fall der Technikanwendung immer mehr unterschiedliche Naturgesetze ausgenutzt und aneinander angeschlossen.

Während „Technik" im engeren Sinne die Verfahren und Stoffe meint, die in einem konkreten stofflichen Gerät (Apparat, Maschine) zusammengeführt werden, um einem oder mehreren primären Zwecken zu dienen, wenn sie vom Menschen in Funktion gesetzt werden, entwickelt sich um diese Technik herum ein erheblich weiterer Zusammenhang. Dieser wird vielleicht besser als „Technologie" angesprochen, in dem folgende Bereiche eine Rolle spielen:

Der *Technikvorlauf*, der besteht aus
- den in der Technik und ihrer Her- und Bereitstellung verwendeten Naturgesetzen.
- den Technikkomplexen, die der Her- und Bereitstellung dieser Technik dienen.

Die *Technikanwendung*, die etwa besteht aus
- dem zur Erreichung der primären Leistungen der betreffenden Technik notwendigen Anwendungswissen.
- den sekundären Leistungen, die jede Technik auch noch hat, denn jede Technik ist über ihren eigentlichen Bestimmungszweck hinaus auch noch anderweitig anwendbares Werkzeug. Sekundäre Leistungen müssen heute nicht nur materiell sein, sondern können auch in immaterieller Zuschreibung bestehen.

Der *Techniknachlauf*, zu dem etwa gehört:
- Die Wirkung der Technik: Wenn eine Technik im Sinne ihrer primären Leistungen eingesetzt wird, entstehen Wirkungen, die zwar im einzelnen Fall immer beabsichtigt sind, aber in ihrer Gesamtheit nie genau vorhersagbar sind (ein Auto soll Materie von einem Ort zum anderen transportieren, viele Autos, die dies versuchen, hindern sich gegenseitig daran).
- Die Auswirkungen der Technik, mit denen hier die Folgeerscheinungen gemeint sind, die nicht aus den primären Leistungen herrühren, sondern aus den Bereitstellungs- und Betriebsbedingungen der Technik.
- Schließlich sollte hier auch noch einbezogen werden die Frage der Nachfolgetechniken: Gerade aufgrund der Komplexität von Technik und des Zusammenwirkens vieler Techniken sind diese auch immer das Produkt des „Standes der Technik", d.h. jede Technik birgt in sich bereits weitere Entwicklungsmöglichkeiten der eigenen oder anderer Technik.

Unter „Technologie" wird hier dieser allgemeinere Zusammenhang verstanden, der die jeweiligen Techniken auch mit einschließt:

1.3 Informations- und Kommunikationstechnologien

In diesem Zusammenhang kann auf eine ausführliche Ableitung der zugrundeliegenden Verständnisse von „Kommunikation" und „Information" verzichtet werden:

„*Kommunikation*" wird hier verstanden als die Überwindung von raumzeitlichen Distanzen zwischen Akteuren unter Verwendung von Zeichen als Repräsentanten von internen kognitiv-mentalen Zuständen der Akteure. Zeichen (im weitesten Sinne) werden:
- erzeugt
- übermittelt
- empfangen

Dies kann auch materielle Transportprozesse dann einschließen, wenn die Überwindung der Distanzen die räumliche Veränderung von materiellen Zeichenträgern erfordert (bis zum Extremfall der Akteure als Zeichenträger).

„*Information*" wird hier verstanden als zielgerichtete Verarbeitung von zeichentragenden Signalen, die mit dieser Verarbeitung Zwecke verfolgt, also nicht gänzlich neutral gegenüber dem Gehalt dieser Signale ist. Das Verarbeiten kann viele Formen annehmen, einige Hauptformen sind:
- Fixieren, d.h. Signale dauerhaft festzuhalten, so dass weitere Manipulationen an ihnen vorgenommen werden können.
- Transformieren, d.h. aus einer Darstellungsform in eine andere überführen .
- „Verstehen", d.h. Sinngehalte aus den Zeichen herauslesen.
- „Formulieren", d.h. Sinngehalte in Zeichen und Signale umzusetzen.
- Aggregieren, d.h. einzelnen Zeichen oder Nachrichten zu größeren Komplexen zusammenzufassen.
- Deaggregieren, d.h. aus größeren Zeichen-, Signal- und Nachrichtenkomplexen einzelne herauszuziehen.
- Speichern, d.h. größere Signalmengen so dauerhaft aufzubewahren, dass sie zu bestimmten Zwecken nutzbar werden.
- Produzieren, d.h. Zeichen in eine bestimmte gewünschte Signalform zu bringen.

Damit wird deutlich, dass sich Informations- und Kommunikationstechnologien nicht immer deutlich voneinander trennen lassen. In beiden Fällen spielen Prozesse der Erzeugung und des Entgegennehmens von Signalen/Zeichen/Nachrichten eine Rolle. Stehen Fragen der Übermittlung im Vordergrund, wird man eher von Kommunikationstechnologien sprechen, stehen Fragen der Transformation von Darstellungen im Vordergrund, wird man eher von einer Informationstechnologie sprechen. In der realen Kommunikationswelt wirken beide Technologieformen intensiv zusammen: So ist etwa der reine Druck eigentlich eher eine Informationstechnologie (insbesondere in der Prozesskette des Setzens), zur Kommunikationstechnologie wird er eigentlich erst in der massenhaften Produktion und deren Vertrieb (der nicht mehr Drucktechnik ist). Die beiden Technologieformen werden daher im folgenden nur dann auseinandergehalten, wenn dies notwendig ist. Die Systematiken folgen eher den Entwicklungen, die sich im Gesamtbereich der Kommunikation abgespielt haben, in denen Technikkomplexe entstanden sind, die von beiden Seiten her geprägt wurden.

1.4 Technikevolution

Die Menschheit hat eine evolutionäre Entwicklung genommen, in deren Verlauf einerseits die Technik die Evolution ganz erheblich mitbeeinflusst hat (z.B. setzt das Sesshaftwerden eine Reihe von Techniken voraus), die Technik selber aber auch eine Entwicklung durchgemacht hat, die man ebenfalls als evolutionär bezeichnen kann. Einige wichtige Etappen dieser Evolution, die viele gegenwärtige Diskussionen beeinflussen, sind etwa:

Der größte Teil der Technikentwicklung bestand in der Entwicklung von Technik, die die menschliche Physis unterstützt und verlängert. Man könnte dies als *primäre Technisierung* bezeichnen.

Diese ist durch einen zunehmenden Komplexitätszuwachs gekennzeichnet, der sich in zunächst zwei Richtungen erstreckt:

- Horizontal, indem sich immer mehr voneinander differenzierte Technikbereiche entwickeln.
- Vertikal, indem jede Technik immer mehr Technik voraussetzt zu ihrer Her- und Bereitstellung (und später zur Rückführung).

Damit verbinden sich einige großrahmige Probleme, die letztlich für die Transformation von der Moderne in die Postmoderne eine große Rolle spielen (Giddens 1995):
- Unsere soziale Welt wird immer mehr von großtechnischen Systemen beherrscht, d.h. nicht mehr singulär an einem Ort einzusetzenden Geräten, sondern Geräten, die systemisch eingebunden sind (durch Energiezufuhr, durch Verbrauchsmaterialien, durch Transportsysteme etc.).
- Diese großtechnischen Systeme fordern von denjenigen, die an ihnen partizipieren, Vertrauen – kaum jemand weiß, wie sie funktionieren und selbst wenn man dies wüsste, kann kein einzelnes Individuum das Funktionieren garantieren.
- Es handelt sich nicht um voneinander unabhängige Systeme, die man isoliert voneinander weiterentwickeln oder ggfs. sogar aussetzen kann, sondern sie sind alle voneinander abhängig (interdependent), so dass nur das gemeinsame Funktionieren aller Systeme innerhalb bestimmter Schwankungsbreiten das Funktionieren des menschlichen Lebens, so wie es sich entwickelt hat, sichert.
- Diese interdependente Komplexität ist tatsächlich der Komplexität, wie sie der Mensch darstellt, durchaus äquivalent.

Mit den Informations- und Kommunikationstechnologien ist eine neue Stufe der Technikevolution eingeleitet worden: Teilweise werden nun nicht mehr die physischen Möglichkeiten des Menschen technisch unterstützt und verlängert, sondern seine intellektuellen. Ein wesentliches Kennzeichen von Menschen ist es ja, dass sie mit Zeichen umgehen, sie generieren, interpretieren, bearbeiten. Mit der Informations- und Kommunikationstechnik wird über den Körper hinaus auch der Kopf verlängert. Man könnte dies als *sekundäre Technisierung* bezeichnen, für die vor allem die informationstechnischen Anteile verantwortlich sind.

Damit stellt sich eine Frage mit größerer Schärfe (und wird auch in Wellen immer wieder so diskutiert), nämlich die nach der Eigendynamik der Technik – überrennt uns die Technik, ist sie noch von uns steuerbar, ist sie gewissermaßen eine dritte unabhängige Entwicklungskomponente neben Mensch und Natur? Indikatoren dafür gibt es auf mindestens zwei Ebenen:

- Die Technik verändert tatsächlich unser soziales und kulturelles Leben erheblich, etwa indem sie Zeit- und Nutzungsmuster vorgibt, den Bedarf nach Regelung des Wiederholbaren, Rationalisierung, Fehlervermeidung vergrößert. Dies merken wir im Alltag insbesondere mit den technischen Entwicklungssprüngen der Informations- und Kommunikationstechnologien besonders und diese werden auch immer besonders für die These der Eigendynamik herangezogen.
- Die Interdependenzen der verschiedenen Technikbereiche scheinen sich immer mehr zu verstärken, so dass man bereits von *innertechnischem Imperialismus* sprechen kann. Dies ist im Alltag besonders an der Ersetzung manuell betriebener Geräte durch elektrisch betriebene Geräte zu sehen. Das Vordringen der elektrischen Energie ist gewissermaßen ein Imperialismus auf der Ebene der primären Technisierung. Mit den sog. „embedded systems" ist aber der Imperialismus zwischen sekundärer und primärer Technisierung mindestens ebenso deutlich: In immer mehr Geräte geraten Computer, die Steuerungsfunktionen übernehmen. Dies wird in Zukunft noch verschärft durch die kommunikationstechnische Verbindung dieser bisher kommunikativ isolierten Geräte (die allerdings energietechnisch ohnehin schon vernetzt waren).

Durch diese in gewisser Weise zu beobachtende *Eigendynamik der Technik* verstärkt sich die Organisation von Lebensvorgängen nach dem technischen Vorbild, d.h. Rationalisierung und Objektivierung werden immer mehr zu die Entwicklung der Menschheit steuernden Werten (wie dies Max Weber insgesamt für die Moderne beschrieben hat). Dazu zählen Phänomene wie Verdinglichung (Betrachtung von Phänomenen des Lebens und der Kultur als Dinge), Entsubjektivierung (Zurückdrängung subjektiver Faktoren gegenüber „objektiven"), Vordringen von Kalkülen, nach denen das Handeln ausgerichtet wird (derzeit etwa der Kalkül, nach dem alles in Geld bewertet wird).

Die sekundäre Technisierung unterstützt dies ganz besonders durch die *Grundanlage der Computertechnik* als algorithmisches, rechnendes, objektiviertes Instrument der Problemsicht. Die sekundäre Technisierung ist selber eine Technisierung der Rationalisierung. Daraus leitet sich eine der Paradoxien der Gegenwart ab: Haben wir diese rationalisierenden Technologien erfunden, um die Rationalisierung noch weiter zu rationalisieren (weil wir als Menschen immer weiter rationalisieren wollen) oder sind wir dabei, uns selber immer weiter zu rationalisieren, weil wir diese Technologien zur Verfügung haben und diese uns von sich abhängig machen? Aber in der sekundären Technisierung stecken auch gegensätzlich Tendenzen der erweiterten Optionenvielfalt, der Verringerung formaler Vorgaben, der Erweiterung von Horizonten.

Die Technik wirkt aufgrund ihres Erfolges auch *außertechnisch imperialistisch*. Wenn das technische Vorbild so erfolgreich ist, kann man auch die Lebens- und Gesellschaftsvorgänge nach diesem Vorbild erfolgreich gestalten (implizite Technisierung) oder sie durch Technikeinsatz gleich technisieren: Sozialtechnik, Psychotechnik, Kulturtechnik sind Konzepte die in diese Richtung weisen.

Dabei fällt uns dann auf, dass so etwas wie Technik in der Steuerung gesellschaftlicher Abläufe schon immer notwendig war (Mumford 1977). Wenn viele Menschen zu koordinieren sind, ist technikähnliches Management notwendig, die Ver- und Entsorgung vieler Menschen ist nicht nur ein technisches Problem, sondern erfordert auch technikorientierte Handlungsweisen. Insofern kann man auch noch von einer *tertiären Technisierung* sprechen, die in der Technisierung der sozialen Steuerung besteht. In diesen Zusammenhängen fällt der Begriff der „Medien" in zweifacher Hinsicht:
- Die vertrauten „Massenmedien" sind Phänomene, die auf einer massiven (und immer systemischeren) technischen Basis aufbauen und – wenn auch umstritten – in sozialen Steuerungsprozessen Rollen spielen – vielleicht um so mehr, je systemischer und komplexer ihre verwendete Technik ist.
- Neben den „Massenmedien", die eine bestimmte Form von Kommunikation (die man heute immer häufiger als „Medienkommunikation" bezeichnet) realisieren, tritt eine Form von „Medien", die symbolisch generalisiert wirken, d.h. Kommunikation weitgehend ersetzen (Habermas 1981, Luhmann 1998). Was als symbolisch generalisiertes Medium anzusehen ist, ist umstritten, relativ klar ist man sich, dass zumindest das Geld und die Macht, wahrscheinlich auch das Recht dazu zu zählen sind.

In beiden Kontexten könnten die Informations- und Kommunikationstechnologien zur tertiären Technisierung erheblich beitragen (nunmehr stärker mit ihren kommunikationstechnischen Bestandteilen) und damit die Frage nach der Abhängigkeit von der Technik oder der Vergrößerung des Optionenraums durch die Technik verschärft stellen.

1.5 Ansätze zu Systematiken

Grundsätzlich gilt, dass es für die sich über einen Zeitraum mehrerer Jahrtausende entwickelnden Informations- und Kommunikationstechnologien keine stringente einfache Systematik gibt. Im folgenden werden daher einige Näherungen vorgestellt, die jeweils für sich zu bestimmten Zwecken sinnvoll sein können.

Grundlegende Unterscheidung

Die sicherlich grundlegende Unterscheidung der Kommunikationstechnlogien ist die in:
- Verteiltechnologien, bei denen ein und derselbe Inhalt an viele Empfänger in relativer Gleichzeitigkeit verteilt wird (Rundfunk, Zeitung).
- Punktgenaue (interaktive) Technologien, bei denen ein Inhalt genau zu einem Punkt aus einer Vielzahl möglicher Punkte geleitet wird (Post, Telefon).

Menge der einbezogenen Teilnehmer

Bei den Technologien kann es solche geben, die nur für ganz bestimmte Teilnehmerkreise geeignet sind. Die entsprechenden Kommunikationstypen sind z.B. (Wersig 1985):
- Intimkommunikation, d.h. Kommunikationsformen, bei denen das Individuum mit sich selber bzw. nur in einem ganz privaten Kreis kommuniziert (Tagebuch, privates Fotoalbum).
- Individuelle (interaktive) Kommunikation, bei der einzelne Individuen miteinander kommunizieren, meist in einem interaktiven, d.h. aufeinander reagierenden Modus (Brief, Telefon).
- Gruppenkommunikation, bei der eine mehr als zwei Personen umfassende Gruppe miteinander kommuniziert (Taxifunk, Sitzung).

- Wahlkommunikation, bei der für prinzipiell sehr viele potentielle Empfänger eine Vielzahl von Nachrichten vorgehalten werden, aus denen einzelne Akteure Nachrichten nach Belieben auswählen (Bibliothek, Datenbanken).
- Massenkommunikation, bei der prinzipiell alle im Rahmen eines kulturell definierten Empfängerkreises in relativer Gleichzeitigkeit mit den gleichen Nachrichten versorgt werden (können).

Datentypen

Eine Differenzierung, die einerseits aus der Sinneswahrnehmungswelt stammt, andererseits technisch aber verfeinert ist und heute sehr häufig benutzt wird, ist die der unterschiedlichen Datentypen, d.h. Repräsentationen von Welt, die sich an Signaleigenschaften festmachen, die letztlich auch mit der Wahrnehmungswelt zu tun haben. Eine – gegenüber der Informatik-Auffassung etwas erweiterte – Typologie ist:
- Text
- Ton
- (Stand-, Einzel-, Fest-) Bild
- Bewegtbild
- AV (audio-visuell), d.h. synchronisierte Kombination von (meist Bewegt-) Bild und Ton
- Daten, d.h. numerisch sinnvoll behandelbare Repräsentationen, die zu ihrer sinnlichen Wahrnehmung erst in einen der anderen Datentypen transformiert werden müssen
- Objekte (dreidimensional, materiell)

Träger/Übermittlung

Eine Unterscheidung, die ebenso grundsätzlich ist wie die zwischen Verteil- und Interaktionstechnologien ist die nach der Art der Überwindung der raumzeitlichen Distanzen in
- Technologien, bei denen die Nachricht auf einen oder in einem materiellen Träger auf- oder eingebracht ist. Hier erfordert die Überwindung der raumzeitlichen Distanzen in der Regel physikalische Transportprozesse entweder durch *Transport des Trägers* (z.B. Zeitung) oder durch *Transport der Empfänger* zu dem Ort des Trägers (z.B. Plakate).

- Technologien, bei denen die Nachricht auf einen energetischen Träger aufgebracht wird und mittels eines entsprechenden Übermittlungsprozesses vom Sender zum Empfänger übertragen wird (z.B. Rundfunk).

Wege

In beiden Fällen kann es eine Rolle spielen, welche Wege die Technologien in der raumzeitlichen Dimension erfordern. Sie können sein:
- Wegegebunden, d.h. es existieren bestimmte Transport- oder Übertragungswege, über die die Nachricht übermittelt werden kann, sie kann dann auch nur zu Punkten gelangen, die an diesen Wegen auf geeignete Art und Weise markiert sind (Telefonnetz, Straßennetz) – oder
- Wegeungebunden, d.h. die Nachricht wird in die raumzeitliche Gegebenheit abgegeben und wer über entsprechend geeignete Rezeptionsmechanismen verfügt, kann sie aufnehmen (Rundfunk, Straßenverkauf).

Physikalische Basis

Die Überwindung von raumzeitlichen Distanzen ist immer auch ein in der Welt der Naturgesetze sich abspielender Prozess. Als große Gruppen von Technologien lassen sich nach der Hauptbasis der Fixierung bzw. Übermittlung unterscheiden:
- Mechanisch im Wesentlichen durch Ausübung von Druck, um Oberflächen einigermaßen dauerhaft mit *Variationen* zu versehen: Schreiben, Malen, Drucken.
- Mechanisch im wesentlichen durch Ausüben von Druck, um Oberflächen einigermaßen dauerhaft zu *verletzen*: Ritzen, Gravieren, mechanische Schallaufzeichnung.
- Materiewellen werden an allen Anfangs- und Endpunkten der Schalltechnologien verwendet.
- Chemisch – hier handelt es sich im wesentlichen um die verschiedenen Varianten der Fotografie, bei der durch Licht chemische Prozesse ausgelöst werden, die dann durch andere Chemikalien wieder gestoppt werden.
- Elektrisch: Elektrizität ist zwar bei allen modernen Kommunikationstechnologien eine notwendige Voraussetzung, insbesondere um die

daran beteiligten Maschinen anzutreiben (von der Druckmaschine bis zum Belichtungsmesser), wird aber auch zur Übertragung von Nachrichten benutzt (Telegrafie, Telefon, in Zukunft auch als eine Alternative zu anderen elektromagnetischen Übertragungsformen).
- Elektromagnetisch sind die Hauptformen der modernen Kommunikationstechnologien: die *Radiowellen* werden im Bereich des Funkverkehrs zur Übertragung benutzt; die *Lichtwellen* werden einerseits an allen Anfangs- und Endpunkten visueller Technologien verwendet, aber auch zur Übertragung von (Nachrichten (siehe Laser); der *Elektromagnetismus* ist aber auch die Basis für die magnetische Speicherung, die in der Schall-, Bild- und Datenspeicherung Verwendung findet.
- Elektronische Verfahren spielen in fast allen dieser Technologien eine zentrale Rolle, d.h. die Verfahren der Elektrizitätsleitung ohne mechanische Schalter (durch elektrische oder magnetische Felder, Ströme, Wärme, Licht). Erste elektronische Realisierung war die Elektronenröhre: freie Elektronen werden durch elektrische Felder gesteuert zu einer Auffangelektrode, so dass ein Elektronenstrom fließt, wenn die beiden Elektroden über einen Außenleiter miteinander verbunden sind. Später wurde die Elektronenröhre durch Transistoren ersetzt, bei denen die Halbleiter erst durch Aktivierung leitfähig sind. Die Leitfähigkeit nimmt mit wachsender Temperatur zu, so dass die Transistoren nicht geheizt werden müssen.
- Laser-Technologie verwendet zwar auch elektromagnetische Wellen aus dem Bereich des Lichts, aber im Gegensatz zum sichtbaren Licht, das eine Mischung aller Frequenzen (Farben) darstellt, ist Laser-Licht monochromatisch. Es wird eingesetzt zur Fixierung durch Einbrennen, Lesen durch Abtasten; Übermittlung in Lichtwellenleitern; Holografie.

Analog – Digital

Diese Unterscheidung markiert den zur Zeit wichtigen Übergangspunkt (siehe auch hinten unter EDV).
- Analoge Technologien verwenden kontinuierliche Phänomene, die nicht aus kleinsten Elementen zusammengesetzt sind, also grundsätzlich Wellen (Schallwellen, elektromagnetische Wellen).
- Diskrete Technologien verwenden diskrete, voneinander unterscheidbare Elemente, aus denen die Nachricht zusammengesetzt wird (in der visuellen Wahrnehmung ist jeder Buchstabe durchaus ein analoges Phänomen, in der Satztechnik werden sie aber als diskrete Elemente zu-

sammengefügt, dies gilt auch für Bilder, die nicht in ihrer ganzen analogen Form verwendet werden, sondern durch Rasterung in diskrete Einheiten zerlegt werden).
- Digitale Technologien verwenden diskrete Werte, die als Zahlen behandelt werden können (d.h. mit denen Rechenoperationen vorgenommen werden können). Diese können etwa durch Messung analoger oder Codierung diskreter Phänomene entstehen.
- Binäre Technologien verwenden nur zwei Grundelemente (meist als 0 und 1 gekennzeichnet), mit deren Hilfe diredigitalen Werte dargestellt werden.

Funktionalität

Im Gesamtbereich der Informations- und Kommunikationstechnologien können mehrere funktionale Bereiche unterschieden werden. Eine Technologie muss in mindestens einem Funktionsbereich eine möglichst breite Funktionsabdeckung erreichen, um als Technologie erfolgreich zu sein.

Zeitunabhängige Fixierung, bestehend aus:
- *Aufzeichnung* (erfordert ein Aufzeichnungsgerät)
- auf einem materiellen *Träger*
- mit einigermaßen dauerhafter *Speicherung*
- menschengerechte *Wiedergabe* (erfordert entweder ein Wiedergabegerät oder – wie im Falle der Negativfotografie – einen Übergang zur nächsten Funktionalität).
- Die zeitunabhängige Fixierung endet in der Regel mit einem *Unikat*.

Multiplikation:
- als *Kopie*, d.h. eine einigermaßen gegenüber Inhalt (ggfs. auch Form) des *Originals* konsistente einmalige Wiedergabe.
- als *Vervielfältigung*, bei der von einer speziell für diesen Zweck hergestellten Unikat-*Vorlage* eine begrenzte Menge von gleichartigen Exemplaren hergestellt wird.
- als *Massenprodukt*, bei dem eine große Menge von gleichartigen Exemplaren benötigt wird, so dass auch mehrere gleichartige Vorlagen parallel oder hintereinander eingesetzt werden können.

Transformation, etwa in Form von:
- Identifikation
- Verarbeitung
- Übersetzung
- Zusammenführung
- Wandlung (von einer Darstellungsform in eine andere)
- Selektion
- Reduktion
- Filterung

Übermittlung, die erfordert:
- *Transport* (Verpacken, Laden, Transportieren, Adresse finden, Entladen) *oder Übermittlung* (Senden, Übertragen, Empfangen)
- *Verstärkung* (Energiezuführung für Transportmittel, Verstärkung von Nachrichten im Übermittlungskanal)
- *Vermittlung* (Wahl der Wege, Herstellung von Verbindungen) und *Adressfeststellung*
- ggfs. auch *Zweikanaligkeit* (d.h. Möglichkeiten zur Hin- und Rücksendung im Rahmen der gleichen Technologie)

Übergänge

Da bei den meisten Technologien die Kette:
- sinnlich wahrnehmbares Phänomen
- Fixierung bzw. kommunikative Aufbereitung
- Übermittlung
- sinnlich wahrnehmbare Wiedergabe

im Vordergrund steht, gibt es innerhalb der Technologien eine Reihe von Übergangsformen von einer technischen Basis zur anderen, etwa (im Folgenden nur einige Beispiele):
- Reproduktionsfotografie, die vom chemischen Bild zur diskret gemachten Druckvorlage führt.
- Elektroakustische Wandlungen, bei denen von der Schallwelle zum elektrischen Signal (etwa Mikrofon) und umgekehrt gewandelt wird (etwa Lautsprecher).
- Elektrooptisch-akustische Wandlungen, bei denen von der Schallwelle über ein elektrisches Signal ein visuelles Signal erzeugt wird und umgekehrt (Lichtton).

- Elektrooptische Wandlungen, bei denen Lichtwellen elektrische Signale erzeugen (etwa Lichtzellen) und umgekehrt (etwa Bildschirme), aber auch im Bereich der Lasertechnologie.
- Elektromagnetische Wandlungen, bei denen elektrische Signale in Magnetisierungszustände überführt werden und umgekehrt (Magnetspeicher und entsprechende Lesegeräte).
- Optomagnetische Wandlungen, bei denen Laserstrahlen (über den Umweg der Erwärmung) Magnetisierungszustände herbeiführen.

Andere Wandlungsverfahren, die eine Rolle spielen, sind etwa:
- Positiv-Negativ-Wandler in der Fotografie
- Spiegelungen im Multiplikationsbereich
- Analog-Digitalwandler
- Modulationen bei elektromagnetischen Wellen (Amplituden- und Frequenzmodulation)
- Zerlegungen wie in der Rasterung
- Zerlegungen und Zusammensetzungen wie in der Paketvermittlung

Raumzeitliche Distanzüberwindung

Die Betrachtung der Technologien nach ihren Potentialen der raumzeitlichen Distanzüberwindung bringt einige neue Kombinationen:

Zeitüberwindung durch:
- Fixierung
- Speicherung
- Aufbewahrung
- Kopie
- Restauration

Raumüberwindung durch *Transport*:
- Stationär (Empfänger kommen zum Ort)
- Mobil-stationär (Nachrichten an beweglichen Objekten)
- Verteilt, dabei Zugriff durch Abholung oder gezielte Zustellung
- Interaktiv, dabei Zugriff durch Abholung (Postfach) oder gezielte Zustellung

Raumüberwindung durch *Übermittlung*
- Verteilt und dabei wegeungebunden oder wegegebunden; aber auch bei den neueren Funktechnologien (etwa Pager) gezielte Zustellung oder Abholung
- Interaktiv und dabei wegeungebunden (Mobilfunk) oder wegegebunden; aber auch bei den neueren Funktechnologien gezielte Zustellung oder Abholung (e-mail)

1.6 Historische Etappen

Historisch kann man in der Entwicklung der Informations- und Kommunikationstechnologien grob etwa die folgenden Etappen unterscheiden:
- Bis Mitte des 19. Jahrhunderts dominiert die textorientierte, trägergebundene Kommunikation, in der die interaktive Kommunikation wenig eigenständig technisch gelöst war (Post), sondern nur die Verteilkommunikation eine eigenständige Technologie in Form des Druckwesens entwickelt, das von einer eher Vervielfältigungstechnologie hin zur Herstellung von Massenprodukten drängt.
- Ab der Mitte des 19. Jahrhunderts entwickelt sich für die Darstellung von Bildern eine chemisch basierte trägerorientierte Kommunikationstechnologie, die auch sehr starke stationäre Komponenten aufweist (Plakat, Kinofilm).
- Etwa zur gleichen Zeit entwickelt sich als Alternative zu den trägerorientierten Kommunikationstechnologien die elektrische Übertragung von Nachrichten, zunächst nur als textorientiertes Infrastruktur-Netz, an das sich verschiedene andere Übermittlungsformen anschließen (Telegrafie).
- Etwa in diese Zeit fällt auch der Beginn der technischen Fundierung des ersten Massenmediums, indem die Drucktechnik zur massenhaften Multiplikation von Druckerzeugnissen weiterentwickelt wird. In dieser Zeit beginnt sich aber auch die textorientierte Trägertechnik in den anderen Bereich hineinzuentwickeln, den der Kopie und der Vervielfältigung von Kleinauflagen (um wirtschaftlichen Kommunikations-Bedürfnissen nachzukommen).

- Seit ca. 1880 wird die auditive Kommunikation von zwei Seiten her erschlossen: Durch eine trägerorientierte Fixierungs- und Wiedergabetechnologie, die sich allerdings erst dann durchsetzt, als die Träger multiplizierbar wurden und die Wiedergabe maschinell geregelt werden konnte (erstes Viertel des 20. Jahrhunderts).
- Daneben entwickelt sich aus der Telegrafie dann ab Beginn des 20. Jahrhunderts die Telefonie als zunehmend globaler werdendes individuelles interaktives Netz zur Sprachkommunikation. Damit steht den Menschen eine interaktive, energetische, aber wegegebundene auditive Kommunikationsform zur Verfügung.
- Ab ca. 1925 wird dann das analoge Feld komplettiert durch eine energetische, wegeungebundene Verteilkommunikationstechnik, die in Form des Rundfunks die Funkwellen ausnutzt, zunächst nur als auditives Medium (Radio), dann nach dem Zweiten Weltkrieg audiovisuell als Fernsehen.
- Etwa seit Mitte der 70er Jahre drängt sich immer mehr das Phänomen der Digitalisierung in den Vordergrund, nachdem die Computer aus den streng limitierten Anwendungen (Closed shop) in Form des Personal Computer in die Welt der Menschen eindringen.
- Die Digitalisierung entwickelt sich über die Stufen Datennetze, Digitalisierung der Trägerproduktionsstufen, Digitalisierung von Trägern (Audio-CD), Digitalisierung des Telefons hin zu einer digitalen Welt der Profis und Produzenten, in der allerdings noch viele Benutzer-Endeinrichtungen analog und auf der Basis klassischer Technolgie arbeiten können.
- In diese Phase fallen aber noch weitere revolutionäre Veränderungen in Form der zunehmenden Mobilität durch einerseits Miniaturisierung von Endgeräten und andererseits Erschließung neuer Funkspektren im Satelliten- und Mobilfunk.
- Mit der Bereitstellung eines digitalen, globalen Netzes (*Internet*) und einer digitalen Aufzeichnungs-, Verarbeitungs- und Wiedergabewelt, die von fast jedermann benutzt werden kann (*Multimedia*), ist seit ca. 1995 eine neue Phase angelaufen, die zur Digitalisierung der bisher noch analogen „Reste" führen wird – Rundfunk, Fotografie, Kinofilm.

Der zunächst einmal treibende Motor der Technisierung der Kommunikation ist die Verteilkommunikation, zunächst vor allem für Texte (und da geht die Tendenz zu immer größeren Verteilmengen), dann relativ gleichmäßig für Bild, Bewegtbild und Schall. Ab Mitte des 19. Jahrhunderts entwickelt sich aber auch die Technik einerseits der intimen trägerorientierten Kommunikation (Fotografie), andererseits der wirtschaftlich motivierten Vervielfältigung (kleine Verteilmengen). Von daher kann man diese Technologiegruppe mit einigem Recht zusammen behandeln als *klassische trägerorientierte Kommunikationstechnologien*.

In diese Zeit fällt allerdings auch die durchgehende Technisierung der interaktiven Kommunikation, die die technische Basis vorbereitet für eine neue Etappe der Verteilkommunikation durch die Funktechnologien. Diese Gruppe kann man als Übertragungstechnologien zusammenfassen, die auf die eine oder andere Art und Weise Netze zugrundelegten, so dass es gerechtfertigt ist, sie *als klassische (analoge) Netze* zusammenzufassen.

Mit der *Elektronischen Datenverarbeitung* beginnt das neue Zeitalter der Digitalisierung, so dass dort eine Zäsur zu machen wäre. Diese Zäsur ist in der folgenden Darstellung allerdings nicht ganz konsequent durchgehalten: An vielen Stellen setzt die Digitalisierung entweder nur das fort, was bereits entwickelt wurde oder stellt diese Technologien auf eine neue Basis, von der aber ihre Benutzer nicht so sehr viel merken. Oder sie hat sich – wie etwa im Bereich der digitalen Fotografie – noch nicht in den Publikumsmarkt durchgesetzt, sondern bleibt noch eine Angelegenheit der Profis.

Da die Darstellung der verschiedenen technischen Entwicklungslinien ohnehin schon schwierig genug ist, muss gelegentlich die Systematik etwas angepasst werden und müssen auch Abstriche gemacht werden. Diese Darstellung konzentriert sich daher im wesentlichen auf die informations- und kommunikationstechnischen Entwicklungen, die eher zur massenkommunikativen Welt beigetragen haben, wie sie sich nach dem Zweiten Weltkrieg entwickelt haben. Daher werden bestimmte Bereiche der Bildtechnik (etwa des Kunstdrucks) ebenso nur am Rande erwähnt, wie viele Phänomene der Elektronischen Datenverarbeitung, die für den Publikumsnutzer keine besondere Relevanz haben. Daher werden auch einige Phänomene der Digitalisierung als Fortschreibung der klassischen Technologien behandelt (wie die „Drucker), andererseits wird etwa die Netzentwicklung, die in den 60er Jahren einsetzt, als der Beginn einer neuen Epoche angesehen, obgleich sie sich zu großen Teilen durchaus auf analogen Netzen abspielt.

2. Klassische trägerorientierte Technologien

2.1 Druck

Vorklärungen

Die Technologien, die hier zusammengefasst werden, zentrieren sich zunächst um zwei Kernkonzepte:
- Die Ausübung von *Druck* zur Erstellung eines Zeichenträgers.
- Die Konzentration um die *Schrift* als Datentyp, der durch diese Technologien bevorzugt kommunikativ eingebracht werden soll.

Beide Kernkonzepte sind allerdings nicht immer eindeutig aufrechtzuerhalten:
- Zur Erstellung von Texten können auch Verfahren ähnlicher Technologien verwendet werden, die ohne nennenswerten Druck auskommen, wie das Auftragen von Farbe mit Pinseln oder das Klecksen.
- Druck wird auch in anderen Informations- und Kommunikations-Technologien eingesetzt, etwa bei der Multiplikation der klassischen Schallplatten, die gepresst werden.
- In den Kontexten des „Drucks" spielen auch immer bildliche Darstellungen eine Rolle, bei einigen Verfahren sogar ausschließlich (Kunstdruck, einige Verfahren der Reprografie). Von daher gibt es ab der Erfindung der Fotografie einen wesentlichen Überlappungsbereich mit der Fotografie (etwa im Bereich der Reproduktionsfotografie).

Immer geht es darum, für das menschliche Auge sichtbare Zeichen auf einer Unterlage zu fixieren, d.h. einigermaßen dauerhaft auf dieser Oberfläche etwas zu verändern, das das menschliche Auge erkennen und unterscheiden kann. Diese Zeichen müssen also kontrastreich gegenüber der Unterlage, groß genug und formal voneinander hinreichend differenziert sein.

Die ursprüngliche Form der Erstellung einer schriftlichen (oder bildlichen) Fixierung auf einer Unterlage ist die Erstellung eines Unikats; wollte man mehrere Exemplare haben, musste man kopieren – in den Frühzeiten der Schrift hieß das abschreiben, d.h. die Kopie sollte inhaltsgleich, musste aber nicht formal identisch sein, sondern nur hinreichend ähnlich.

In all diesen Technologien spielen – neben der Schrift – immer drei Komponenten eine Rolle:
- Stoff, auf den geschrieben wird (Beschreibstoff).
- Stoff, der auf den Beschreibstoff geschrieben wird (Schreibstoff).
- Gerät, mit dem geschrieben wird (Schreibgerät).

Frühe Beschreibstoffe

Schrift bedeutet immer die Anordnung von diskreten Zeichen in der Fläche und erst in der flächenhaften Anordnung vermitteln sie Sinn – von daher musste die Unterlage plan sein (dies gilt aus den ähnlichen Gründen der Synoptik auch für bildliche Darstellungen). Frühe Unterlagen waren:
- Stein: zwar ein dauerhaftes Material, aber schwer zu planieren und zu bearbeiten, da lange Zeit die einzig dauerhafte Inskriptionsmöglichkeit das gezielte Verletzen der Oberfläche war (Ritzen, Gravieren, Meißeln, Kerben). Das Material war auch nicht besonders transportgeeignet, die Rezipienten mussten also eher zum Ort des Materials transportiert werden.
- Ton: ein billiges und leicht zu bearbeitendes Material (allerdings mit mehreren Bearbeitungsschritten, da die dauerhafte Fixierung dann noch den Arbeitsgang des Trocknen bzw. Brennens erforderte).
- Den Durchbruch bildete bereits im 3. Jahrtausend v.Chr. das Prinzip der Herstellung des Papyrus: dünne Streifen des Markes des Papyrusstrauchstängels wurden rechtwinklig übereinander gelegt, gepresst und gehämmert, dadurch tritt Stärke aus und verfestigt sich beim Trocknen. Papyrus war ein knapper Rohstoff und von daher auch nicht weit verbreitet, so dass über lange Zeit einige Beschreibstoffe nebeneinander verwendet wurden je nach Region.
- Eine Alternative stellten gegerbte Häute dar: leichtes und relativ gut zu inskribierendes Material, relativ haltbar, daher in vielen archaischen Gesellschaften gern verwendet. Bei anspruchsvoller Herstellung lange Zeit eines der wichtigsten Materialien in Form des Pergaments (Papier aus Pergamon).

- Eine Sonderform stellen die Verfahren dar, bei denen ein Material erwärmt und dann mit einer Form verformt wird; die Verformung fixiert sich in der Abkühlung des Materials: Siegellack als Material, Siegel als Formen, die damit eine erste Vorform des Druckens darstellen.

Schreibstoffe

Schreibstoffe sind vor allem:
- *Tusche*, bestehend aus Pigment (meistens Ruß) und Bindemittel (meistens tierischer Leim), die dann als Film auf der Unterlage auftrocknet.
- *Tinte*, eine wässrige Lösung intensiv färbender, lichtbeständiger Farbstoffe, zunächst Ruß oder Sepia. Im Mittelalter wurden dann Eisengallustinten (Eisensulfat und Tannin) verwendet, die mit dem Papier unlösbare Verbindungen eingehen. Heute werden vor allem Kunststoffe verwendet.

Manuelle Schreibgeräte

Frühe Schreibgeräte (in manchen Kulturkreisen auch heute noch) waren *Pinsel*, mit denen Tusche aufgetragen wurde. Tinte wurde zunächst mit dünnen, pinselartig geformten Papyrusstängeln aufgetragen, dann später *Binsenstängel*, noch später zugeschnittenes Schilfrohr (Rohrfeder). Bereits die Römer benutzten Kupfer- und Bronzefedern, die im Mittelalter aber von *Gänsefedern* verdrängt wurden. Ab dem 16. Jahrhundert kamen dann endgültig wieder *Metallfedern* in Gebrauch, die im 19. Jahrhunderte durch Stahlfedern ersetzt wurden.

Der erste *Füllfederhalter* wurde bereits 1636 verwendet, der moderne Füller existiert seit 1809 als britisches Patent. Die moderne Revolution der Schreibtechnik war sicher die Erfindung des *Kugelschreibers* 1938 durch zwei Ungarn.

Bereits in der Antike wurde zum Vorlinieren auf verschiedenen Materialien Bleischeiben verwendet. Seit dem 14. Jahrhundert wurde insbesondere für Zeichnungen Bleigriffel verwendet (eine Legierung aus Blei und Zinn). Bereits ab 1565 wurden Graphitstäbe verwendet, die ab 1683 mit Holz umhüllt werden. Seit 1795 wird für „Bleistifte" eine Graphit-Ton-Mischung verwendet.

Papier

Schreiben erforderte eine glatte, geeignete Unterlage. Bereits 105 n.Chr. war das Papier in China erfunden worden: Pflanzenreste und Lumpen wurden mit Wasser zu einem dünnen Faserbrei zerstampft, aus dem mit einem Holzrahmen, in den ein Geflecht eingelegt ist, eine dünne Schicht des Breis geschöpft wird. Über die Mauren kommt diese Kenntnis im 8. Jahrhundert nach Europa, aber erst 1144 entsteht im maurischen Spanien die erste Papierfabrikation. Weitere Stationen sind: erste Papiermühle 1276 in Fabriano (Italien), 1330 erste Papiermühle in Deutschland in Nürnberg.

Bis ins 19. Jahrhundert bleibt die Herstellung gleich: Mühselig zerschnittene Lumpen (Hadern), die als Baumwolle 95% Zellulose enthielten, wurden in Wasser in einer Bütte zu einem Brei, aus dem eine dünne Schicht von Hand geschöpft wurde, diese wurde als Film gelegt, mehrere Lagen wurden übereinander geschichtet und gepresst, um die Flüssigkeit zu entziehen, dann getrocknet und durch eine Tierleimlösung gezogen. Erst dann waren sie beschreibfähig. Dieses Papier war in seinem Format durch den Schöpfrahmen begrenzt, es war nicht sehr reißfest und es war teuer, da es nur in Handarbeit hergestellt wurde. Außerdem war es ein relativ knapper Rohstoff, da die Menge an verarbeitungsfähigen Lumpen nun einmal durch die Bevölkerung und deren Wohlstandsniveau begrenzt war.

Für die maschinelle Verarbeitung, die die Druckverfahren erforderten, die größere Auflagen ermöglichten, war dieses Papier nicht geeignet. 1840 wurde es möglich, durch den chemischen Aufschluss von Holz Zellstoff anders zu gewinnen, 1845 wurde der Holzschliff entwickelt, mit dem man das aufzuschließende Holz maschinell vorverkleinern konnte. Damit wurde es möglich maschinengeeignetes Papier herzustellen, das sowohl reißfester war, als auch in langen Bahnen aufgerollt werden konnte (und somit für Produktionsverfahren mit rotierenden Komponenten besser geeignet war). 1851 wurde Papier vom Band geliefert.

Schrift und früher Druck

Schrift war zunächst Handschrift und wurde so auf das Papier gebracht, dass die Zeichen dort so erschienen, wie sie für den Lesenden standardisiert sind (da zunächst alle Benutzer der Zeichen auch deren Wahrnehmer waren). Um an einem Text mehrere Rezipienten zu beteiligen, musste der Text entweder vorgelesen oder nacheinander gelesen werden. Es lag also nahe, mehrere Exemplare eines Textes herzustellen. Kopieren war teuer, also lag die Idee nahe, eine speziell für diese Zwecke geeignete Vorlage zu erstellen (die also nicht mehr Schrift, aber immer noch Unikat war), die man mit Hilfe von Farbe mehrfach auf geeignete Unterlagen durch Ausübung von Druck überträgt.

Neben die vom Schreiben her bekannten Technikkomponenten:
- Bedruckstoff
- Druckfarbe

traten hier neue Probleme auf: der Druckstock, der das Schreibgerät ersetzt, muss mehrere Probleme lösen können:
- Er muss so konstruiert sein, dass man relativ großen Druck übertragen kann.
- Er muss spiegelbildlich sein, da sonst das Druckergebnis nicht den Standards der Lesenden entspricht.
- Er muss aus einem Material sein, das sich nicht allzu schnell durch die Druckausübung abnutzt (denn der Sinn des Verfahrens ist ja, möglichst mehrere Exemplare von nur einer Vorlage her herzustellen).

Das Prinzip der Spiegelbildlichkeit war bereits von den Siegeln her bekannt. Das Prinzip der Druckübertragung war bereits im alten Rom in Form der Spindelpresse, die man zum Weinpressen entwickelt hatte, gelöst. Mit der Herstellung von Papier war auch ein geeigneter Bedruckstoff vorhanden. So wurde eine ganze Zeit lang mit verschiedenen Möglichkeiten zur Herstellung von Druckplatten experimentiert. Für die Richtung der Experimente dürfte nicht ganz unwichtig gewesen sein, dass sich in Europa inzwischen ein Prinzip der Herstellung größerer Texte durchgesetzt hatte – nämlich das *Buch* (bei dem Blätter hintereinander angeordnet werden, die dann am Rücken zusammengefasst werden können) gegenüber der *Rolle* (bei der die einzelnen Unterlagen, die technisch notwendigerweise getrennt hergestellt werden mussten in Abhängigkeit von der Zeilennormung aneinander geklebt werden – also untereinander oder nebeneinander – und so ein langes Papierband ergeben, das zu Zwecken der Aufbewahrung gerollt wird). Es dominiert das Denken in Tafeln, die dann zu Büchern zusammengebunden werden können; erste Versuche, solche Seiten als ganze zu drucken (ein Druckvorgang für eine Seite) sind Tafeldrucke in Form von Holz- oder Kupferstichen, die sich aber als sehr aufwendig in der Herstellung, wenig textgeeignet und vor allem sehr wenig haltbar in der Benutzung erwiesen. Von daher hat man bereits im 11. Jahrhundert mit beweglichen Lettern, die zu einer Seite zusammengesetzt werden konnten, experimentiert, wobei vor allem das Material eine Rolle spielte (Ton erwies sich als nicht besonders praktisch).

Als Johannes Gutenberg auf den Plan trat, war also das Prinzip des Druckens (Druckübertragung) bereits bekannt, auch das des Tafel- oder Blockdrucks (in Form der Blockbücher), ebenso das Prinzip der beweglichen Lettern, die zu einer Seite zusammengesetzt werden konnten. Durch seine Entwicklung wurde die Ära des *Buchdrucks* eingeleitet, die in der dominanten Verwendung für mehrere Jahrhunderte einer bestimmten Kombination von Druckprinzipien bestand:
- ein direktes Druckverfahren
- Hochdruck
- Tiegeldruck

Direkt – Indirekt

Die Übertragung der Struktur einer Vorlage auf einen Bedruckstoff kann auf zwei Arten geschehen:
- *Direkt*: der Druckstoff drückt auf den Bedruckstoff, so dass auf dem Bedruckstoff die Farbe die Struktur der Vorlage seitenverkehrt wiedergibt. Soll also der Text auf dem Bedruckstoff lesbar sein, muss der Druckstock *seitenverkehrt* gestaltet sein.
- *Indirekt*: Der Druckstock ist seitenrichtig; damit auf dem Bedruckstoff auch ein seitenrichtiges Bild erscheint, muss ein *Zwischenträger* oder Übertragkörper gewählt werden.

Druckverfahren

Hochdruck: Die Druckform verfügt über erhabene Teile. Diese werden mit Druckfarbe eingefärbt und geben diese dann an den Bedruckstoff ab. Hauptform des Hochdrucks ist der Buchdruck, einige weitere Varianten sind:
- Flexodruck, bei dem die Druckform aus Gummi oder Kunststoff besteht und im Rotationsdruck verwendet wird (z.b. Bedrucken von Verpackungsmaterialien)
- Handdruck in der Textildruckerei
- Holzschnitt und Kupferstich im Kunstdruck

Tiefdruck: Die zu übertragenden Teile der Druckform sind als Vertiefungen eingebracht. Diese werden mit Farbe ausgefüllt, die dann an den Bedruckstoff abgegeben wird. Das Verfahren wird besonders im Kunstdruck verwendet.

Flachdruck: Druckende und nicht-druckende Teile liegen in einer Ebene der Druckform. Die druckenden Stellen sind so vorbehandelt, dass sie die Farbe annehmen, die nicht druckenden Stellen, dass sie sie abstoßen. Die Druckform enthält daher zwei verschiedene Substanzen, die sich physikalisch-chemisch unterschiedlich verhalten. Varianten des Flachdrucks sind etwa:
- Steindruck (*Lithografie*): ein Stein wird durch fetthaltige Kreide oder Tusche an diesen Stellen farbspeichernd gemacht, die anderen Stellen werden durch Gummiarabikum abgedichtet.
- *Offsetdruck*: seit 1904, heute eine der wichtigsten Druckverfahren. Es handelt sich um ein indirektes Druckverfahren, bei dem in der Druckvorlage die druckenden Teile die Druckfarbe aufnehmen, die nichtdruckenden Teile durch Befeuchtung dazu veranlasst werden, die Druckfarbe abzustoßen. Die Druckfarbe wird dann von der eingefärbten Druckplatte auf ein Gummituch übertragen und von dort auf den Bedruckstoff. Bei diesem Verfahren wurde es möglich, Druckvorlagen auch schreibmaschinenschriftlich herzustellen, es war daher zunächst das Druckverfahren für kleinere Druckauflagen im Niedrigkostenniveau. Unterdessen werden bereits auch Massenprodukte im Rollenoffset gedruckt.
- „Xerographie" (siehe S.48)

Durchdruck (Siebdruck): Der Druckstock ist ein Sieb, die zu druckende Vorlage (Matrize, Schablone) hat durchlässige Stellen, durch die Farbe durch das Sieb hindurch auf den Bedruckstoff gepresst wird.

Druckprinzipien

- *Tiegeldruck* (Fläche gegen Fläche): Die Druckform liegt eben, darauf wird Farbe aufgebracht, dann Papier, ein Tiegel, der die Größe der Druckform hat, wird von oben darauf gedrückt, so dass die Farbe auf das Papier übertragen wird. Bedruckt werden also Blätter.
- *Schnellpressendruck* (Zylinder gegen Fläche): Die Druckform liegt eben, auf sie wird die Farbe über Farbwalzen übertragen, ein darüber befindlicher Zylinder zieht das Papier zwischen Zylinder und Druckform durch. Dadurch können Endlosformate verarbeitet werden.
- *Rotationsdruck* (Zylinder gegen Zylinder): Die Druckform befindet sich auf dem Formzylinder, dem Druckfarbe über feste Farbwalzen zugeführt wird. Dagegen läuft der Druckzylinder, der das Papier führt.

Gutenberg

Die Kommunikationswelt des Abendlandes ist sicher durch zwei Entwicklungen wesentlich gegenüber anderen Regionen der Welt geprägt worden: die Entwicklung der Lautschrift (in der die Schriftzeichen nur noch für die Grundlaute der gesprochenen Sprache stehen, wodurch eine erhebliche Verringerung des Zeichenvorrats erreicht und eine flexible Anpassung an Sprachveränderungen erreicht werden konnte) und die Entwicklung des Buchdrucks mit beweglichen Lettern durch Johannes Gensfleisch genannt Gutenberg um 1455.

Zwar entwickelt Gutenberg auch eine eigene Presse, entscheidend ist aber seine Perfektionierung der *Setztechnik*:
- Er entwirft 299 bewegliche Lettern (nicht nur für einzelne Buchstaben, sondern auch für Ligaturen, d.h. Buchstabenkombinationen, um derart die Zeilen gleichmäßig füllen zu können – Blocksatz). Diese Lettern werden dann zu Seiten zusammengesetzt.
- Für deren Guss entwickelt er eine Gussform und eine wiederverwendbare Metalllegierung aus Blei, Zinn und Antimon (damit konnten durch

den Druck abgeschliffene Typen wieder eingeschmolzen und das Material weiterverwendet werden).
- Der Entwurf der Letter wird zunächst auf Pergament gezeichnet, diese Zeichnung wird auf den Rohling einer Patrize abgepaust.
- Diese seitenverkehrte Vorlage wird als Vaterform (Patrize) des Letters in Metall graviert, diese wird in weiches Metall geschlagen (die Gießform), der Eindruck wird ausgegossen und dient zum Satz. Dadurch konnte die Gießform beliebig häufig verwendet werden.

Gutenberg war es damit gelungen, den eigentlichen Engpass der Textkommunikation ökonomisch zu optimieren, die textuelle Vorlagengestaltung in Form der Entwicklung der Setztechnik. Druckelemente konnten leicht miteinander kombiniert werden, die verwendete Legierung war hart genug, um eine befriedigende Menge von Abzügen zu erzielen, aber weich genug, um wieder neu verwendet zu werden.

Mit diesem Verfahren des Buchdrucks wurde es möglich,
- das Herstellen von vervielfältigten Texten kommerziell zu betreiben (dies war auch Gutenbergs Ziel),
- damit die Menge von geschriebener Meinungsäußerung als Lesestoff drastisch zu vermehren und gleichzeitig zu verbilligen, wodurch eine Demokratisierung von geschriebenem Wissen und Meinen stattfinden konnte.
- dass eine neue Kommunikationsform des individuellen Lesens entstand, die mittelfristig den Druck zur Alphabetisierung weiter Kreise der Bevölkerung mit sich brachte.
- dass aus einer weitgehend oral kommunizierenden Gesellschaft (in der Schrift nur bestimmten Hierarchien vorbehalten war) eine Schriftgesellschaft wurde – bis heute.

Der Erfolg war rasant: Bereits 50 Jahre nach der Erfindung wurden in Europa im Jahr 40.000 Titel mit einer Gesamtauflage von 8 Millionen Exemplaren gedruckt.

Fortschritte Drucktechnik

- 1710 wird der subtraktive Dreifarbendruck (Rot, Gelb, Blau) entwickelt, d.h. die verschiedenen Druckstöcke wurden nacheinander übereinander auf das Papier gedruckt.
- 1812 erfindet Friedrich König die Schnellpresse, indem er den Tiegel durch eine Walze ersetzt.
- Mitte des 19. Jahrhunderts beginnt dann mit der Entwicklung des *Rotationsdrucks*, der die Bereitstellung von Maschinenpapier voraussetzt, eine neue Ära der Erstellung von Massendruckprodukten, denn erst dieses Verfahren ermöglicht es, billig auch größere Formate (Massenpresse) herzustellen.
- Der Rotationsdruck erfordert gebogene Druckformen und damit setzen sich Verfahren der Druckformenherstellung durch, die nicht mehr – wie bei den frühen Formen des Buchdrucks – die handgesetzten Druckformen zum Drucken benutzen, sondern aus den originalen Druckformen eine Mater herstellen, aus der dann beliebig viele eigentliche Druckformen gegossen werden können (*Stereotypie* im Hochdruck). Dies ermöglicht es, einen Original-Satz zu vervielfältigen, um dann den eigentlichen Druckprozess als Massen-Multiplikation (mehrere Druckformen wegen der Abnutzung, Druck an mehreren Maschinen/Orten, Nachdruck) durchzuführen. Die Druckformen müssen gebogen sein, um auf die Rotationswalzen aufgebracht werden zu können.
- Mitte des 19. Jahrhunderts wird dann auch der Mehrfarbendruck routinemäßig einsetzbar.

Fortschritte Setztechnik

- 1822 wird die Lettern-Setzmaschine erfunden, mit der sich das Zusammensetzen der Druckvorlagen erheblich beschleunigen lässt. Diese können dann (s.o. Stereotypie) seitenweise zur Herstellung von Druckformen genutzt werden.
- Maschinell perfektioniert wird das Zusammenspiel von Setzen und Druckformenerstellung 1884 von *Ottmar Mergenthaler* mit der *Linotype*-Maschine, die die Lettern aus dem Magazin holt, zeilenweise mit Blei ausgießt und die Lettern dann wieder ins Magazin zurückbefördert, so dass der Letternvorrat relativ gering gehalten werden kann.

- Um 1875 entwickelt sich dann die *Rasterfotografie*, d.h. die Zerlegung von Bildern (Negative oder Positive) mit Hilfe eines Rasters in einzelne Bildelemente (Rasterpunkte). Diese Punkte haben unterschiedliche Größe, dadurch werden Halbtöne drucktechnisch wiedergebbar. Damit wird auch die neue Technik der Fotografie in den Druck (und damit die Massenproduktion) integrierbar. Die Rasterfotografie ist Teil des immer umfangreicher werdenden Bereichs der *Reproduktionsfotografie*, d.h. der fotografischen Verfahren, die zur Erstellung von Druckformen eingesetzt werden.

Mechanisierung des Schreibens

Der sich entwickelnde Kapitalismus ist mit viel Schreibarbeit verbunden und die Mechanisierung des Schreibens ist in mehrfacher Hinsicht eine Notwendigkeit:
- Verbilligung des Schreibvorgangs
- Entpersönlichung des Geschriebenen (Handschriften)
- Möglichkeit der Kopie durch Verwendung von Kohlepapier

Schon seit dem 17. Jahrhundert wird versucht, Schreibmaschinen zu entwickeln. Das Kohlepapier zur Herstellung von Kopien beim Schreiben wird bereits 1806 erfunden. Der Typ Schreibmaschine, der sich dann technisch durchsetzt, weil er jedes Zeichen unabhängig von den anderen Zeichen macht, viel Druck auf die Anschlagfläche gibt und manuell gut zu bedienen ist, ist die Typenhebelschreibmaschine ab ca. 1830. Ab 1873 nimmt Remington die fabrikmäßige Produktion von Schreibmaschinen auf. Das Farbzuführungsproblem wird über ein im gleichen Maße wie die Aufschlagwalze weiterrückendes Farbband gelöst.

Da das Schreiben mit Schreibmaschinen eine recht anstrengende Sache ist, entstehen schon früh die ersten Versuche, die Anschlagenergie elektrisch zu generieren (ab 1872). Elektrische Büroschreibmaschinen werden aber erst ab 1920 in Form der Typenhebelschreibmaschinen eingeführt. Vorübergehend wird mit der Kugelkopfschreibmaschine in den 60er Jahren ein alternatives Prinzip (das allerdings vorher schon bereits getestet wurde) sehr erfolgreich eingeführt: die elektrische Kugelkopfschreibmaschine, bei der alle Zeichen auf einem Kopf sitzen, der maschinell zur angetippten Aufschlagposition gedreht wird. Dadurch kann ein Prinzip der Schreibmaschine verbessert werden: Die Walzenschreibmaschine musste – in Unkenntnis, welcher Buchstabe gerade angeschlagen worden war – immer den gleichen Schritt weiterrücken, so dass alle Zeichen unabhängig von ihrem Raumbedarf den gleichen Abstand zueinander hatten. Dies machte ein sehr typisches aber auch anspruchsloses Schriftbild. Bei der Kugelkopfschreibmaschine rückte nicht mehr die Walze vor (Platzersparnis), sondern der Kugelkopf, der nun – in Kenntnis des letzten angeschlagenen Buchstabens – auch nur die Distanz weiterrücken musste, die der angeschlagene Buchstaben einnimmt.

Die Schreibmaschinentechnik ist durch die Kombination von Personal Computer und Drucker auf dem Rückzug (siehe unten).

Vervielfältigung von Kleinauflagen

Neben der Kopie des schriftlich Hergestellten macht sich in unserem Jahrhundert in der Geschäftswelt immer mehr das Bedürfnis bemerkbar, schnell und billig (d.h. unter Umgehung aufwendiger Satz- und Drucktechnik) kleine Auflagen herzustellen. Dies erfordert:
- eigenverantworteten Satz, wofür sich insbesondere die Schreibmaschine anbietet, d.h. es entsteht der Bedarf nach Druckverfahren, bei denen die Druckform mit der Schreibmaschine erstellbar ist.
- Druckformate, die auf gängige Büropapierformate beschränkt sind.
- Druckapparate, die raumsparend sind, um im Büro verwendet zu werden.
- Druckverfahren, die relativ schnell und komplikationslos funktionieren.

Die Vervielfältigungstechnik für Kleinauflagen, wie sie sich insbesondere nach dem 2. Weltkrieg in Blüte befindet, verwendet daher überwiegend schreibmaschinenproduzierte Druckvorlagen und Rotationsdrucker im Format DIN A4.
- Als Hochdruckverfahren wird der *Spirit-Carbon-Umdruck* (insbesondere Firma Ormig) entwickelt: Mit der Schreibmaschine wird ein Druckblatt gemeinsam mit einem Farbblatt beschrieben. Die Farbe ist alkohollöslich, die Druckfarbe wird daher bei der Rotation durch Alkohol gelöst und durch Druck auf das Papier übertragen, das für diese Farbe besonders aufnahmefähig war.
- Als Durchdruckverfahren ist der *Büroschablonendruck* (insbesondere Firma Geha) besonders erfolgreich: Eine dünne Papiervorlage wird mit der Schreibmaschine durchlöchert, durch die Löcher wird dann bei der

Rotation Farbe auf das Papier gepresst, das besonders saugfähig sein musste.
- Als Flachdruckverfahren wird vor allem auf den Offsetdruck zurückgegriffen, der höhere Auflagen als die anderen beiden Vervielfältigungsverfahren ermöglicht.

Die Bürovervielfältigungsverfahren sind praktisch verschwunden: Spirit-Carbon und Büroschablonen sind von den Kopier- und PC-Druckverfahren abgelöst worden, der Offsetdruck ist im Kleinauflagendruck damit auch nicht konkurrenzfähig und ist praktisch zum Großauflagendruckverfahren weiterentwickelt worden.

Reprografie

Neben der Schreib- und Drucktechnik liefert auch die Fotografie, d.h. im weitesten Sinne der Einsatz lichtempfindlicher Stoffe, plane Träger. Bei Schreib- und Druckverfahren ist in der Regel das Größenverhältnis zwischen Druckstock und Bedruckfläche 1:1, d.h. es finden keine Veränderungen der Größenverhältnisse statt. Anders ist dies bei Verfahren, die Licht verwenden, hier kann durch entsprechende Linsensysteme Vergrößerung oder Verkleinerung erreicht werden. Die Verfahren, die dazu dienen, von planen Vorlagen durch Verwendung von Licht und lichtempfindlichen Materialien andere Exemplare herzustellen als:
- Kopie oder Vervielfältigung und/oder
- Vergrößerung oder Verkleinerung

werden als Reprografie zusammengefasst.

In der Regel werden dabei die Vorlagen entweder so gestaltet, dass sie an den nicht kopierenden Stellen lichtdurchlässig sind, dann können sie durchleuchtet werden oder sie werden mit Licht abgetastet und über Spiegel oder geeignete Zwischenträger auf die zu belichtende Unterlage – in der Regel ein beschichtetes Papier – übertragen. Im engeren Sinne ist Reprografie nur verwendet für die chemischen Verfahren, im weiteren Sinne auch für die – hier unter „Kopie" behandelten – physikalischen Verfahren. Gelegentlich wird auch die Vervielfältigungstechnik einbezogen, wenn der Schwerpunkt eher auf die Auflagenhöhe gelegt wird, da auch die reprografischen Verfahren – schon wegen der in den meisten Fällen notwendigen Behandlung des Papiers - eher für Kleinauflagen geeignet waren.

Bei den chemischen Verfahren unterscheidet man:

Fotografie: die Verfahren, die mit lichtempfindlichen Silbersalzen auf dem zu belichtenden Stoff arbeiten.

Lichtpausen: Verfahren, bei denen von einer transparenten Zeichnung oder Schriftvorlage direkt durch Belichten auf eine nicht silberhaltige Schicht eine seitengleiche Kopie erzeugt wird. Beim Belichten wird ein latenter Farbstoff zerstört, die nicht belichteten Stellen können mit chemischen Substanzen sichtbar gemacht werden und bleiben lichtbeständig. Diese Verfahren sind insbesondere für größere Papierformate (z.B. Konstruktionszeichnungen) verwendet worden. Je nach verwendeter Schicht unterscheidet man:
- Blaupausen: verwenden saure Eisensalze, liefern weiße Linien auf blauem Grund.
- Diazotypie: aromatische Diazoverbindungen, Fixierung erfolgt mit Ammoniak.

Die Lichtpausen haben sich lange Zeit im Bereich der Überformate halten können, inzwischen werden sie aber auch durch Kopierer und Drucker abgelöst, die auch große Formate verarbeiten können.

Kopie

Unter Kopierverfahren im engeren Sinne werden die Verfahren gemeint, die von einer nicht zum Zwecke des Kopierens hergestellten Vorlage (wie bei den Lichtpausen) eine Kopie ohne Verwendung fotochemischer Prozesse erstellen. Ein frühes Verfahren war die *Thermokopie* (noch bis in die 60er Jahre), bei der die Vorlage mit wärmestrahlungsreichem Licht durchleuchtet wird. Die Wärmeabsorption im Schwarz der Vorlage erzeugt dort hohe Temperatur, die auf einem in Kontakt stehenden Zwischenträger eine Reaktion auslöst, die dann auf das Kopierpapier übertragen werden muss (als Kontaktverfahren muss hier ein indirekter Weg über einen Zwischenträger gewählt werden).

Der große Durchbruch, der heute fast alle anderen Verfahren im Kleinauflagen- und Kopierbereich verdrängt hat, ist die 1938 entwickelte *Elektrofotografie*. Ein Zwischenträger ist mit einer Schicht versehen, die Foto-Halbleitereigenschaften aufweist. Diese Teilchen haben im Dunklen einen sehr hohen elektrischen Widerstand und können daher elektrisch aufgeladen werden. Bei Belichtung bricht der elektrische Widerstand an den belichteten Stellen zusammen. Das elektrostatische Restbild (d.h. die geschwärzten Stellen der Vorlage) kann auf beliebige Vorlagen (also auch auf Papier) übertragen werden und dort durch feines Pulver, das sich an diesen Stellen anhaftet (Toner) sichtbar gemacht werden. Der Toner muss dann fixiert werden (durch Schmelzen). Den Durchbruch brachte die „*Xerographie*" (der Firma Xerox), bei der erschwingliche Geräte zur Kopie auf Papier und auf Offsetvorlagen angeboten wurden (bei diesem Verfahren wird der Toner auf eine Selenschicht aufgebracht und dann auf das Papier umgedruckt).

Konvergenzen

Die gegenwärtige Situation ist durch eine Reihe von Konvergenzen und Konzentrationen gekennzeichnet. Im *Großauflagendruck* haben sich Offsetdruck und Buchdruck in Druckstraßen durchgesetzt. Im Bereich der Satztechnik dominieren im professionellen Bereich elektronische Satz-, Umbruchs- und Redaktionssysteme, deren Ergebnisse üblicherweise auf Fotomaterial ausgegeben werden, so dass die Reproduktionsfotografie im weitesten Sinne die Produktion von Druckformen bestimmt. Bei diesen dominiert unterdessen auch nicht mehr Metall als Material sondern Gummi.

Alle anderen Druckverfahren (und einige hier nicht genannte) werden aber nach wie vor weiter verwendet in Nischenbereichen entweder des Kunstdrucks, der Druckgrafik oder zum Bedrucken von unkonventionellen Bedruckstoffen (etwa im Textildruck).

Die Verfahren der Bürovervielfältigung (einschließlich der Reprografie) sind im wesentlichen konzentriert auf die elektrostatischen Kopierer, die inzwischen auf Bürogröße geschrumpft sind und auch mittlere Auflagenzahlen zu vertretbaren Kosten ermöglichen (einschließlich Vergrößerungs- und Verkleinerungsfunktionen, beidseitigem Bedrucken von Papier, Sortieren von Kopierergebnissen). Sie geraten allerdings in die Konkurrenz der Kombination von Computer, Scanner und Hochleistungsdrucker.

Die vielleicht größte Revolution im Gesamtkomplex Drucken / Schreiben / Vervielfältigen nach der Schreibmaschine ist das Zusammenspiel von Computer und Drucker. Als Druckprinzipien sind hierbei zunächst zu unterscheiden

- Zeilendrucker, die in einem Druckvorgang jeweils eine Zeile drucken (in der frühen Phase der EDV die Regel).
- Typendrucker, die nacheinander Type für Type drucken (frühe Versionen benutzten Typenräder).
- Seitendrucker, die in einem Druckvorgang eine ganze Seite drucken (die Laserdrucker).

Als Drucker werden heute im wesentlichen unterschieden:

Anschlagdrucker, d.h. Drucker, die auf das zu bedruckende Papier Schwärzungen durch Anschlag eines über dem Papier laufenden Farbbandes aufbringen (also dem Schreibmaschinenprinzip folgen). Die ersten Jahrzehnte Druckerausgabe für EDV-Anlagen waren ausschließlich Anschlagdrucker (insbesondere mit Typenketten oder -bändern), die allerdings – selbst als sog. Schnelldrucker – relativ langsam und sehr lärmend waren. Sie wurden als Endlosdrucker eingesetzt, die mit Endlospapier in Leporello-Faltung arbeiteten. Auch heute werden noch Anschlagdrucker verwendet, in der Regel als *Nadeldrucker*, die 9 bis 24 Nadeln verwenden, die von Elektromagneten gesteuert gegen das Farbband geschleudert werden und dort dann die Zeichen durch ihre Muster zusammensetzen. Nadeldrucker sind robust und billig und werden daher sowohl im Privatbereich als auch kommerziell (etwa bei Kontoauszugdruckern) eingesetzt.

Anschlagfreie Drucker, d.h. Drucker, die die Färbungen des Papiers auf andere Art und Weise bewirken. Heutige Hauptformen sind:
- *Tintenstrahldrucker*, bei denen Tinte für Millisekunden auf 300°C erhitzt (oder durch ein Piezoelement beschleunigt) wird. Die Tropfen erreichen eine Geschwindigkeit von 100 km/h. Früher wurde ein kontinuierlicher Strahl erzeugt, der zur Druckgestaltung abgelenkt wurde. Heute werden kleine Tröpfchen erzeugt, die nicht druckenden Tröpfchen werden beim Austritt aus der Düse elektrisch geladen und in einem Tropfenfänger aufgefangen. Verwendet man mehrere Düsen für unterschiedliche Farben eignen sich Tintenstrahldrucker sehr gut (und preisgünstig) zum Farbdruck. Sie drucken „zeilenmäßig", wobei die Zeilen allerdings nicht identisch mit den Textzeilen sind.
- *Laserdrucker* (als Seitendrucker), die nach dem elektrostatischen Verfahren arbeitet, wobei die Oberfläche einer fotoelektrisch beschichteten Trommel durch einen Laserstrahl zeilenweise belichtet wird.

Daneben gibt es eine Reihe von Varianten, die für spezielle Zwecke eingesetzt werden, etwa elektrofotografische Drucker, die mit Spezialbedruckstoffen arbeiten (insbesondere für hochwertige Farbwiedergaben und Großformate), thermografische Drucker (schmelzen Tinte von einem Farbband auf das Papier), magnetografische Drucker, die ähnlich den elektrostatischen Druckern funktionieren, nur dass sie keine Ladungsverteilung produzieren, sondern Magnetisierungen.

2.2 Fotografie

Vorklärungen

Fotografie sind die Verfahren, die von Objekten reflektiertes Licht (Mischung der verschiedenen Farben) auf eine lichtempfindliche Schicht (Silbersalze) bringen, so dass dort durch das Licht eine chemische Reaktion abläuft (Belichtung). Diese erfolgt entweder nach der :
- *Positivmethode*: das Material verändert sich gemäß dem Helligkeitsgrad und der Farbe des Lichtes: Dunkles wird dunkel, Helles wird hell.

Oder nach der:
- *Negativmethode*: Das helle Licht dunkelt das Material, wenig Licht lässt es hell. Um ein für Menschen originalgetreues Bild zu erhalten, muss der Prozess dann umgekehrt werden.

Da es im wesentlichen darauf ankommt, das Material so zu belichten, dass ein in der Helligkeit dem fotografierten Objekt entsprechendes Abbild erzeugt wird, muss – in Abhängigkeit von der Lichtempfindlichkeit des Materials – die Lichtmenge und die Einwirkzeit des Lichtes kontrolliert werden. Weiterhin muss der chemische Prozess, der durch das Licht verursacht wird, kontrolliert in Gang gesetzt (Entwicklung), dann aber zum Stoppen gebracht werden, wenn die Helligkeiten erreicht sind, die gewünscht werden (Fixierung). Erst mit Fixierung kann das Abbild dann auch wieder dem Licht ausgesetzt und angesehen werden, was ja wohl sein Hauptzweck ist. Abgesehen von der Frühphase der Fotografie haben in der Regel Materialien Verwendung gefunden, die das Bild auf ein relativ kleines Format des Bildträgers konzentrieren (insbesondere aus Kostengründen), so dass der Nor-

malfall des Fotografierens zu einem kleinen Bildträger führte, der vergrößert werden musste.
- Im Falle des Negativverfahrens wurde dieser Vergrößerungsprozess normalerweise durch den Umkehr-Abzug vom Negativ auf beschichtetes Papier vorgenommen. Durch das entwickelte und fixierte Negativ wird ein beschichtetes Papier belichtet, das dann ebenfalls entwickelt und fixiert werden muss. In allen Fällen des Entwickelns und Fixierens gibt es Feucht- und Trockenverfahren, je nachdem, ob die verwendeten Materialien Flüssigkeiten erfordern oder nicht.
- Im Falle des Positivverfahrens wird die Vergrößerung entweder durch Projektion oder ebenfalls durch – inzwischen technisch mögliche – Herstellung von Abzügen (etwa mit Hilfe eines Negativzwischenträgers) erreicht.

Dadurch, dass mit dem ursprünglich belichteten, entwickelten und fixierten Bildträger gewissermaßen ein Original zur Verfügung steht, von dem durch Umkehrung des Aufnahmeverfahrens Abzüge hergestellt werden können, wird die Fotografie dann auch zu einer Vervielfältigungstechnik, wobei allerdings die Abzüge aufgrund der Tatsache, dass sie jedes Mal neu belichtet werden, auch unterschiedliche Qualitäten aufweisen können, also in gewisser Weise Unikate sind.

Grundsätzlich sind daher für die Fotografie als Komponenten notwendig:
- Ein Instrument zur Lichtregulierung – *Objektiv* –, das das Licht reguliert durch Menge des einfallenden Lichts – *Blende* – und Zeit des Lichteinfalls – *Belichtungszeit* (mit Hilfe eines zu öffnenden und schließenden *Verschlusses*). Da in der Regel bestimmte Objekte abgebildet werden sollen, ist es wichtig, insbesondere das von diesen Objekten reflektierte Licht zuzulassen, was durch eine Fokussierung des Objektivs in der Entfernung vom Standort geschieht – Entfernungseinstellung (auch heute *Fokus*). Von den verwendeten Linsen hängt ab, welcher Bereich des reflektierten Lichts wie als Lichtquelle zur Belichtung benutzt werden kann (*Brennweite*).
- Ein lichtempfindlicher *Träger*, der so lange gegen Licht verschlossen sein muss, bis er entwickelt und fixiert ist. Sollte der Träger partitioniert sein, d.h. sollen auf dem gleichen Träger mehrere Bilder möglich sein, muss es eine Transporteinrichtung für den Träger geben, damit immer ein noch nicht belichteter Teil des Trägers hinter der Blendenöffnung ist.

- Verfahren zur Vergrößerung des Originals (im Positivfall etwa Projektoren, die das Bild auf eine geeignete Fläche vertikal und horizontal seitenrichtig projizieren) bzw. zur Herstellung von Abzügen in Positivbelichtungen.

Vorläufer

Der Vorläufer der Fotografie ist die Entwicklung der Idee des Objektiv in Form der *Camera obscura*: Ein lichtdichter Kasten mit einem kleinen Loch in der Vorderwand lässt Lichtstrahlen ein, die auf der transparenten Hinterwand ein vertikal und horizontal umgekehrtes (seitenverkehrt, kopfstehend) Bild zeichnen. Dies ist wohl schon von Archimedes um 250 v.Chr. beschrieben worden. Ein Durchbruch ist 1550 die Erfindung der *Linse*, mit der schärfere Bilder erzeugt werden konnten. Ab 1685 gelingt es, mit Ablenkspiegeln das Bild auf ein Blatt Papier zu werfen und es dort abzuzeichnen (nachzuzeichnen).

Die Fotografie entsteht interessanterweise zu einer Zeit, in der sich das Bedürfnis vieler Menschen nach eigenen Bildern erheblich steigert (Freund 1976). Ab 1750 beginnt der ökonomische und gesellschaftliche Aufstieg der bürgerlichen Mittelschichten, die ein Bedürfnis nach Repräsentation entwickeln, das sie zwischen Adel und sich entwickelndem Proletariat plaziert. Bestandteil dieses Bedürfnisses wird der Druck zur Demokratisierung des Porträts: Man will die Qualität der Hofmaler, aber zu erträglichen Kosten. Daraus nehmen verschiedene Vorformen der Fotografie ihre Blüte:
- Die *Miniaturmalerei* (kleine Bildchen, auch auf Puderdosen und Anhängern). Diese Bilder waren aufgrund ihres geringeren Formats und der größeren Dichte der dazu befähigten Maler deutlich billiger, aber immer noch so teuer, dass ein Maler von 30-50 derartiger Aufträge pro Jahr leben konnte. Der Schritt, den hier die Fotografie vollzieht, verdeutlicht der Vergleich: Etwa in Marseille lebten 1850 4-5 Miniaturmaler, wenige Jahre später gab es bereits 40-50 Porträtfotografen, von denen jeder 1.000 - 1.200 Fotografien im Jahr anfertigte.
- *Scherenschnitte* aus schwarzem Glanzpapier („Silhouetten" nach dem Finanzminister Silhouette 1759, der eine derart scharfe Steuerpolitik betrieb, dass enge Jacken in Mode kamen, die keine Taschen hatten, weil niemand mehr Taschen brauchte, denn die wären leer geblieben).
- Das Porträtgewerbe des *Physionotrace* (entwickelt von Gille-Louis Chretien). Ein Gestell nach dem Storchschnabelprinzip wirft Umrisse

des Schattenbildes auf eine Leinwand, das mit Parallelogrammen beliebig verkleinerbar ist. So konnte es nachgezeichnet und auch auf Metallplatten graviert werden (wovon man mehrere Abzüge machen konnte). Der so Dargestellte musste nur eine kurze Sitzung erdulden, konnte das Bild auf ein Material seiner Wahl aufbringen lassen (Holz, Medaillons, Elfenbein, Kameen) – und das Verfahren war billig. Es brachte praktisch der Miniaturmalerei den Konkurs.

Etwa seit dem Beginn des 19. Jahrhunderts wächst das Bedürfnis nach Bildern, insbesondere Bilder von sich selbst, die man seinen Lieben geben möchte (und umgekehrt) – private Bilder sind die Triebkraft dieser Entwicklung.

Frühgeschichte der Unikate

Dass Silbersalze sich unter Lichteinfluss schwärzen, wusste man bereits seit 1727 von Johann Heinrich Schulze. Einer der ersten, die einigermaßen erfolgreich dieses Prinzip ins Bildliche wendet, war *Thomas Wedgwood* (1771-1805, mehr bekannt als Produzent des Wedgwood-Porzellans und Großvater von Charles Darwin), der im Kontaktverfahren Abdrucke von Blättern auf mit Silberchlorid beschichtetes Glas (seitenverkehrt) produzierte, diese aber nicht fixieren konnte.

Diese Idee wurde von *Nicéphore Niepce* (ein Erfinder u.a. einer Verbrennungsmaschine, die mit Bärlappsamen arbeitete) aufgegriffen, der sich seit 1815 mit der Lithografie beschäftigte und mit Licht eine Zeichnung im Kontaktverfahren auf den Stein kopieren wollte. Damit scheiterte er allerdings. Er versuchte dann mit Hilfe einer Camera obscura Papierbilder herzustellen (mit Silbernitrat beschichtetes Papier), konnte diese aber auch nicht fixieren. Er suchte dann nach einer Substanz, die nicht – wie Silber – negativ reagiert sondern positiv. Dabei legte er eine Basis für spätere Tiefdruckverfahren: Er brachte eine lichtempfindliche Asphaltmasse auf eine Kupferplatte, legte eine lichtdurchlässige Zeichnung darauf. Die von Licht getroffenen Stellen wurden unlöslich, mit Lavendelöl konnte man die verbliebenen Stellen auswaschen und dann ätzen.

Eine Abkehr von den in den bisherigen Experimenten dominierenden seitenverkehrten Verfahren (Kontakt, Camera obscura) brachte die *Prismenlinse* 1825. 1826 gelang es dann Niepce mit einer Camera obscura eine Zinnplatte zu belichten (8 Stunden). Für weitere Entwicklungen fehlte Niepce das Geld und er ging eine Kooperation mit *Louis Daguerre* (ein Hersteller von Dioramen mit Hilfe der Camera obscura) ein. Bevor die Zusammenarbeit das erhoffte Ergebnis zeitigt, starb Niepce 1835. 1839 hatte Daguerre dann Erfolg und präsentierte die Daguerrotypie: Ein Positivverfahren, in dem das Bild in einer Belichtungszeit von einigen Minuten auf einer Jodsilberplatte latent entsteht, mittels Quecksilberdampf entwickelt und durch eine Kochsalzlösung fixiert wird. Der französische Staat kaufte die Erfindung (für 6.000 Francs jährlich) und stellte sie für einige Zeit der ganzen Welt zur Verfügung mit Ausnahme von England, da sich Daguerre dort bereits ein Patent gesichert hatte.

Das Verfahren wird ein ungeheurer Erfolg: 1849 gibt es in den USA bereits 1.000 Fotografen, in Deutschland leben 1860 in München 44, in Hamburg 170, in Berlin 200. Zum Erfolg trägt auch bei, dass Daguerre sehr früh die Zusammenarbeit mit einem Kamerafabrikanten sucht: Alphonse *Giroux* wird eine der dominierenden Figuren in dem neuen Wirtschaftszweig. 1847 verkauft er allein in Frankreich 2.000 Kameras und 500.000 Platten. Es gibt dann noch einige kleinere Verbesserungen (etwa die Verkürzung der Belichtungszeit durch Verwendung von Brom anstelle von Jod), aber letztlich musste das Verfahren deshalb unterliegen, weil es nur Unikate produzierte (die im übrigen auch recht lichtempfindlich blieben).

Der Sieg des Negativverfahrens

William Henry Fox Talbot (ein Privatgelehrter, der die Familiengruft als Dunkelkammer benutzte) tränkte um 1835 Papier mit Chlorsilber und machte darauf Kontaktdrucke, fixiert wurden die Drucke mit Kochsalz. Damit gewann er Negative, auf die er ein weiteres Blatt zur Positivgewinnung legte. Bei diesem Verfahren wurde das Bild bei der Belichtung auch gleich sichtbar. 1839 stellte Talbot 93 „photographische Zeichnungen" aus, im gleichen Jahr gelang ihm auch die Herstellung mehrerer Abzüge. *Sir John F.W. Herschel* verwendete 1839 Natriumhyposulfit als Fixiermittel und erzielte damit eine stabile Fixierung der belichteten Stellen. Alle anderen übernehmen sein Verfahren. Er nannte auch Talbots Verfahren „Photographie" und prägte die Begriffe „Positiv" und „Negativ".

Die Talbotypie erwies sich aber als nicht sehr erfolgreich, da die Originale auf Papier zu unscharf waren. *Niepce de Saint-Victor* (ein Neffe Nicéphore

Niepces) verwendet 1848 (wie auch schon Herschel) eine Glasplatte, die mit Eiweiß und Pottasche bestrichen war, darauf kam eine Schicht Silbernitrat. Er benötigte 20 Minuten Belichtungszeit und gewann Abzüge, die einen neuen Wirtschaftszweig begründeten: die Visitenkartenfotografie. Die Belichtungszeit verkürzte *Frederic Scott Archer* 1851 auf wenige Sekunden, indem er kurz vor der Belichtung Kollodium und Silbernitrat aufbrachte. Diese Platten mussten aber nass entwickelt werden. *Richard Leach Maddox* gelang dann ein Durchbruch, indem er die Platte mit einer Bromsilbergelatine überzog, die in trockenem Zustand belichtet werden konnte. Damit wurde das Filmmaterial fabrikmäßig herstellbar und lagerfähig, die umständliche Vorbereitung der Platte für die Belichtung entfiel. Allerdings blieb das Verfahren des Fotografierens immer noch sehr umständlich und die Fotografien waren nicht sehr abbildgetreu: Die Platten waren nur für blaues Licht empfindlich, andere Farben wurden nicht sehr gut wiedergegeben. „Panchromatische" Platten (die auf alle Farben reagieren) gab es erst seit 1906.

Die Industrialisierung der Fotografie

Es war *George Eastman*, der die Fotografie gewissermaßen in die Hände von Amateuren legte. Bis dahin musste ein aufwendiges Aufnahmegerät verwendet werden, die Platte umständlich entwickelt und fixiert werden, das gleiche galt für die Abzüge. Fotografieren war Profiangelegenheit. Eastmans Revolution bezieht sich auf das Zusammenspiel mehrerer neuartiger Komponenten:
- Als Träger fand er Glas zu schwer, Papier war allerdings zu körnig. In einer ersten Stufe beschichtete er 1884 Papier mit einer Gelatineschicht, das Papier konnte derart aufgerollt werden. Nach der Belichtung wurde die Gelatineschicht abgezogen und zur Weiterverarbeitung auf eine Glasplatte übertragen. Dies nannte er „*Stripping Film*".
- Er entwarf (gemeinsam mit Georg Walker) einen Rollenhalter für den Rollfilm, der in jeden Standardapparat passte.
- 1888 brachte er eine Amateurkamera auf den Markt, die „Kodak Nr.1", eine Box (mit Aufsicht-Sucher), die runde Bilder lieferte. Darin war Platz für einen Stripping Film mit 100 Bildern, die Kombination kostete 25 Dollar.
- Die eigentliche Revolution war aber der Entwicklungsdienst: Man konnte die Kamera mit dem abgeknipsten Film einschicken und bekam den entwickelten Film und die Abzüge hergestellt. Das neue Laden der

Kamera kostete 10 Dollar. Damit war die ganze Chemie vom Fotografen getrennt: „You press the button, we do the rest".

Der „Stripping Film" ist in der Weiterverarbeitung nicht besonders praktisch, daher machte sich Eastman die Erfindung von *John Wesley Hyatt* zunutze: Dieser hatte (vergeblich) versucht, ein Ersatzmaterial für das Elfenbein für Billardkugeln zu erfinden, das *Celluloid*. Henry N. Reichenbach entwickelte 1888 mit diesem Material einen *Rollfilm* für Eastman, den allerdings 1887 bereits Hannibal Goodwin für Edison erfunden hatte. Der Rechtsstreit zog sich bis 1898 hin – Goodwin gewann zwar, aber bis dahin hatte Eastman bereits eine ganze Industrie entwickelt. Das Fotografieren als Amateurtechnologie war damit geboren und wurde 1891 komplettiert durch die Einkapselung des Films, so dass Tageslichtwechslung möglich wurde.

Nach anfänglichem Zögern in Deutschland (erste Trockenplattenfabrik 1878) begann man im Gefolge der Eastman-Entwicklungen an diesem Wirtschaftszweig aktiv mitzuarbeiten. 1893 wurde die Actien-Gesellschaft für Anilin-Fabrikation (später BASF) zur Herstellung von Trockenplatten gegründet, 1896 wurden Planfilme hergestellt, ab 1900 auch Rollfilme für die Tageslichtwechslung.

Bis zum Zweiten Weltkrieg konkurrierten noch Platten und Filme, dies insbesondere, weil die Bildqualität abhing von der Größe des belichteten Trägers und der Dichte der darauf verteilten lichtempfindlichen Körnchen: Bei gleicher Körnigkeit liefern Platten bzw. Planfilme bessere Bildqualität als die notwendigerweise kleinen Bildformate für die tragbaren Amateurkameras („Kleinbild"). In speziellen professionellen Bereichen werden auch heute noch Platten und Planfilme eingesetzt. Einige wichtige Stufen der weiteren Filmentwicklung waren:
- 1903 die Entwicklung des Non Curl-Films, der sich beim Trocknen nach Entwicklung und Fixierung nicht mehr einrollt.
- 1928 der panchromatische Rollfilm.
- Ständige Verbesserungen der Empfindlichkeit (Körnigkeit) und des Belichtungsspielraums.

Für die private Verbreitung der Fotografie spielte die Entwicklung eines genormten und platzsparenden Rollfilms eine zentrale Rolle. Der Eastman-Film war ein 70mm-Film, den Edison für Zwecke des Kinofilms halbierte und mit einer Perforation zum kontinuierlichen Transport versah. 1925 brachte *Oscar Barnack* die Leica auf den Markt, mit der das *Kleinbildfor-*

mat 24x36mm eingeführt wurde, das sich als Standard durchsetzte. 1933 gab es die erste Spiegelreflexkamera für Kleinbildformate. Die auch heute noch üblichen *Patronen* wurden 1936 von der IG Farben entwickelt.

Farbfotografie

Farbe ist Licht einer bestimmten Wellenlänge, das von den Rezeptoren im menschlichen Auge unterschieden wird. Das Licht, das wir normalerweise sehen, ist von den Objekten reflektiert. Farbige Objekte zeichnen sich dadurch aus, dass sie vom weißen Licht alle anderen Farben (Wellenlängen) absorbieren außer den eigenen. Alle farbgebenden Verfahren, die unter der Be- oder Durchstrahlung von gemischtem weißem Licht arbeiten, machen sich dieses *Subtraktionsverfahren* zunutze. Auf der Basis der Young-Helmholtzschen Farbtheorie arbeiten die *Additionsverfahren*. Danach können alle Farben auch durch aktive Addition der drei Grundfarben Rot, Grün und Blau aktiv dargestellt werden, also durch Mischung von Licht der drei verschiedenen Wellenbereiche. Dies erfordert drei aktive Lichtquellen.

Im normalerweise gemischten Licht heben sich Farben voneinander durch den *Farbton* ab (die unbunten Farben Schwarz, Grau und Weiß differenzieren keine Farbtöne), das mehr oder weniger starke Hervortreten einer Farbe ist die *Sättigung*. Jeder Farbe kommt als drittes Merkmal eine *Helligkeit* zu. Damit lassen sich etwa 10 Millionen unterscheidbare Farben eindeutig beschreiben.

In der Fotografie dominieren die Subtraktionsverfahren, sieht man von einigen frühen Versuchen mit Additionsverfahren ab. Grundprinzipien sind etwa:
- Additionsverfahren: Die drei Grundfarben RGB werden miteinander gemischt– rot+grün = gelb, rot+blau = magenta, grün+blau = cyan. In der Fotografie kann dies umgesetzt werden etwa, indem nacheinander mit Filtern in den Grundfarben Aufnahmen gemacht werden. Diese drei schwarz-weißen Darstellungen werden mit Licht in den drei Grundfarben durchstrahlt, wobei die drei Bilder übereinander projiziert werden. Dadurch entsteht eine mehrfarbige Projektion.
- Subtraktionsverfahren: Aus dem weißen Licht absorbiert jeder Farbstoff ein bestimmtes Spektrum, die Grundfarben ergeben sich bei der gleichzeitigen Absorption gelb+ cyan = grün, cyan + magenta = blau, gelb+magenta = rot.

Zwar wurden Möglichkeiten der Farbfotografie bereits 1869 von Ducos de Hauron beschrieben und einige Versuche auch früher angestellt, Voraussetzung für die Realisierung einigermaßen farbechter Farbfotografie war jedoch der panchromatische Schwarz-Weiß-Film, der alle Farben gleichmäßig in tonwertrichtige Grautöne umsetzt. Einige Stufen der Farbfilmentwicklung sind:

- 1907 die erste Farbplatte der Brüder Lumière nach einem additiven Rasterverfahren: Kartoffelstärkekörnchen werden RGB eingefärbt, in den Zwischenräumen sitzt Ruß, darunter eine Bromsilbergelatineschicht. Dies begründet das Diapositiv.
- 1916 die erste Agfa-Farbenplatte, in der Harzpartikel verwendet werden.
- 1936 werden die dann dominierenden *Dreischichtenfilme* entwickelt: Die oberste Schicht ist empfindlich für blaues Licht, die mittlere für grünes und blaues, die unterste für rotes und blaues Licht. Eine gelbe Filterschicht unter der obersten Schicht verhindert, dass blaues Licht die unteren Schichten erreicht. Hinter jeder Schicht liegt eine Silbersalzschicht, die bei Durchleuchtung die Helligkeitswerte der jeweiligen Grundfarbe aufnimmt. Bei der Entwicklung wird durch die Zugabe von entsprechenden Farbkopplern die oberste Schicht gelb an den Stellen, an denen das Silbersalz geschwärzt ist, die mittlere magenta und die unterste cyan, so dass ein farbkomplementäres Negativ entsteht, von dem auf entsprechend beschichteten Papieren oder Filmen Positivabzüge erstellt werden können. Beim *Umkehrfilm* ist das Negativ nur eine latente Zwischenstufe, da die Erstentwicklung als Schwarz-Weiß-Entwicklung stattfindet und erst die Nachbelichtung ein farbiges Positiv erzeugt.

Kameraentwicklungen

Ursprünglich war die Kameravorstufe ein Kasten mit einem Loch, das klein sein musste, um ein scharfes Bild zu erzeugen, damit aber wenig Licht hereinließ. Die Linse (Niepce) und später die Irisblende brachten eine erhebliche Verbesserung. Aber eine Linse liefert nur bei kleiner Blende ein scharfes Bild wegen der Streuung des Lichts, so dass sehr bald mehrere Linsen hintereinander gesetzt wurden (bis zu sieben). Dabei spielte zunächst das Phänomen des Astigmatismus eine Rolle: die Linsen waren nur in der Lage horizontale oder vertikale Linien scharf zu zeichnen. Dieses Problem wurde 1888 durch ein von Schott erfundenes Glas mit Metallbeigaben gelöst.

Die normale Linsenanordnung ermöglichte scharfe Bilder nur für bestimmte Entfernungen, um auch andere Entfernungen bzw. Bildausschnitte zu ermöglichen (durch Erweiterung bzw. Verkleinerung des Bildwinkels) wurden bereits sehr früh spezielle Objektive entwickelt: Das Weitwinkelobjektiv 1859 (mit 120°, das Fischaugenobjektiv mit 180° seit 1923). Das *Teleobjektiv* gab es seit 1891.

Die exakte Einhaltung von Belichtungszeiten war nach den Anfangsphasen der Filmentwicklung mit ihren langen Belichtungszeiten besonders wichtig, wobei es eben eine wichtige Rolle spielt, dass das Licht auf alle Teile des Films gleichmäßig lange fällt. Dies stellt einige Ansprüche an die *Verschlüsse*, die Licht einlassen. Dafür wurden mechanische Verschlüsse entwickelt, zunächst der Rolloverschluss, bei dem sich Lamellen nach außen verschieben, seit 1887 Schlitzverschlüsse (Textil- oder Metallrollos mit schmalem Schlitz).

Die Festlegung der *Belichtungszeit* war lange Zeit eine Frage der Erfahrung. Belichtungsmesser, mit denen am Ort des zu fotografierenden Objekts die herrschende Helligkeit gemessen werden konnten, gibt es seit etwa 1930. Um fehlendes Licht auszugleichen, gab es bereits relativ früh *Blitzlicht*: 1864 Verbrennungsblitze mit Magnesiumdraht, seit 1925 den Kolbenblitz mit Elektrozündung, seit 1940 den Elektronenblitz (der allerdings immer noch Koffergröße hatte).

Um die *Entfernungseinstellung* zu ermöglichen, wurde zunächst mit zwei ineinander verschiebbaren Kästen gearbeitet, später mit ineinander verschiebbaren Papiertuben. Ab 1897 gab es den ausziehbaren Balgen, der erst nach dem zweiten Weltkrieg endgültig von Linsensystemen abgelöst wurde.

Von der Ein-Platten-Kamera führt der Weg vor der Erfindung des Rollfilms zur Mehrplattenkamera (mit Plattenmagazinen) und zu Multiplikatorkameras, bei denen mehrere Bilder auf einer Platte aufgenommen werden können. Mit der Erfindung des Rollfilms teilt sich auch die Kameraentwicklung in mehrere Sektoren:

Low cost-Bereich, beginnend mit der ersten Box von Kodak, die bereits so etwas wie eine Pocket-Kamera war. Diese Herangehensweise wurde dann aber für eine geraume Zeit nicht mehr weiterentwickelt. 1963 gab es Versuche, eine Instamatic-Kamera einzuführen, die nicht sehr erfolgreich war. 1972 war die *Pocket-Kamera,* die mit einem eigenen Filmformat 12x18 mm arbeitete und bei der Film und Kamera gewissermaßen eine Verbindung eingingen außerordentlich erfolgreich, in 15 Jahren wurden 70 Millionen Exemplare verkauft. Dann brach die Nachfrage plötzlich ab, wohl auch weil auf die Dauer die Bildqualität zu schlecht war und die „Normal-Kameras" aus Japan erheblich billiger wurden.

Normalkameras, die aber in den ersten Jahrzehnten eher professionellen Verwendern zugänglich waren und erst bei steigendem Wohlstand in breitere Privatbereiche eindringen konnten. Wichtige Entwicklungsstufen waren:
- Der Ausgleich der Parallaxe bei Sucherkameras, bei denen das Bild im Sucher und das Bild, das durch das Objektiv fällt, gegeneinander verschoben sind, weil beide voneinander getrennt sind. Den Parallaxenausgleich bewirkt die *Spiegelreflexkamera* (erst mit zwei Linsensystemen als „zweiäugige", dann ab 1929 als „einäugige").
- Die Standardisierung der *Kleinbildkamera*.
- Eine Spezialentwicklung waren die *Kleinstkameras* ab 1932 mit sehr kleinen Filmformaten. Berühmt ist die Minox ab 1936.

Die Alternative: Polaroid

Bilder machen wurde etwa ab 1930 auch für Laien einfacher durch Kameras und Filmmaterialien, die man mit relativ wenig Aufwand mit sich transportieren konnte und die zwar eine gewisse Übung, aber keine naturwissenschaftlichen Kenntnisse erforderten. Aber dies wurde gewissermaßen erkauft durch die zeitliche Trennung von Fotografieren und Verfügbarkeit über das Bild. Dafür war der Vorgang einigermaßen billig und man konnte von einem Negativ mehrere Abzüge machen.

Die Alternative ist die *Sofortbildfotografie*, die zwar relativ sofort ein Bild liefert, das aber – zumindest über lange Zeit – nur ein Unikat darstellte. Sofortbilder – die ja Positivbilder sein müssen – gab es natürlich bereits in der Frühphase der Fotografie mit den Nassplattenverfahren, die dann zu Sonderentwicklungen führten, bei denen die Platten in einer speziellen Kammer der Kamera entwickelt wurden. Es gab auch Versuche mit belichtetem Umkehrpapier (also einem Papier-Positiv, die aber immer noch vier verschiedene Badeflüssigkeiten benötigten). *Edwin Herbert Land* (ein Hersteller von Polarisationsfiltern für blendfreie Sonnenbrillen) legte dann zwei Filmschichten übereinander, einen Positiv- und einen Negativfilm. Dazwischen wird eine Entwicklungs- und Fixiermasse befestigt, die beim Herausziehen dieses „Pakets" aufplatzt und das Bild auf dem Positivpapier fixiert. Die erste Sofortbildkamera konstruierte Land 1948 und bot sie Kodak an, die aber kein Interesse daran hatten, so dass er selbst die Produktion übernahm. Ab 1963 lieferte er die Bilder in Filmpacks als Farbbilder.

Das große Problem der Sofortbildkamera ist ihre Größe: während der Kleinbildfilm das Bild auf sehr kleinem Raum fixiert und erst außerhalb der Kamera die eigentliche Bildvergrößerung stattfindet, muss im Sofortbildverfahren, das in einem Gehäuse untergebracht wird, das Bild in seiner endgültigen Größe bereits gelagert sein. Daher wurden die Einbringungen vieler Annehmlichkeiten der Normalkamera erst dann möglich, als der allgemeine Stand der Technisierung Miniaturisierungen ermöglichte. Das Polaroid-Verfahren erreicht eine Konsolidierung mit der SX70 als vollautomatischer, motorisierter Spiegelreflexkamera.

Differenzierungsbereiche

Fotografie ist nicht nur die private und professionelle Fotografie (auf die hier kaum eingegangen werden konnte), sondern es haben sich auch eine Reihe besonderer Anwendungsbereiche (mit z.T. technischen Eigenentwicklungen) entwickelt, wie:
- *Textfotografie*, d.h. die Mikroverfilmung/Fotomikrografie von Texten, insbesondere zur platzsparenden Archivierung und Sicherung.
- *Reproduktionsfotografie*: Die Herstellung von Bildern von Bildern, insbesondere als Vorstufe für den Druck von Bildern.
- *Luftfotografie*: Fotografien aus fliegenden Objekten auf den Boden – vom Ballon bis zum Satelliten (häufig elektronisch nachbearbeitet, um bestimmte Strukturen durch Falschfarbengebung besser zum Ausdruck zu bringen).
- *Mikrofotografie*: Fotografie von dem menschlichen Auge nicht sichtbaren Strukturen mit Hilfe von Mikroskopen der unterschiedlichsten Art (schließlich nützt es nichts, wenn die Mikroskope sehr kleine Strukturen „sehen" – die Menschen wollen sie mit ihren Augen sehen).
- *Astrofotografie*: Fotografie von astronomischen Objekten (einschließlich der Umsetzung von anderen Wellenbereichen als des sichtbaren Lichts in sichtbare Bilder – etwa der Radiowellen).
- Aus der Beherrschung anderer Frequenzen des elektromagnetischen Spektrums haben sich eine Reihe von Techniken entwickelt, mit denen

man Verteilungen dieser Frequenzen für das menschliche Auge sichtbar machen kann: Infrarotfotografie, Ultraviolettfotografie, Röntgenfotografie, Gammastrahlenfotografie.
- Dies entwickelt sich dann auch zu Techniken der Sichtbarmachung anderer Korpuskel wie Elektronen- und Ionenstrahlen.
- Gerade in der medizinischen Fotografie werden praktisch alle (und noch einige andere) dieser Techniken, die nicht Sichtbares sichtbar machen, eingesetzt und weiterentwickelt.

Die nächste Revolution steht noch aus

Die Privat-Fotografie ist ein starker Markt mit etablierten Strukturen: Jeder erwachsene Deutsche macht durchschnittlich 57 Bilder im Jahr, das macht 4,7 Mrd. Farbbilder im Jahr. Mit Kameras, Bildern und Filmen werden über 14 Mrd. DM Umsatz erzielt. 20.000 Arbeitsplätze gibt es in der Fotoindustrie, 8.000 in Fotolabors, 15.000 im Fachhandel, 10.000 kommerzielle Fotografen. Ein derartiger Markt ist schwer zu revolutionieren.

Die technische Revolution hat daher den Fotografiebereich bisher nur teilweise erreicht: Zwar steckt in den Kameras jede Menge Elektronik (in den Entwicklungs- und Vergrößerungslabors ohnehin): Belichtung, Blende, Entfernungseinstellung (Autofocus), Filmtransport, Blitzzugabe sind automatisiert, viele Apparate bieten darüber hinaus noch weitere elektronische Hilfestellungen von Programmautomatiken über Dokumentationsfunktionen (etwa durch eine auf dem Film aufgebrachte Magnetschicht) bis hin zu in Grenzen variablen Bildformaten auf einem Film. Die eigentliche Fotografie ist aber nach wie vor eine chemische Veränderung durch Lichtstrahlen auf einem planen Träger, die entwickelt und fixiert werden muss und von der auf chemischem Wege Abzüge hergestellt werden. Erst dann kann man (im Normalfall) sehen, was man fotografiert hat.

Dieses könnte sich mit der digitalen Kamera ändern: Hier wird das Licht nach wie vor durch ein Objektiv (im Prinzip sogar das gleiche wie bei der chemischen Kamera) eingefangen, fällt dann aber nicht auf den Film sondern auf eine Menge lichtempfindlicher Sensoren (CCD charge coupled devices), die die Farb- und Helligkeitsinformationen aufnehmen. Diese können dann in elektrische Signale umgewandelt und auf einem magnetischen Speicher digital festgehalten werden. Das digitale Bild kann dann ohne weiteres digital übertragen, kopiert, bearbeitet werden, es kann auf

Bildschirmen betrachtet und über Drucker ausgedruckt werden. Allerdings sind die Kameras noch recht teuer, nähern sich aufgrund der sehr großen Menge der notwendigen lichtempfindlichen Elemente erst langsam in der Qualität an Fotoqualität an (ähnliches gilt für die Drucker, über die die „Abzüge" hergestellt werden) und brauchen eine für viele Anwendungen relativ lange Zeit zum Auslesen der CCDs.

Der chemischen Fotografie kommt überdies zugute, dass durch Fortschritte der Scanner-Technik die Digitalisierung klassisch gemachter Bilder immer einfacher wird, so dass in diesem Fall beide Versionen zur Verfügung stehen (und Scanner ohnehin immer mehr zur Normalausrüstung werden). Versuche, diesen Markt durch eine ähnliche Struktur zu entwickeln, wie für die chemischen Abzüge – die Foto-CD, die man von Service-Einrichtungen von den eigenen Fotos herstellen lassen und sogar über die CD-ROM-Laufwerke (die auch immer mehr zur Normalausstattung werden) verarbeiten kann – waren nicht sehr erfolgreich. Inwieweit Versuche, eine ähnliche Dienstleistungsstruktur über das Internet zu entwickeln, erfolgreich sein werden, muss noch abgewartet werden.

2.3 Bewegtes Bild

Vorgeschichten

Der Mensch sieht analog und kontinuierlich – ein einzelnes Bild ist ihm in seiner Wahrnehmungswelt nur bei höchster Konzentration möglich, da er normalerweise Veränderungen sieht oder im Sehen selbst produziert. Insofern ist die technische Beherrschung des Einzelbildes eine sehr technische, artifizielle Angelegenheit, die Beherrschung des bewegten Bildes ist dagegen eher eine Fortsetzung der Wahrnehmungswelt des Menschen (und wahrscheinlich rührt ihre Faszination daher).

Mitte des 19. Jahrhunderts stellte Peter Mark Roget fest, dass man dem menschlichen Auge eine Bewegung vortäuschen kann, wenn man ihm schnell genug Einzelbilder präsentiert. Heute gilt etwa der Standard von 25 Bildern pro Sekunde als ausreichend. Dieses Phänomen war bereits über

Daumenbücher zu demonstrieren, wie sie auch heute noch im Gebrauch sind. Die technische Realisierung musste vor allem mit dem Prinzip der gleichmäßigen schnellen Präsentation von Einzelbildern umgehen. Erste Versuche montierten mehrere Bilder auf *Scheiben*, die dann von Hand gedreht wurden, etwa:
- Das Phanakistiskop oder Phantaskop von Ferdinand Plateau 1832: eine Scheibe mit Bildern rotierte gegenüber einem Spiegel, in der Scheibe waren Schlitze. Das Verfahren realisierte 16 Bilder/Sekunde.
- Zur gleichen Zeit das Stroboskop von Simon Ritter von Stampfer: zwei Scheiben, von denen eine mit Schlitzen versehen war.

Eine Alternative zur Scheibe, bei der die Bilder verzerrt werden (die Punkte am Rand der Scheibe legen einen längeren Weg zurück als die an der Achse) ist die *Trommel*:
- Das Zoetrop von William George Horner: Durch Schlitze sieht man auf eine sich drehende Trommel, auf der das Programm gewechselt wurde.
- Das Praxinoskop von Emile Reynaud 1877, der mit Hilfe einer Spiegelanordnung die Dunkelpausen zwischen den Bildern ausschaltet. 1892 konnte mit Bildbändern auf gezeichneten Gelatinefolien eine Projektionsdauer von 15 Minuten erreicht werden.

Die *Projektionstechnik* erprobte Freiherr von Uchatius 1852 mit einer Laterna Magica, die über eine Konvexlinse Bilder auf eine Wand warf, mehrere Laternae Magicae mit Phasenbildern einer Bewegung zielten auf eine Projektionsfläche und wurden nacheinander beleuchtet. Die Verbindung zwischen Phasenbildern und Fotografie schaffte *Eadweard Muybridge* seit 1877. Er stellte z.B. 24 Kameras nebeneinander, die der Reihe nach durch einen Faden ausgelöst wurden und fotografierte ein galoppierendes Pferd, um eine Wette zu entscheiden, ob ein Pferd im Galopp alle vier Füße hebt oder nicht. Daraus entwickelte er 1879 das Zoopraxiskop (ein Projektions-Phena-kistiskop) mit bis zu 200 Dias auf einer Scheibe. 1893 hatte er damit auf der Chicagoer Weltausstellung ein eigenes Vorführgebäude (gewissermaßen das erste Kino).

Otmar Anschütz (der Erfinder des Schlitzverschlusses in der Fotografie) verbesserte das Muybridge-Aufnahmeverfahren. 1884 präsentierte er als Betrachtungsgerät für seine Reihenaufnahmen den Schnellseher oder das Elektrotachyskop. Die Aufnahmen waren auf einen Papierstreifen gebracht, der in eine drehbare Trommel eingelegt war. Später verwendete er stattdessen Glasplättchen auf einer drehbaren Scheibe, die von hinten durch elektrische Lichtblitze beleuchtet wurde. 1894 wurde mit diesem Verfahren in Berlin auch ein Projektionsexperiment unternommen (6x8 m große Bildwand in Berlin).

Film, Betrachtung, Projektion

Den Schritt von der Fotografie in die Filmaufnahme unternahm *Etienne Jules Marey*. Eine erste Möglichkeit der Produktion von Phasenbildern auf *einem Träger* war die sprungweise Bewegung der Platte (sog. „Fotoflinte" wegen des Teleobjektivs). Im selben Jahr 1882 bewältigte er die andere zukunftsträchtigere Variante mit seiner chronofotografischen Kammer: vor einer feststehenden Platte bewegte sich eine umlaufende Schlitzscheibe. Nun musste nur noch der Schritt von der Platte zum Rollfilm vollzogen werden. Marey brachte 1888 eine Rollfilmkamera heraus, bei der der Film (seit 1889 Celluloid) ruckweise transportiert wurde, diese Filme wurden mit dem chronografischen Projektor vorgeführt, führten aber noch nicht zu einem stehenden Bild (weil die Transportgeschwindigkeit nicht zu kontrollieren war).

Den Schritt zum Film, der der Trägheit des menschlichen Auges entsprechend beschleunigt werden konnte, vollzog dann *Thomas Alva Edison*. Nachdem er mit einer Trommel mit 48 Bildern/Sekunde experimentiert hatte, wandte er sich dem Celluloidfilm von Eastman zu. Sein Mitarbeiter William Dickson hatte die Idee, den 70mm-Film zu halbieren und mit einer *Perforation* zu versehen, so dass er gleichmäßig mechanisch transportiert werden konnte. Der Film wurde in dieser Kamera, dem Kinetographen, von Hand mit einer Kurbel gedreht, es konnten 20-40 Aufnahmen/Sekunde gemacht werden. 1894 entwickelt Edison daraus das *Kinetoskop*, einen individuellen Betrachtungsapparat mit einem Guckloch. Nach Münzeinwurf konnte man 600 Bilder sehen (horizontaler Filmdurchlauf). Zur Filmproduktion baute Edison gleich ein richtiges Filmstudio im Edison Fotolabor in West Orange, das Filme herstellte zu Themen wie „Der Hufschmied", „Der Hahnenkampf", „Trapezakt", „Der Friseurladen". Dickson wollte im Gegensatz zu Edison die Projektionstechnik weiterentwickeln, trennte sich und präsentiert 1895 einen Projektionsapparat Panoptikum bzw. Eidoloskop in New York mit mäßigem Erfolg. Er wurde von Edison mit Prozessen überzogen und als er diese gewonnen hatte, hatte er das Rennen gegen die Brüder Lumiére verloren.

Das Rennen um den Kinofilm hätte jemand früher für sich entschieden haben können: Louis Aimé Augustin le Prince hatte bereits 1888 eine Kamera mit zwei Linsen (Sucher, Aufnahme), Kurbel und Filmgreifer konstruiert, 1889 einen einlinsigen Projektor. 1890 wollte er seinen neuen Projektor in der Pariser Oper vorführen, bestieg am 16.9.1890 einen Zug in Dijon und ist seitdem spurlos verschwunden. Untergegangen sind auch andere Versuche der Konstruktion von Filmapparaten in den 90er Jahren mit Namen wir Chronofotographoskop, Klondikoskop, Videocigraphoskop, Counterfivoskop, Getthemoneygraph.

Kinofilm

Wann tatsächlich die erste öffentliche Filmprojektionsvorführung stattfand, ist umstritten. Als Vorformen der eigentlichen Erfindung werden gehandelt:
- *Jean Aimé le Roy*, der 1894 in New York erstmals Laufbilder vorführte und am 22.2.1895 Vorführungen mit einem *Cinematographen* ankündigte.
- Die Brüder *Max und Emil Skladanowsky* brachten 1895 den Projektionsapparat Bioskop heraus (50mm-Film, 2 Filmschleifen). Vom 1.11.1895 fanden am Schluss des Programms des „Wintergarten" in Berlin Vorführungen von Filmen (20 Bilder, wiederholt durch Aneinanderkleben) statt. Das Verfahren war kaum weiterzuentwickeln.

Den eigentlich industriellen Durchbruch erzielten die Brüder *Louis und Auguste Lumiére*, die gewissermaßen aus der Branche kamen: der Vater besaß eine Filmfabrik, aus der auch das erste brauchbare Farbfotoverfahren stammte. Ihnen ging es von Anfang an um die industrielle Produktion und von daher wollten sie einen Apparat entwickeln, der Kamera, Kopiergerät und Projektor in einem war. Sie orientierten sich zunächst an Edison, durch die Namensgebung (Kinétoscope de projection) und Filmverwendung (35mm, Perforation, Greifer, aber *vertikaler Durchlauf* statt horizontal), später änderten sie den Namen in *Cinématographe*. Die erste geschlossene Vorführung war am 22.3.1895, die erste öffentliche am 28.12.1895 im Indischen Salon des Grand Café in Paris. Das Programm bestand aus 15 Kurzfilmen, etwa „Der begossene Begießer" und „Abbruch einer Mauer" (erster rückläufig gezeigter Film). Damit begann der Siegeszug des Kinofilms. 1897 verkauften die Brüder ihr Patent an *Charles Pathé*, der das Kino schnell industrialisierte.

Die Erfolgsgeschichte des Kinofilms als Stummfilm ist weniger eine der technischen Weiterentwicklungen als der sozialen: Industrialisierung der Produktion in den Filmgesellschaften, Entwicklung von Kopierwerken (die Filmaufnahmen sind natürlich auch Negativfilme, die erst positiv kopiert werden müssen), Organisation des Vertriebs durch Einrichtung eigenständiger Filmtheater (nachdem Filme erst an den unterschiedlichsten Plätzen wie Ballsälen, Varietés etc. gezeigt werden und zwar meist als Teil des gesamten Unterhaltungsprogramms. Dadurch erklärt sich, dass über lange Zeit als die Filme länger werden, sie noch strukturell die Vielfalt des Programms, das sie nun ersetzen, aufweisen etwa mit eingelegten Musik- und Tanzpassagen, der „Showblock").

Tonfilm

Der Film war zunächst Stummfilm und wurde häufig mit akustischer Life-Begleitung vorgeführt. Seit den ersten Möglichkeiten, Schall zu speichern und wiederzugeben, entstand auch die Idee, diese Form der Schallspeicherung mit der Präsentation bewegter Bilder zu verbinden:
- 1877 wollte bereits W. Donnisthorpe Phasenbilder und Grammophon verbinden
- Um 1900 stellte Edison Kombinationen zur Synchronisation von Bild- und Schallausstrahlung vor (Kameraphon, Kinemaphon), deren Laufzeit mit 6 Minuten allerdings zu kurz war (1906 wurden in Australien bereits Stummfilme von 1 Stunde Länge produziert). Edison verwendet dabei auch sein eigenes Schallaufzeichnungsverfahren (Phonograph), das sich in der Folgezeit nicht durchsetzte.

Dennoch ist die Kombination von allgemeiner Schallaufzeichnungstechnik und Filmvorführung eine wichtige Technikkombination, die beiden Technikbereichen Gewinne gebracht hat. Dabei setzt sich allerdings die Schallplatte des Grammophons eher durch, bei der der Ton durch eine Nadel abgenommen wird. Daraus wird als Kennzeichnung dieses Tonfilmverfahrens der *Nadelton*. Die Spielfilme, die in den Kinos in den 20er Jahren präsentiert wurden, wurden auf Rollen präsentiert, die Präsentations-Länge einer Rolle betrug 11 Minuten (dann musste die Rolle gewechselt werden oder auf einen zweiten Projektionsapparat umgeschaltet werden). Der einen Film begleitende Tonträger musste daher eine Mindestabspielzeit von 11 Minuten aufweisen. Die *Langspielplatte* wurde als Schallplatte mit einer Spieldauer von 11 Minuten speziell für diesen Zweck entworfen. Diese Platten wiesen eine von innen nach außen verlaufende Tonspur auf. Die ersten Tonfilme waren die von Sam und Harry Warner produzierten Filme „The Jazz Singer" (6.10.1927) und „The Singing Fool", in denen der weiße Al Jolson (eigentlich Joseph Rosenblatt) einen Negersänger spielt.

Das Nadeltonverfahren ist zunächst sehr erfolgreich, obwohl es sowohl bei der Tonaufnahme als auch bei der Wiedergabe erhebliche Synchronisierungsaufwendungen zwischen zwei unterschiedlichen dynamischen Techniken notwendig macht. Es lag daher auf der Hand zu versuchen, den Ton nicht in einer parallelen Technologie ablaufen zu lassen, sondern ihn auf dem Film synchron aufzubringen. Da der Film fotografisch arbeitet, musste dieses irgendwie mit Hilfe von Licht geschehen, so dass sich für dieses Verfahren der Ausdruck *Lichtton* durchgesetzt hat.

Hans Voigt entwickelte das Verfahren, bei dem der elektrisch verstärkte Ton eine veränderliche Lichtquelle beeinflusst, die auf einem Filmstreifen eine kontinuierliche Schwärzung hervorruft. Diese Schwärzung musste dann durch ein lichtempfindliches Element zur Wiedergabe abgetastet und das dabei entstehende Signal an Lautsprecher weitergeleitet werden. 1921 stellte er ein eigenes System *Tri-Ergon* vor, dessen Kern eine eigenentwickelte edelgasgefüllte Hochfrequenzlampe und ein Mikro-Projektionssystem war, das den Tonspalt auf dem Film abliest. Verwendet wurde für die Bildspur der 35mm-Film, der Ton wird auf ein eigenes Negativ aufgenommen und dann mit dem Bild auf einen 42mm-Positiv-Film kopiert. Ein Hauptproblem bei der Wiedergabe war der Ausgleich der ruckartigen Bewegung des Films (durch Koppelung mit einer Schwungmasse). Zu der Zeit fehlten allerdings noch zwei Bedingungen:
- eine trägheitslos arbeitende Fotozelle zum Abtasten der Tonspur bei der Projektion.
- Großlautsprecher für Säle

Das Tri-Ergon-Verfahren wurde für den amerikanischen Markt von William Fox aufgekauft, der auch das konkurrierende Phonofilmverfahren von Lee de Forest übernahm. Technisch setzt sich das Tri-Ergon-Prinzip durch.

Der Lichtton löste in den 30er Jahren den Nadelton ab. Versuche, ihn vollständig durch *Magnetton* abzulösen (etwa durch ein auf den Film aufgebrachtes Magnetband, aber auch durch ein Magnetband anstelle der Schallplatte) waren nicht dauerhaft erfolgreich, so dass sich weitgehend eine Kombination durchgesetzt hat: Die Tonaufnahme wird auf Magnetband aufgezeichnet, davon wird ein Lichttonnegativ hergestellt, das auf die Positivkopie der Vorführung kopiert wird.

Im Zuge der Digitalisierung wird auch der Ton im Kinofilm digitalisiert, Systeme, die hier eine Rolle spielen sind etwa:
- THX Tomlinson Holman Experiments, der digitale Tonverfahren-Standard, wie er sich seit George Lukas „Der Krieg der Sterne" gebildet hat.
- Das Digital Theatre Systems, wobei der Ton von einer Audio-CD kommt und auf dem Film ein Zeitcode zur Synchronisation aufgebracht ist (gewissermaßen eine Kombination des früheren Nadelton- und Lichttonansatzes).
- SDDS Sony Digital Sound mit 8 Kanälen.

Farbfilm

Der Kinofilm ist zunächst ein Schwarz-Weiß-Film, aber bereits von Anfang an wollen die Leute Farbe haben:
- Ab 1896 wurden Filme handkoloriert.
- ab 1900 wurden Filme gefärbt.
- 1905 wurde eine Schabloniermaschine eingesetzt.
- Ab 1906 wurd mit 2-Farbverfahren experimentiert: George Albert Smith verwendete abwechselnd Rot- und Grün-Filter bei einer Aufnahmegeschwindigkeit von 32 Bildern/Sekunde. Das Schwarzweiß-Negativ wurde wieder abwechselnd rot und grün gefiltert vorgeführt. Dieses und andere 2-Farben-Verfahren waren nicht sehr erfolgreich.
- 1912 wurde von Léon Gaumont mit der Chronochrom-Technik ein erstes Dreifarbverfahren mit drei Objektiven und Projektoren als additives Verfahren vorgestellt. Diese und andere additive Verfahren setzten sich nicht durch (obwohl Gaumont es 1913 bereits mit einem Phonographen kombinierte), wohl weil sie technisch zu anfällig waren.

Der Einstieg des Farbkinofilms in das Subtraktionsverfahren ist ein Zweifarbenfilm, den 1915 Kodak herstellt: Je ein Film stellt einen Rot- und Grün-Auszug dar, sie werden auf die beiden Seiten eines beidseitig beschichteten Films kopiert, so dass kein besonderer Projektionsapparat notwendig war. Ähnlich funktionierten in den 20er Jahren Multicolor, Magnacolor, Trucolor, Cinecolor (bis 1954), Ufacolor, Chemicolor, Polychromid. Den Durchbruch erzielt aber erst 1928 das von Herbert T. Kalmus entwickelte *Technicolor*. Hierbei handelt es sich um ein subtraktives Dreifarbenverfahren, bei dem Spezialkameras drei getrennte Filme mit RGB-Auszügen aufnehmen. Dies liefert Schwarz-Weiß-Filme, von denen klischeeartige Matrizen nacheinander in Cyan, Magenta und Gelb entwickelt werden und dann auf einen Klarfilm gedruckt werden. Das Verfahren wurde zur Spielfilmherstellung noch bis 1955 verwendet. Zwar gab es in der Fotografie bereits Dreischicht-Farbfilme nach dem Subtraktionsverfahren, die allerdings zunächst nur als Umkehrfilme verfügbar waren, von denen also keine Kopien gezogen werden konnten. Der Durchbruch der Dreischicht-Farbfilme für den Kinofilm konnte erst stattfinden, als die Negativ-Positiv-Verfahren kostengünstig genug entwickelt waren.

Raum- und Breitwandfilm

Mit dem Aufkommen des Fernsehens musste der Kinofilm neue Attraktionen entwickeln, die ihn vom Fernsehen und dessen Rezeptionssituation absetzen. Ein wesentliches Prinzip waren die Breitwandverfahren. Projektionsfläche, Bildschärfe und Raumabmessungen hängen zusammen. Der 35mm-Film wies deutliche Erlebnisgrenzen auf. Mit *größeren Filmformaten* waren andere Ergebnisse zu erzielen, dies war bereits 1897 von der Veriscope Company mit einem 70mm-Film demonstriert worden (doppelt so breit wie hoch). Verfahren ab 1929 waren ähnlich (Vitascope, Spoor-Berggren, Magnafilm) und wenig erfolgreich, da die meisten Kinos keine so breiten Leinwände hatten (7-8 m). Eine Zeitlang war Todd-AO mit einer Filmbreite von 65mm sehr erfolgreich. Fortsetzung dieser Versuche sind heute die Imax-Kinos, in denen die Leinwand 20 m hoch und 27 m breit ist. Sowohl das Bild als auch der Film sind 10x größer als bei den 35mm-Verfahren.

Eine alternative Technik ist das *Panoramaverfahren*, d.h. die simultane Aufnahme und Projektion mit mehreren Kameras und Projektoren. Die Rundumprojektion wurde bereits 1897 als Cinéscorama von Raoul Grimoin-Sanson gezeigt. Walt Disney entwickelte diese Technologie als Circarama 1955 weiter. Weniger anspruchsvoll war die 1952 entwickelte Cinerama-Projektion (Halbkreis mit drei Projektoren) von Frederick Waller. Das Verfahren war nicht sehr erfolgreich, weil es spezielle Projektionsräume erforderte. Ebenso erging es den immer wieder aufflammenden Versuchen von Panorama- und Rundum-Kinos (bei denen schon meist der Mangel an alternativen Filmangeboten ein Problem darstellt).

Ein ganz anderes Prinzip war allerdings sehr erfolgreich, das *CinemaScope*-Verfahren. Bereits 1925 hatte Henri Chrétien ein Verfahren erfunden, das mit einem Spezialobjektiv das Filmbild horizontal um fast die Hälfte zusammenquetscht. Dies konnte bei der Projektion wieder entzerrt werden. Die Leinwand musste dabei leicht gekrümmt sein. Das Verfahren brauchte aus Gründen der Realistik ein stereofones Tonwiedergabeverfahren mit vier Lautsprechern (hier wurde meist Magnetton eingesetzt).

Ein bisher noch nicht gelöster Anspruch an den Kinofilm ist die Dreidimensionalität des Bildes. Der *3D-Film* ist bereits seit Anfang der 20er Jahre im Experiment erprobt (bereits damals mit zweifarbiger Brille). Bei den meisten Experimenten nehmen zwei Kameras das Geschehen auf, die voneinander etwa im Abstand der menschlichen Augen postiert sind. Bei der Betrachtung mit einer Polarisationsbrille (als blendungsfreie Sonnenbrille entwickelt) entsteht im Gehirn ein plastischer Eindruck. Hier gibt es immer wieder Marktangebote, ohne dass daraus ein dauerhafter Produkttyp entstanden wäre.

Neuere Verfahren experimentieren mit holografischen Ansätzen, ohne dass bisher ein Verfahren absehbar wäre, das Kinofilme ermöglicht.

Amateurfilm

Filme, Kameras und Projektoren wurden zunächst nur für 35mm-Material, d.h. für den professionellen Kino-Gebrauch hergestellt. Erst 1921 bot Ferdinand Zecca (von Pathé) in Paris ein 9,5mm-Amateurformat an – noch mit Kurbelkamera und Stativ. Nach der internationalen Vereinbarung zu schwer entflammbaren Materialien (Kinofilme waren bis dahin sehr leicht entzündlich) entwickelte Kodak 1923 einen 16mm-Film. 1926 wurde dann die erste Kamera mit Federaufzug angeboten.

Die Entwicklung feinkörnigerer Filme ermöglichte es bald, das 16mm-Format zu halbieren, so dass sich ein 8mm-Standard entwickelte. Um die 16mm-Kameras weiter zu verwenden, lief der 16mm-Film zweimal durch und wurde dann nach dem Entwickeln getrennt. Da die Amateurfilmer in der Regel nur ein Unikat benötigen und keine größere Menge von Kopien, konnten hier sehr früh Farbfilme, die zunächst als Umkehrfilme vorlagen, verwendet werden. Fortschritte der Amateur-Technik waren etwa:

- 1935 der eingebaute Belichtungsmesser
- 1937 Entwicklung von Zoomobjektiven (Gummilinse)
- 1956 vollautomatische Blendensteuerung

Das Mitte der 60er Jahre eingeführte Super8-Format verwendet nicht mehr Filmrollen sondern Kassetten. Durch Verbesserung der Perforation konnte die Bildfläche vergrößert und eine Magnettonspur aufgebracht werden. 1978 gab es dann noch mit der Polavision den Versuch, für den Amateurfilm-Bereich die Sofortfotografie einzuführen, allerdings ohne großen Erfolg, da sich diese Entwicklung mit der Entwicklung der magnetischen Bildaufzeichnung überschnitt.

Magnetische Bildaufzeichnung

Hintergründe der magnetischen Bildaufzeichnung sind die allgemeinen Entwicklungen, die zur Tonbandtechnik geführt haben (siehe dort). Erste Erfolge erzielte bereits *John Logie Baird* 1927, der sich an der Tonaufzeichnung orientierte und 30-Zeilen-Fernsehbilder auf *Schellack-Platten* speicherte, die er über einen Televisor mit 78 Umdrehungen/Minute abspielte (Phonovision). Die Speicherung auf Platten wurde dann lange Zeit aufgegeben, 1970 versuchten AEG-Telefunken und Teldec Bildplatten mit Rillenspeicherung auf den Markt zu bringen, scheiterten aber drastisch. Erst die laserzentrierten Aufzeichnungs- und Leseverfahren (siehe Multimedia) bringen die Platte als Bildträger wieder in den Vordergrund – weil auf der Platte im Unterschied zum linear ablaufenden Band bei entsprechender Technik auch gezielt zugegriffen werden kann.

Bereits während des Zweiten Weltkriegs gab es Bildaufzeichnungen auf zollbreitem Magnetband mit der elektronischen Zworykin-Fernsehkamera. Die Bildinformation wird dabei längs auf dem Band aufgezeichnet. Diesem Prinzip folgten auch die Versuche direkt nach dem Weltkrieg von RCA, 3M und anderen (u.a. Bing Crosby). 1952 wurde auf einem 2160m langen Band 15 Minuten Aufzeichnung möglich.

Den Durchbruch schaffte die Firma *Ampex* 1956 (zu dem Team gehört u.a. Dolby), die die Bildsignale in Querspuren unterbrachte und damit die Bandbreite besser ausnutzte. Sie verwendete zunächst 2 Zoll-Bändern, die mit 19 oder 38 cm/Sekunde an einer Trommel mit 4 Magnetköpfen mit 240 Umdrehungen/Minute vorbeigeführt werden. Ein entsprechendes Band brachte Scotch 3M auf den Markt (800 m, 1 kg schwer). Bereits 1958 konnte auch farbige Bildinformation gespeichert werden, 1963 wurden die Geräte auf Transistoren umgestellt.

Bezugspunkt der magnetischen Bildaufzeichnungstechnologien war zunächst das Fernsehbild, das zeilenförmig und aus zwei Halbbildern aufgebaut ist. Je eine Zeile wird quer auf das Band gespeichert, dadurch sind zunächst die Bänder recht breit. Später wird die Bandbreite bei Querspeicherung auf 1 Zoll reduziert, U-matic als immer noch verwendetes professionelles Format verwendet 3/4-Zoll. Für den Heimgebrauch war diese Technik aber noch zu aufwendig und anspruchsvoll, sie musste vereinfacht werden:

- Verwendung nur eines Magnetkopfes (der sich dann erheblich schneller drehen muss, 3600 U/min).
- Einsatz eines schmaleren Bandes: Mit der Entwicklung der Schrägspuraufzeichnung (Signale nicht mehr gerade sondern schräg auf dem Band) 1953 durch Eduard Schöller konnte Halbzollband verwendet werden.

Video

Damit war der Weg frei zur Entwicklung eines für den Privatgebrauch geeigneten Videorecorders:
- 1969 Grundig/Philips mit einem Abspielgerät für 45 Minuten Schwarz-Weiß-Material und offenen Spulen (nach Tonbandvorbild).
- 1971 Philips VCR zwar mit Halbzollband, Kassette, Farbe, wurde dennoch kein Erfolg.
- 1976 Sony mit dem Beta-System, das 2 Stunden Speicherung ermöglicht
- 1977 JVC mit dem VHS-System, ebenfalls 2 Stunden.
- 1979 Philips/Grundig mit dem Video System 2000 mit einer Wendekassette und 4 Stunden Spieldauer auf jeder Seite).

Von den konkurrierenden Systemen setzt sich 1987 JVC´s Video Home System VHS durch, das immer noch im Gebrauch ist. Das 1988 von JVC lancierte Super-VHS hat dagegen mit Akzeptanzschwierigkeiten zu kämpfen.

Diese Systeme sind zunächst auf das Aufzeichnen und Wiedergeben von Fernsehsendungen ausgelegt. Den Ersatz des Amateurfilms zielt die Entwicklung des Video 8 an. Videoaufnahmen sind zu der Zeit noch relativ aufwendig: Kamera und Recorder sind getrennte und recht schwere Geräte, für die auch die Stromversorgung gesichert werden muss. 1980 kommt als erstes von Sony eine Kamera mit eingebautem Recorder, der *Camcorder*. Ab 1985 konkurrieren:
- Video 8 von Sony (90 Minuten)
- Beta-Movie (Beta, 215 Minuten)
- JVC Videomovie (verkleinerte VHS, 30 Minuten)
- Panasonic VHS-Movie (normale VHS, 4 Stunden).

Inzwischen gibt es mindestens drei mal so viele Camcorder wie Amateurfilm-Kameras. Mit dem digitalen Camcorder deutet sich aber bereits ein in den nächsten Jahren stattfindender Technologiewechsel an.

2.4 Schallplatte

Vorstufen

Schallwellen sind Wellen, die entstehen, wenn feste Materie gestört wird und die sich in festen, flüssigen und gasförmigen Gegebenheiten fortpflanzen können. 1809 macht Ernst Chladni Schallwellen sichtbar, indem er eine Platte mit Sand bestreute und mit einem Violinenbogen bestrich (Klangfiguren).

Als erster zeichnete Leon Scott 1857 mit seinem Phonoautograph Schallschwingungen auf, indem er Schall auf eine Metallfeder leitete, die auf einer berußten Glasplatte Spuren hinterließ, später verwendete er statt der Platte eine Walze. In beiden Fällen konnte er zwar aufzeichnen, aber nicht wiedergeben. Er verwendete aber bereits zwei der wesentlichen Trägerprinzipien: Da Schallwellen in der Zeit stattfinden, musste zu ihrer Aufzeichnung ein sich kontinuierlich bewegendes Medium verwendet werden. Bereits am Anfang wurde das Aufzeichnungsmaterial bewegt und nicht das Aufzeichnungsinstrument und zwar kreisförmig, wobei die beiden Hauptmöglichkeiten verwendet wurden – eine Platte, die um ihren Mittelpunkt rotiert oder einen Zylinder, der um seine Achse rotiert.

Edisons „Phonograph"

Thomas Alva Edison entdeckte bei der Arbeit an einer anderen Problematik (Übertragung von Morsebuchstaben) die Möglichkeit der Wiedergabe von Schallwellen auf einen imprägnierten Zylinder. Er ließ die Idee von seinem Mitarbeiter John Heinrich Kruesi ausarbeiten. Es handelte sich um eine Walze, bei der sich auf jeder Seite eine Sprechmuschel mit einer Pergamentmembran befand und einer Stahlnadel. Um die Walze wurde Stanniol gelegt, durch Sprechen in die Sprechmuschel und gleichzeitiger Drehung der Kurbel für die Walze wurde Schall aufgezeichnet. Als Aufzeichnungsverfahren diente eine *Tiefenschrift*, d.h. hohe und tiefe, schwache und laute Töne wurden durch unterschiedliche Vertiefungen im Aufzeichnungsmaterial aufgezeichnet. Zur Wiedergabe wurde die Nadel zurückgestellt und mit der anderen Membran verbunden. Die erste Schallaufnahme war Edisons Gesang des Kinderliedes „Mary had a little lamb" am 6.12.1877. In Erwartung eines Erfolges hatte Edison bereits eine Vorversion am 30.7.1877 zum Patent angemeldet, die endgültige Patentanmeldung erfolgte am 24.12.1877. Damit war Edison der Erfinder, obwohl bereits am 18.4.1877 *Charles Cros* in Paris ein solches Gerät (mit einer Wachswalze) in einer Denkschrift beschrieben hatte, die in einem verschlossenen Umschlag bei der Akademie der Wissenschaften abgegeben wurde und erst am 3.12.1877 dort geöffnet wurde.

Nach anfänglichem Aufsehen interessierte sich bald niemand mehr für die Erfindung. Dennoch arbeitete Edison weiter an der Verbesserung: ein Hohlzylinder aus Wachs (später aus stearinsaurem Sodasalz), ein Saphirsplitter statt einer Nadel (scharf für die Aufnahme, stumpf für die Wiedergabe). Der Hauptgrund für das Desinteresse war wohl, dass Edisons Phonograph den Typus des *Diktiergeräts* verkörperte, der praktisch nur ein Unikat von Sprachaufnahmen lieferte. Auch Versuche, das Gerät als *Anrufbeantworter* beim zur gleichen Zeit erfundenen Telefon einzusetzen, scheiterten, da die Leute keine Automatik beim Telefonieren wollten. Ein weiteres Problem war der Drehbetrieb bei Aufnahme und Wiedergabe, der zunächst von Hand vorgenommen wurde. Versuche mit Elektromotoren waren nicht sehr erfolgreich, weil zur damaligen Zeit die Motoren sehr unhandlich waren und elektrischer Strom nur an wenigen Stellen verfügbar war. Daher wurden die Spieler dann mit einem Federwerk betrieben.

Die Menschen wollten Musik und sie wollten sie an verschiedenen Stellen, d.h. das Hauptproblem der Edison-Erfindung war die Vervielfältigung des Zylinders. Dies ließ sich mit einiger Mühe erreichen: Im luftleeren Raum wurde die Walze mit Goldstaub bestäubt, dadurch wurde sie elektrisch leitend und es konnte auf galvanischem Wege eine Metallfolie gewonnen werden, aus der sich eine Matrize anfertigen ließ, mit der Wachsabdrücke hergestellt werden konnten. 1889 auf der Pariser Weltausstellung präsentierte Edison seine Glühlampe und in deren Gefolge erzielte auch der Phonograph seinen Durchbruch bis 1913.

Berliners „Grammophon"

Der Durchbruch gelang, als bereits die Nachfolgetechnik erfunden war: 1887 erfand *Emil Berliner* (der bereits 1877 ein revolutionäres Mikrofon erfunden hat und damit Edison um 2 Wochen geschlagen hatte) das „*Grammophon*". Es verwendete eine runde Zinkplatte mit einer Rußoberfläche, die nach der Aufnahme gehärtet wurde. Später verwendete er eine Wachsoberfläche, die bei der Aufnahme durchgeritzt wurde, der darunter liegende Zink konnte dann geätzt werden und davon konnten galvanisch Matrizen hergestellt und dann Abzüge gepresst werden. Damit wurde die Tonaufzeichnung massenkommunikationsfähig. Die Vervielfältigung wurde zunächst auch dadurch vereinfacht, dass Berliner keine Tiefenschrift verwendete, sondern eine *Seitenschrift*, d.h. die Tonvariationen werden horizontal dargestellt.

Die ersten Platten hatten eine Minute Spielzeit. Ab 1895 wurde für einige Jahrzehnte Schellack als Pressmaterial verwendet. Die Schellackplatten hatten zunächst 30 cm Durchmesser und eine Spielzeit von 4,5 Minuten, ab 1904 wurden sie doppelseitig hergestellt. Die Umdrehungsgeschwindigkeit betrug (nach Einführung von Elektromotoren) zwischen 74 und 82 Umdrehungen. Die bekannten 78 Umdrehungen wurden erst 1925 festgelegt, galten aber auch nicht genau. Dies hing mit den unterschiedlichen Stromnetzen in den USA und Europa zusammen: (in den USA 60Hz, in Europa 50 Hz).

Größere Speicherkapazität

4,5 Minuten waren nicht eben lang, so dass in der Folgezeit intensiv daran gearbeitet wurde, die Speicherkapazität zu vergrößern.

- Die Vergrößerung der Rillendichte: Edison gelang durch Verwendung eines anderen Materials (Bakelit, ein vollhärtbares, synthetisches Kunstharz von Leo Hendrik Baekeland) eine Spielzeit von 20 Minuten. Seine Platte war aber erfolglos, weil sich das Material einerseits schnell abnutzte und er andererseits relativ uninteressante Inhalte anbot.
- Die Verringerung der Umdrehungszahlen: Die „Langspielplatte" wurde 1927 erfunden, um den Tonfilm zu ermöglichen – die Spielzeit einer Filmrolle war 11 Minuten. Diese Platte hatte eine Umdrehungszahl von $33^{1}/3$/Min., aber auch einen Durchmesser von 40 cm. Im gleichen Jahr wurden Plattenspieler auch qualitativ besser durch die Verwendung von Verstärker und Lautsprecher. Die ersten Langspielplattenspieler für die Öffentlichkeit wurden 1931 von RCA vorgestellt, waren jedoch wegen ihres hohen Preises und ihrer Kombination mit einem Radio nicht erfolgreich.

Die Publikums-LP geht auf *Peter Goldmark* zurück, der sich darüber ärgerte, dass er bei Platten von Konzerten immer wieder durch das Wechseln der Platten unterbrochen wurde. Er stellte fest, dass 90% aller Sinfonien eine Dauer von 45 Minuten nicht überschreiten. Um eine Platte für diese Spielzeit herzustellen, musste die Rillendichte vergrößert werden, dies erforderte ein feinkörnigeres Material als Schellack. 1948 wurden von CBS die ersten 33-LP auf *Polyvinylchlorid* (PVC) hergestellt, die erst 22 Minuten 20 Sekunden (später 30 Minuten) auf jeder Seite spielten. Um auch die alten Schellackplatten noch abspielen zu können, brachte man Spieler mit verstellbarer Geschwindigkeit auf den Markt. Das Projekt war zunächst am Markt nicht sehr erfolgreich, der Durchbruch wurde erst mit dem Musical „South Pacific" erreicht.

Der Konkurrent RCA hatte ein eigenes Projekt realisiert mit einer PVC-Platte, die 16cm Durchmesser hatte und mit 45 Umdrehungen/Min. lief. Beide Formate existierten nebeneinander, einige Zeit auch noch die 78er Platten. 1954 waren in Deutschland noch 77% der Plattenproduktion 78er und erst 6,2% 33er.

Für die analoge Schallplatte wurde die letzte Entwicklungsstufe erreicht mit:

- Entwicklung des *Füllschriftverfahrens* 1953 durch *Eduard Rhein*, das für die Tonspur nicht eine feste Breite vorsieht, sondern die Rillen nach der Breite der Ausschläge packt.
- Entwicklung eines *Stereoaufzeichnungsverfahrens* 1956, das die beiden Tonkanäle auf den beiden Seiten eines V-förmigen Einschnitts einträgt, auf der einen Seite in Tiefenschrift, auf der anderen in Seitenschrift.

Abspielgeräte

Der Antrieb des Plattenspielers wurde zunächst bei Berliner durch eine Handkurbel bewerkstelligt, Edison führte eine Federmechanik ein, ab 1915 kamen Elektromotoren in Gebrauch.

Als Tonabnehmer dienten zunächst Nadeln, deren Ausschläge durch die Rillen auf eine Membran in einer Schalldose übertragen wurden. Die Membran setzte Luft in Schwingungen, die Schwingungen wurden über einen Tonarm zum Wiedergabetrichter übertragen. Am Anfang stand also eine mechanische Tonübertragung. Der Übergang zur elektrischen Übertragung nutzte einen Dauermagneten mit Drahtwicklungen, zwischen den Polen konnte der Hebel mit der Nadel frei schwingen. Durch Induktion entstand ein Wechselstrom in den Wicklungen, der übertragen werden konnte. Bis zur Einführung der Verstärkertechnik unter Nutzung der Elektronenröhre (1906 von Lee de Forest erfunden, erst ab 1927 als Triode wirtschaftlich verfügbar) und der Entwicklung von Lautsprechern 1927 war die Wiedergabequalität sehr begrenzt. Dennoch erzielten Schallplatten Millionenauflagen, weil mit ihnen – wenn auch nur mit kurzer Spielzeit – mit Hilfe der Feder-Grammophone Musik mobil und disponibel wurde.

Auch öffentliche Abspielapparate blieben in ihrer Anwendung zunächst begrenzt. 1889 stellte Edison die erste Music-Box für seinen Phonographen mit Münzeinwurf auf, deren Schallabgabe über Hörrohre aufgenommen wurde, 1890 wurden die Automaten bereits maschinell gefertigt. 1905/06 begannen Versuche mit Automaten für mehrere Platten, die aber wegen der schlechten Tonqualität scheiterten. Erst mit der Verfügbarkeit der Triode und elektrostatischen Lautsprechern wurde für die öffentlichen Music-Boxen der Durchbruch erzielt, die 1934 in die Massenproduktion gingen. 1941 gab es bereits 300.000 öffentliche Music-Boxen in den USA.

Lautsprecher

Die mechanische, unverstärkte Wiedergabe erbrachte nur schlechte Tonqualität, so dass die Audiotechnik eigentlich erst mit der Verwendbarkeit der Verstärkerröhre massenhaft zu wirken begann. Damit wurden dann Signalstärken erreicht, die technisch variiert werden konnten. Lautsprecher sind elektroakustische Wandler, die Wechselstrom im Tonfrequenzbereich (16 Hz bis 20 kHz) in hörbaren Schall umwandeln. Für anspruchsvollere Tondarstellungen (Stereo, HighFidelity) werden mehrere Lautsprecher benötigt.

In der Frühzeit der Audiotechnik wurden magnetische Lautsprecher verwendet mit Papier- oder Metallmembran. Vor den Polen des Magneten war ein frei schwingender Anker lokalisiert, dessen Schwingungen auf eine Membran übertragen wurden. Diese mündeten in einen lautverstärkenden Trichter.

Neuere Formen von Lautsprechern ab 1925 sind:
- Dynamischer Lautsprecher: ein elektrischer Leiter in Form einer schwingfähig aufgehängten Spule befindet sich im Luftbereich eines kräftigen Permanentmagneten, an ihr ist eine Konusmembran befestigt. Fließt der Strom, bewegt sie sich und die Membran regt die umgebende Luft zu Schallschwingungen an.
- Elektrostatischer Lautsprecher, der nach dem Kondensatorprinzip funktioniert (die Membran schwingt zwischen den beiden Elektroden).
- Kristall-Lautsprecher, der auf piezoelektrischer Basis funktioniert.

Aufnahmetechnik

Es begann mit einer hinter einem Trichter angebrachten Membran, die einen Schneidstichel in eine rotierende Platte ritzen ließ. Die Aufnahmequalität bei dieser mechanischen Übertragung war schlecht. 1925 wurde zum ersten Mal ein *Mikrofon* verwendet, dessen Ausgangssignal dann mit der Elektronenröhre verstärkt werden konnte. Dadurch wurde die Aufnahmelautstärke regelbar.

Das Mikrofon ist ein elektroakustischer Wandler, der in der Regel Luftschall mittels einer Membran aufnimmt (im Falle des Kehlkopfmikrofons handelt es sich allerdings um Körperschall) und in elektrische Signale umwandelt. Ein besonderes Problem besteht darin, dass die Membran nur vorne einem Druck ausgesetzt ist, so dass die Rückseite gegen das Außen abgeschirmt werden muss. Es haben sich folgende Hauptformen herausgebildet:

- Kontaktmikrofon: Die Membran bewegt Kohlekörnchen, ein diese Körnchen durchfließender Gleichstrom wird dadurch moduliert.
- Magnetisches Mikrofon: Ein beweglicher Anker verändert das Feld eines Magneten, in einer Spule um den Anker werden tonfrequente Spannungen induziert.
- Kondensator-Mikrofon: Eine feste und eine bewegliche Membran bilden einen Kondensator, der allerdings nur geringe Spannungen liefert. Dieses Mikrofon braucht immer einen Verstärker.
- Elektrodynamisches Mikrofon: Die Membran bewegt einen elektrischen Leiter in einem Magnetfeld.
- Kristall-Mikrofon: Dieses verwendet den 1889 von den Curies entdecken piezoelektrischen Effekt – an bestimmten Kristallen treten elektrische Ladungen an den Oberflächen auf durch Druck oder Zug, die Stärke der Ladung hängt von der Stärke des Drucks/Zugs ab. Bei dem piezoelektrischen Mikrofon werden zwei schmale Kristallplättchen an der Oberfläche mit einem leitenden Belag versehen, zusammengeschaltet und mit der Membran verbunden. Die Schallschwingungen rufen dann auf den Kristallplättchen entgegengesetzte Ladungen hervor.

Den eigentlichen Durchbruch in der Aufnahmetechnik bedeutet allerdings das Tonband, das verschiedene Aufnahmespuren, Playback, Schneiden und Mischen ermöglicht. Nach der Fertigstellung kann dann vom Tonband eine Masterkopie für die Plattenproduktion hergestellt werden.

Massenprodukt

Zum Massenprodukt wurde die Schallplatte vor allem erst durch eine Kombination mehrerer Elemente:
- Eine akzeptable Tonqualität.
- Leichtbedienbare, leistungsfähige und kostengünstige Abspielgeräte (bereits in der Frühzeit arbeitete daher der Schallplattenspieler häufig mit dem Radio, später auch eine Zeitlang mit dem Fernseher und dann mit dem Tonband zusammen: In der Zeit nach dem Zweiten Weltkrieg

in Form der Truhen, heute in Form der Audio-Türme – diese Zusammenarbeit bringt Einsparungen in der Stromversorgung, der Lautsprecher-Nutzung, des Platzbedarfs).
- Öffentliche Verbreitung von Neuerscheinungen durch Radio, Tonfilm und Juke-Box, später nahm dann die Bedeutung der Juke-Box ab und es kam das Fernsehen als neue Quelle hinzu.
- Transportabilität zu den Stätten, an denen Musik wahlfrei gehört werden will. Diese setzte erst wieder mit der Transistorisierung ab der 50er Jahre ein (nachdem elektrisch betriebene Plattenspieler eine Zeitlang sehr unhandlich blieben).

Ab 1979 änderte sich die Situation für die Schallplatte drastisch: Mit der ersten digitalen Massentechnik, der Audio-CD, etablierte sich diese innerhalb von 15 Jahren als Ersatztechnologie – sie ist qualitativ besser, weniger empfindlich, platzsparender als Träger und im apparativen Bereich, mobiler (weil weniger Mechanik), komfortabler in der Bedienungsschnittstelle (z.B. leichtere Ansteuerbarkeit einzelner Plattenteile). Aber sie ist immer noch eine Platte.

2.5 Elektromagnetismus und Tonband

Elektromagnetismus

Eine Grundstruktur der physikalischen Welt ist darin zu sehen, dass ungleiche Ladungen von Elementarteilchen existieren – positive Protonen, negative Elektronen. Fehlen in einem Teilchen (Atom, Molekül) Elektronen, wird das Teilchen positiv, hat es zu viele, wird es negativ. Zwischen geladenen Teilchen bestehen Spannungen, gleich geladene stoßen sich ab, ungleich geladene ziehen sich an. Spannungen entsprechen elektrischen Feldern. Werden Spannungen ausgeglichen – durch Verlagerung von Elektronen – fließt Strom. Spannungen als Ladungstrennungen entstehen durch:
- Reibung (das berühmte Katzenfell und der Gummistab)
- Influenz (elektrostatische Induktion, d.h. elektrische Felder, die auf einen ungeladenen Leiter wirken)
- Lichteffekte

- Piezoeffekte
- Thermoeffekte
- Chemische Effekte
- Induktion (Änderung des Magnetfeldes um einen Leiter).

Die Elementarteilchen bewegen sich nicht nur auf Bahnen, sondern rotieren auch um ihre eigene Achse – der Spin. Neutronen und Protonen verfügen über Eigenspin, Elektronen über den Elektronenspin. Alles, was sich bewegt, erzeugt Störungen: Die Elektronen bewegen sich um den Atomkern und erzeugen bei Verlassen der Bahnen dadurch *elektrische Felder*. Der Spin erzeugt unter bestimmten Bedingungen ein *magnetisches Feld*. Magnetische Felder entstehen, wenn sich Eigenspin und Elektronenspin nicht aufheben (von daher sind nicht alle Elemente/Verbindungen magnetisch) wenn es bestimmte Wechselwirkungen zwischen Atomen und Kristallgittern gibt.

Da das magnetische Feld mit dem Verhältnis, das Atome/Moleküle zueinander haben, zusammenhängt, spielt auch die Temperatur für das Auftreten von Magnetismus eine Rolle.

Magnetische und elektrische Felder hängen zusammen – Elektromagnetismus. 1820 entdeckte *Hans Christian Oerstedt* den Zusammenhang, indem er beobachtete, dass sich eine Kompassnadel in Nähe eines stromdurchflossenen Leiters verändert. *Michael Faraday* entdeckte dann das Prinzip der Induktion: Die Bewegung eines elektrischen Leiters in einem Magnetfeld produziert eine Spannung (messbar durch einen Dauermagneten in einer stromdurchflossenen Spule). Daraus ergeben sich zwei Folgerungen:
- Die Möglichkeit zur Erzeugung von elektromagnetischen Wellen (siehe Kap. 3.4)
- Die Möglichkeit, Stromschwankungen durch Magnetisierung zu konservieren und sie dann aus der Magnetisierung wiederzugewinnen.

Tonband

Die Möglichkeit, elektrische Schwankungen magnetisch zu speichern, nutzte als erster 1898 *Valdemar Poulsen*, um Telefongespräche aufzuzeichnen. Ein durch Mikrofonströme erregter Elektromagnet zeichnete Magnetisierungen auf einen Stahldraht, der auf eine Walze gerollt war. Beim Abspielen glitt der Elektromagnet über den Draht und übersetzte die Magnetisierung in Stromschwankungen, die die Membran des Telefonhörers erregten. Zwar funktionierte das Verfahren, doch fanden sich kaum Interessenten.

In den nächsten 30 Jahren wurde experimentiert (u.a. auch mit einer Stahlplatte) und verbessert (dünnere Drähte), doch blieb die Verzerrung, die sich daraus ergab, dass die langen Wellenlängen schwächere Ströme induzierten, die realisierbare Größe des Magnetkopfes nicht alle hohen Frequenzen umfassen konnte und der Träger ein hohes Eigenrauschen aufwies. Erst die Verfügbarkeit der Verstärkertechnik weckte neues Interesse am Magnetton (wohl auch die sich erweiternden Einsatzmöglichkeiten in Radio und Tonfilm).

Den Durchbruch stellte der Übergang vom Draht zum Band dar: Fritz Pfleumer, ein Hersteller u.a. von Goldmundstücken für Zigaretten, realisierte die Idee eines metallbeschichteten Bandes (die bereits Oberlin Smith 1888 gehabt hatte) – zunächst auf Papier. Die BASF entwickelte Anfang der 30er Jahre einen Magnetfilm auf Kunststoffbasis, die AEG entwickelte einen entsprechenden Lesekopf mit einem kleinen Spalt zum Abfühlen des Bandes (insgesamt brauchte man noch drei Köpfe: Löschen, Aufzeichnen, Wiedergeben). 1935 auf der 12. Deutschen Rundfunkausstellung wurde das „*Magnetophon*" vorgestellt, das 20 Minuten aufzeichnete, aber noch einen Zentner wog. Das später auch im Plattensektor so erfolgreiche Polyvinylchlorid wurde bereits 1943 zur Bandentwicklung verwendet; in diese Zeit fallen auch die ersten Kassettengeräte.

In den frühen Zeiten des Magnettons dominierten Spulengeräte, die ständig verbessert wurden. Die Bandgeschwindigkeit wurde von 77 auf 4,75 cm pro Sekunde gesenkt, die Bandbreite von einem Viertel Zoll wurde immer besser ausgenutzt (mit bis zu vier Spuren, mit dichterer Packung), die Packungsdichte verbessert (Langspielband). Bei gleicher Spulengröße ergab sich dadurch eine Vergrößerung der Spieldauer um das 50fache (bis zu 20 Stunden). Dennoch war der Bandwechsel immer noch die Achillesferse, so dass die Idee der Kassette aufgegriffen wurde. Nach vielen konkurrierenden Ansätzen setzte sich Mitte der 60er Jahre das Kassettensystem von Philips durch (Zwei-Loch-Kassette mit 3,8 mm breitem Band, das je nach Banddicke bis zu 2 Std. Abspieldauer ermöglichte).

Mit dem Kassettensystem war für das Tonband auch die Zeit des Massenmediums angebrochen. Zwar kamen bereits 1950 die ersten bespielten Tonbänder auf den Markt, aber das Spulengerät war weder robust noch mobil genug (blieb aber lange Zeit für professionelle Zwecke weiter im Einsatz). Die Kassette war dagegen ein ideales Konsumgut.

Zwei Entwicklungsschritte sind zu erwähnen:
- Die Entwicklung der Tonband-Stereofonie, die zwei Tonkanäle erfordert. Das Verfahren war bereits 1956 marktreif.
- Die Beseitigung des Grundrauschens des Bandes, das zwar erheblich geringer war als beim Draht, aber insbesondere bei leisen Tönen doch störend war. Ray M. Dolby entwickelte ein Verfahren, das den Ton bei der Aufnahme verstärkt und ihn dann beim Abspielen absenkt, so dass das Rauschen weitgehend verdeckt wird.

Auch für das Tonband ist der 7.3.1979 ein wesentliches Datum: die Vorstellung der Audio-CD. Das analoge Tonband weist gegenüber der digitalen CD Qualitätsrückstände auf, die nicht aufzuholen sind. Damit entfallen tendenziell zwei Marktsegmente der Audio-Kassette: Verteilung von Tonaufnahmen, die in der Abspielqualität den Schallplatten vergleichbar sind, und Überspielung von Schallplattenaufnahmen auf Band. Dennoch erweist sich bisher die Kassette als robuste Technologie, die für Anwendungsbereiche, in denen ihre Robustheit gefordert, aber die Qualität nicht zentrale Bedeutung hat, eine gute Position am Markt bewahrt (Sprachaufnahmen, Kinder, Abspielen in Bewegung). Das digitale Tonband DAT (Digital Audio Tape) hat sich dagegen noch nicht unbedingt am Markt plazieren können (wohl auch, weil aus urheberrechtlichen Gründen das Kopieren von Audio-CD unterbunden wird). Die neueste Konkurrenz ist die Speicherung von Audio-Daten auf Mini-Disc, Flash-Speichern (mittels MP3 im Internet), Speicherkarten etc., die nicht mehr mechanisch bewegt werden müssen.

3. Klassische Übertragungstechnologien

3.1 Vorbemerkungen

Während die Speichertechnologien zumindest in ihrer Frühphase in ihren mechanischen Bestandteilen manuell arbeiteten, d.h. nicht abhängig waren von Elektrizität, wenn wiederkehrende oder analoge Operationen ausgeführt werden mussten, sind die Übertragungstechnologien von Elektrizität abhängig und demzufolge Folgetechnologien dieser Basistechnologie. Auf diese wird hier nicht grundsätzlich eingegangen. Dennoch gab es auch nicht elektrische Vorläufer, die sogar teilweise operational waren.

Den Übertragungstechnologien gemein ist, dass sie
- Nachrichten über größere Entfernungen verbreiten
- und dies ohne wesentliche zeitliche Verzögerung, d.h. für viele Betrachtungsebenen bei Gleichzeitigkeit.

Sie werden daher auch häufig als *Telekommunikation* zusammengefasst, obwohl sie sich strukturell deutlich voneinander unterscheiden.

- Telegrafie und Telefon verwenden elektrische Impulse als Träger, wohingegen die Funktechniken elektromagnetische Wellen verwenden.
- Telegrafie und Telefon brauchen lange Zeit (und aus praktischen Gründen auch heute noch weitgehend) materielle Übertragungsmedien (*Kabel*), wohingegen die Funktechnologien mehrere Jahrzehnte kabellos (durch die Luft, *terrestrisch*) betrieben werden.
- Telegrafie überträgt primär Texte, später auch Einzelbilder, Telefonie überträgt Schall, die Funktechniken werden zunächst für Schall und dann das Bewegtbild benutzt (wenn es auch immer in allen Zweigen Dienste gegeben hat, die text- oder bildorientiert waren).

Jede dieser Technologien kann sich daher insbesondere deshalb durchsetzen und lange Zeit halten, weil sie besondere Dienste anbietet, die die andere Technologie nicht bieten kann.

3.2 Telegrafie

Vorgeschichten

Die schnelle Übertragung von Nachrichten über größere Entfernungen war schon in den frühen Stadien der Vergesellschaftung ein Bedürfnis. Dabei standen den Menschen grundsätzlich ihre zwei Fernsinne zur Verfügung:
- *Akustische Fernkommunikation* war grundsätzlich begrenzt durch die Übertragungsgeschwindigkeit von Schallwellen und die relativ geringe Reichweite von Schallwellen. Zwar soll es im alten Persien bereits ein Rufübertragungssystem gegeben haben, bei denen die Stationen aus Menschen bestanden, die die Rufe abhörten und weitergaben (eine Übertragungsgeschwindigkeit von 30 Tagesreisen in 1 Tag soll erreicht worden sein), doch war das System nicht von langer Dauer. Bekannter sind auch die insbesondere vorzivilisatorischen Trommeltelegrafie-Systeme, bei denen etwa eine Schlitztrommel mit unterschiedlich starken Wänden unterschiedliche Töne produzierte. Den Nachteil der Abhörbarkeit bei Luft-Übertragungswegen versuchte etwa ein Indianerstamm am Amazonas durch Verlegung des Trommelsystems unter die Erde auszugleichen (mit Übertragungslängen bis zu 1.500 m).
- *Optische Fernkommunikation* musste sich den unterschiedlichen Lichtverhältnissen der Tageszeiten anpassen. Verwendet wurden Rauch am Tage und Feuer bei Nacht bereits in der Antike.

Nachrichten zeichnen sich dadurch aus, dass sie sich voneinander unterscheiden; könnte man nur eine Nachricht übertragen, wären nur zwei Zustände unterscheidbar. Je mehr unterscheidbare Zustände ein Übertragungssystem realisiert, desto differenzierter können die übertragenen Nachrichten sein. Da die Variationsmöglichkeiten der frühen Signalträger begrenzt sind, muss in jedem Fall eine Codierung vorgenommen werden, d.h. unterschiedliche Inhalte werden durch unterschiedliche formale Eigenschaften des übertragenen Signals dargestellt. Will man nur einige wenige Nachrichten voneinander unterscheiden, genügen ebenso viele unterschiedliche Signale (Direktcodierung), durch Kombination von Variationsformen lassen sich mehr unterschiedliche Nachrichten darstellen (in Abhängigkeit von der Zahl der unterscheidbaren Variationen und der Menge der miteinander kombinierbaren Signale, vgl. etwa die Flaggenalphabete). Bei Zivilisationen, die über Buchstabenschriften verfügten, lag eine doppelte Codierung nahe: Die Buchstaben des Alphabets stellen ihrerseits ja bereits einen Code dar, der über die Darstellung von Lautwerten in Kombinationen Aussagen (Texte) zulässt. Diese Buchstaben können dann in Signalvariationen des Übertragungssystems umgesetzt werden.

Dazu gibt es grundsätzlich zwei Möglichkeiten:
- *Kodierungsverfahren*: Das Signal selber wird variiert, dann benötigt man ein Regelsystem für die Darstellung von Inhalten durch Kombination von bestimmten Signalvariationen (Kodetabelle).
- *Synchronisationsverfahren*: Am Beginn und am Ende der Übertragungsstrecke laufen identische Prozesse ab. Notwendig ist dann zunächst ein Startzeichen, das den Ablauf der Prozesse in Gang setzt und ein Stopzeichen, das die Prozesse an der gleichen Stelle stoppt. Dann ist auf der Empfangsseite der Zustand angezeigt, der auf der Sendeseite gemeint ist, Beide Prozesse müssen noch nicht einmal synchron ablaufen (können sie auch nicht, weil die Übertragung Zeit benötigt), sondern nur gleich schnell. Der Vorteil dieses Verfahrens ist, dass man das zu übertragende Signal nicht variieren muss (nur hinsichtlich seiner Funktion als Start- oder Stopzeichen).

Optische Telegrafie

Beide Möglichkeiten wurden bereits in der Antike für die optische Telegrafie erprobt. Durch die Zivilisationsgeschichte ziehen sich etliche Versuche der optischen Telegrafie, die immer nur für einige Zeit erfolgreich waren, weil die Verfahren alle einige Probleme haben:
- Die Zeichengeber mussten relativ hoch sein, damit weite Entfernungen optisch überwunden werden konnten, dann waren sie aber auch besonders empfindlich gegen Beschädigungen etwa durch Sturm (besonders erfolgreich waren daher einige Zeit Windmühlen).
- Es waren selbst bei Verwendung von – sofern vorhanden – Bodenerhöhungen nur relativ kurze Strecken möglich, so dass das Netz der Stationen ziemlich eng sein musste. Die Erfindung des Fernglases war daher auch eine Weiterentwicklung im Sinne der Telekommunikation.
- Die Zeichenstationen mussten gewartet, gepflegt und besetzt werden. Dies lohnte sich als kontinuierliche Aufgabe nur, wenn tatsächlich

Nachrichten häufig genug übertragen wurden, deren einigermaßen schnelle Weitergabe diesen Aufwand lohnte.

Die erfolgreichsten Systeme der optischen Telegrafie wurden daher relativ spät und in Verbindungen mit starken Bedürfnisträgern etabliert. In der Folge der französischen Revolution waren viele Schauplätze demokratisch miteinander zu synchronisieren und wichtige Revolutionsnachrichten mussten schnell an anderen Orten verfügbar sein. Dies führte zunächst 1791 dazu, dass *Claude Chappe* ein Synchronisationsverfahren für einen akustischen Telegrafen erfand (synchron laufen Uhren, die Zifferblätter waren in Felder unterteilt, jedes Feld entsprach einer festgelegten Nachricht, ein Gong verkündete, wann das gemeinte Feld erreicht war).

Das war wohl nicht so sehr erfolgreich, so dass Chappe ab 1792 ein System von optischen Anzeigern – *Semaphoren* – etablierte (ein Hauptbalken, der vier Stellungen einnehmen konnte und zwei Nebenbalken, die je 7 Stellungen einnehmen konnten; derart konnten also 196 unterschiedliche Zeichen kodiert werden). Damit wurde zunächst eine Strecke von 70 km überbrückt (Pelletier St. Faryeau – St. Martin du Thertre), 1794 folgte Paris-Lille mit 22 Stationen für 225 km, die in 2 Minuten überbrückt wurden, dann Paris-Calais 4 Min., Paris-Straßburg 6 Min., Paris-Bayonne 14 Min. Unter Napoleon wurde das System nach Mailand und Venedig weitergeführt. 1844 gab es in Frankreich 534 Stationen mit einem Netz von 5.000 km, das nun allerdings auch für wirtschaftliche Zwecke genutzt wurde. 1853 wurde es dann eingestellt. Etwa um die gleiche Zeit wurden für bestimmte Strecken auch in England und den USA ähnliche Systeme etabliert.

Um die Verbindung zu den neuen Rheinprovinzen zu erleichtern, stellte Karl Pistor 1833 für den preußischen Staat eine optische Telegrafenlinie Berlin-Koblenz her (ein Mast mit 6 Flügeln, die je vier Stellungen einnehmen konnten, damit konnten 4096 Zeichen kodiert werden).

Frühe elektrische Telegrafie

Mit den Experimenten zur Erzeugung von elektrischem Strom wuchs auch das Interesse daran, dieses neue Phänomen zur Nachrichtenübertragung zu nutzen. Dabei wurden bereits frühzeitig einige Grundprobleme und Voraussetzungen der elektrischen Nachrichtenübertragung deutlich:

- Der Strom musste dann zur Verfügung stehen, wenn die Nachricht gesendet werden sollte (d.h. in der Frühzeit setzte dies die Erfindung einer anwendbaren Stromquelle in Form der Volta-Säule voraus).
- Es mussten Leiter zur Verfügung stehen, die den Strom über größere Entfernungen leiteten.
- Diese Leiter mussten gegen atmosphärische Einflüsse isolierbar sein.
- Es mussten geschlossene Stromkreisläufe über die großen Entfernungen realisiert werden (also bis zur Entdeckung der Erdung auch Rückleiter).
- Entweder musste die gesendete Nachricht aufgezeichnet werden oder der Empfänger musste benachrichtigt werden, dass demnächst eine abzulesende Nachricht kommt (etwa in Form einer elektrisch gezündeten Pistole).

1753 entstand die Idee der elektrischen Telegrafie durch einen Brief eines C.M. an das „Scot's magazine", in dem vorgeschlagen wurde, 24 verschiedene Drähte (jeder für einen Buchstaben) zu verwenden. 1774 setzte dies der Schweizer Georges-Louis Lesage sogar in seinem Haus um (mit statischer Elektrizität). Ein elektrostatischer Telegrafenapparat, der nicht Buchstabenkodierung sondern das Synchronverfahren nutzte, wurde 1816 von Francis Ronalds in England entwickelt (zwei synchrone Zifferblätter, wenn ein Schlitz das betreffende Zeichen passiert, wird die Leitung entladen). Ronalds verlegte 8 Meilen Draht in seinem Garten in pechgefüllten Holzrinnen. Das Verfahren wurde aber – da der französische Krieg beendet war – vom Militär nicht als interessant empfunden.

Alessandro Volta zeigte 1799, dass sich durch eine chemische Reaktion Strom erzeugen ließ, William Nicholson bewies, dass Strom eine chemische Reaktion in Gang setzen konnte. Dies führte 1809 zum ersten elektrischen Telegrafen des *Samuel Thomas von Sömmering*. Als Sender benutzte er Metallstäbchen, als Empfänger Elektroden in einem Wassergefäß, als Leitungen mit Schellack isolierte Drähte (27 oder 35 verschiedene, je nach Quelle). Es wurde Strom gleichzeitig an zwei Buchstaben angelegt, wodurch an den Elektroden Gasbläschen aufstiegen. Das Gerät arbeitete zunächst lautlos, so dass Sömmering ein den Anruf beginnendes Läutwerk einbaute, das durch die Luftblasen von zwei Anfangsbuchstaben in Gang gesetzt wurde. 1812 konnte er schon 3,5 km überwinden und durch verfeinerte Isoliertechniken (u.a. Kautschuk) sogar Drähte durchs Wasser legen. Die Vielzahl der Drähte verhinderte allerdings einen Erfolg.

Wie zeigt man das Übertragene an?

Das elektrolytische Anzeigeverfahren wurde nach der Entdeckung Oerstedts von 1817, dass eine Magnetnadel durch Strom abgelenkt werden kann, abgelöst durch elektrostatische Anzeigeverfahren. Bereits 1820 entwickelte *Andre Marie Ampére* die Idee eines *Nadeltelegrafen* mit 30 Nadeln und 60 Drähten (jeweils einen für den Hin- und Rückweg pro Nadel). Für einen Kilometer Entfernung hätte er daher 60 km Draht benötigt. Funktionierende Nadeltelegrafen wurden hergestellt etwa von Schilling von Cannstadt 1832 (2 Drähte, 5 oder 6 Nadeln, die Nadeln drehten sich bei Spannungsanlage), *Carl Friedrich Gauß* und *Wilhelm Eduard Weber* 1833-45 (mit einem Magnetstab, dessen Richtung und Ablenkung die Codierung ausmachte, allerdings musste die Nadel mit Spiegel und Fernrohr sehr kompliziert abgelesen werden).

Das Problem, einen funktionierenden Telegrafen zu entwickeln, wurde immer dringender aufgrund der Entwicklung der Dampf-Eisenbahn ab 1830 – sie war das schnellste Verkehrsmittel, dessen Geschwindigkeitsgewinne allerdings nur dann auch richtig genutzt werden konnte, wenn an den Stationen, an denen sie versorgt wurde (Wasser, Kohle) oder Güter aufnimmt und liefert, bekannt war, wann sie mit welchen Gütern eintraf. So setzte insbesondere in den Ländern, in denen der Eisenbahnbau von besonderer Bedeutung war, eine intensive Beschäftigung mit dem Telegrafen ein:

- Als wohl erster hatte *Carl August von Steinheil* die Idee, die übertragene Nachricht nicht bei ihrem Eintreffen abzulesen, sondern sie aufzuzeichnen, indem er zwei Magnetstäbe mit kleinen Farbgefäßen verwendet, die bei Ausschlagen Punkte auf einem vorbeilaufenden Papierband markieren. 1837 installierte er in München ein System mit 12 km oberirdischen Doppelleitungen. Die Versuche mit nicht isolierbaren unterirdischen Leitungen führten ihn zur Entdeckung der Erdleitung, wodurch die Doppelführung der Leitungen nicht mehr nötig wurde. Versuche, die Eisenbahnlinie Nürnberg-Fürth durch einen Telegrafen zu begleiten, scheiterte aber.
- *William Cooke* und *Charles Wheatstone* entwarfen 1837 einen Telegrafen mit 5 Nadeln und 6 Leitungen (2 Nadeln pro Buchstabe), der die Strecke der Great Western Railway von Euston Square nach Camden Town (2,4 km) begleitete. Später entwickelten sie dann die Telegrafen zu Zwei- und Einnadeltelegrafen weiter, deren Signale durch Röhrchen, an die sie schlugen, hörbar gemacht wurden. Diese Apparate waren noch zum Beginn des 20. Jahrhunderts in England in Gebrauch.

- Eine Alternative zu den Nadeltelegrafen wurde eine Zeitlang der *Zeigertelegraf*, der von der Buchstabenkodierung des Nadeltelegrafen abging und wieder auf das Synchronisationsverfahren setzte. Ein Zeiger drehte sich um eine Scheibe und konnte an einer bestimmten Stelle angehalten werden. Wheatstone verwendete 1840 für den ersten Zeigertelegrafen Elektromagnete, die bei Stromstößen den Zeiger um eine Position verrückten. Voraussetzung war dann natürlich, dass Sender und Empfänger auf der gleichen Startposition standen. In England setzte sich der Zeigertelegraf nicht durch, aber in Deutschland. 1844 wurde hier der erste Zeigertelegraf mit nur einer Leitung parallel zur Taunusbahn von Wiesbaden nach Castel von William Fardeley installiert. 1847 verfeinerte der Artillerieoffizier Werner Siemens (später *Werner von Siemens*) die Stromversorgung des Telegrafen und begann mit *Johann Georg Halske* die Produktion von Telegrafen. 1848 erhielt er den Auftrag zum Bau einer Telegrafenlinie Berlin – Köln – Frankfurt a.M. (der preußische König wollte über die Paulskirchenversammlung informiert sein), die er in vier Monaten fertig stellte.

Die erfolgreiche Kombination

Den Telegrafen, wie er in seiner Grundanlage dann 150 Jahre bis heute funktioniert, entwickelte der Maler *Samuel Morse*. Morse ging wieder zur Buchstabencodierung zurück, die er zunächst mit Zahlengruppen codierte, die durch übertragene Stromstöße (2 Stromstöße für die Zahl 2 usw.) dargestellt wurden. Die übertragenen Stromstöße wurden durch einen an einem Magneten angebrachten pendelnden Bleistift, der auf ein laufendes Papierband markierte aufgezeichnet. Für die Übermittlung benutzte er Schablonen, die die Buchstabengruppen kodierten. 1841 stellte er seinen komplizierten Buchstabenkode, der nur ein Element und dessen Wiederholung kannte, um auf eine Zwei-Element-Kodierung mit kurzen und langen Signalen, wobei die Pause als drittes Element hinzutrat. Für die Sendung entwickelte er die berühmte Taste, mit der kurze und lange Signale gesendet werden können. Für die Übertragung griff er auf das 1835 von Henry entwickelte Relais zurück, das am Ende eines Leitungsabschnitts, an dem der Batteriestrom sehr schwach wurde, eine weitere Stromquelle dazuschaltete, so dass auch größere Entfernungen durch Einbau von Relais überwunden werden konnten. Als Leitung verwendete er mit Seidenfäden umwickelten Draht, wie ihn die New Yorker Putzmacherinnen für Großhauben verwendeten.

1844 konnte er die Strecke Washington-Baltimore einrichten, 1845 hatte er bereits 1.000 Meilen Strecken errichtet. Er bot sein Patent der US-Regierung zum Kauf an, diese lehnte aber ab, weil man nicht glaubte, dass damit Gewinn zu erzielen sei. Damit stand es in den USA für die private Nutzung offen. Zunächst gab es über 30 Gesellschaften, die sich 1854 zusammenschlossen.

In Preußen war das Telegrafieren von Anfang an ein Staatsbetrieb (ab 1847 mit einer Strecke Berlin-Großbeeren), der aber bald der öffentlichen Nutzung geöffnet wurde. Ein wesentlicher Nutzer waren die sich nun entwickelnden Nachrichtenagenturen, von denen die renommierte Agentur Reuters ihre Karriere 1850 allerdings mit der biologischen Überbrückung einer Telegrafenlücke begann: Zwischen Brüssel und Aachen setzte *Julius Reuter* 45 Brieftauben zur Nachrichtenübermittlung ein.

1847 wurde das Morse-Prinzip in Deutschland erstmals verwendet, 1848 wurde von *Friedrich Geske* beim Bau der Linie Hamburg-Cuxhaven die Endform des Morse-Alphabets, wie es von nun an verwendet wurde, entwickelt. 1861 wurde die Transkontinentallinie Missouri-Kalifornien fertiggestellt, 1862 wurde der letzte Hammerschlag beim Treffen der Eisenbahnlinien Central Pacific und Union Pacific telegrafisch übertragen.

Ab 1857 wurde versucht, den Telegrafen als globales Kommunikationsmittel zu installieren durch Verlegung eines Transatlantikkabels. Dazu mussten einige Probleme gelöst werden:
- Auslotung des Meeresbodens
- Isolierung der Kabel (Werner Siemens entwickelte eine Maschine, die die Kabel mit Guttapercha isolierte).
- Entwicklung von Kabellegemaschinen, die die Kabel gleichmäßig abrollten (durch Werner Siemens).
- Bau von Schiffen, die in der Lage waren, diese Fracht aufzunehmen.

1858 gelang eine erste Transatlantikverbindung für knapp einen Monat, 1866 wird das erste funktionierende Transatlantikkabel verlegt. 1869 wurde die von Werner Siemens gebaute 18.000 km lange Verbindung London-Kalkutta in Betrieb genommen. Für den Kabelbetrieb wurde allerdings der Morse-Kode vereinfacht zu negativen und positiven Stromstößen.

Auf dieser Basis waren nur noch wenige Verbesserungen erforderlich, um die Telegrafie zu komplettieren, nämlich die bessere Nutzung der Leitungen durch Mehrfachnutzung:
- 1855 entwickelte Werner Siemens den Duplex-Betrieb (Gegensprechen auf einem Draht)
- 1874 entwickelte Edison den Doppelsprechbetrieb (gleichzeitiges Gegensprechen, d.h. 4 Telegramme gleichzeitig).

Fernschreiben

Die Morse-Telegrafie lieferte zwar auch Aufzeichnungen, die aber nur den übermittelten langen und kurzen Zeichen entsprachen, die erst durch speziell geschultes Personal in textuelle Form gebracht werden mussten. Für den professionellen Gebrauch und kurze Nachrichten konnte dies angehen, den im Laufe der Zeit wachsenden Anforderungen nach größeren Texten, die übermittelt werden sollten, nicht.

Zunächst entwickelten sich Versuche, das Telegrafieren textfreundlicher zu machen, noch im Rahmen der Telegrafie. Das Ziel war es, Buchstaben auch als Buchstaben zu übertragen (und nicht als Kodierungen). 1854 machte *David Edward Hughes* einen wichtigen Schritt in diese Richtung durch die Entwicklung eines auf dem Synchronisationsverfahrens beruhenden Typendrucktelegrafs, bei dem nicht – wie beim Zeigertelegraf – der Zeiger auf der Scheibe, sondern die Scheibe rotierte und bei Stromfluss den Buchstaben auf ein Papierband abdruckte. Auf Sende- und Empfangsseite liefen die Scheiben synchron mit 2 Umdrehungen pro Sekunde. Allerdings brauchte der Hughes-Telegraf die gesamte Leitung (ohne Duplex-Betrieb). Die Hughes-Telegrafen dominierten dennoch über lange Zeit in Europa.

Der nächste Schritt führte wieder zurück zum Prinzip des Morse-Alphabets, nur dass *Jean Baudot* 1876 erkannte, dass zur Beschleunigung des Sendeprozesses eine Codierung notwendig war, die jedem Zeichen die gleiche Übertragungszeit zubilligte. Dafür legte er als Grundsignal ein binäres Prinzip zugrunde – Strom und Nicht-Strom – und konnte dann mit 5 Kombinationen 32 Zeichen kodieren. Der Telegrafist bediente eine Klaviatur mit 5 Tasten, die Sendung übernahm eine Verteilerscheibe, die ebenso die empfangenen Impulse interpretierte und über einen entsprechenden Mechanismus (Kombinator) an ein Typenrad leitete. Durch entsprechende Unterteilung der Verteilerscheiben konnte im Doppel-Duplex-Betrieb gearbeitet und eine Leistung von 360 Zeichen pro Minute erreicht werden. Seit 1927 ist eine Übertragungsleistung von 1 Zeichen pro Sekunde auch als 1 Baud genormt.

Bis zum Ersten Weltkrieg änderte sich nicht viel, nicht so sehr, weil es keine Verbesserungen hätte geben können (etwa durch Einführung von Lochstreifen als Zeichengeber), sondern weil die vorhandenen Telegrafiekapazitäten mit dem Telegrafiebedarf gut fertig wurden. Erst nach dem Ersten Weltkrieg war die Zeit reif für die Weiterentwicklung zum Fernschreibverfahren, das auch in Individualhand gegeben werden konnte (weil inzwischen auch die Netzkapazitäten erweitert wurden). Das Grundprinzip war auch hier das Synchronisationsverfahren, nur dass nunmehr nicht Scheiben sondern Schreibmaschinen als Zeichengeber und Aufzeichner fungierten. Entscheidender technischer Zusatz war die von Eduard Kleinschmidt 1920 eingeführte *asynchrone Start-Stop-Technik*: Jedem übertragenen Zeichen ging ein Start-Zeichen voraus, mit dessen Hilfe beide Maschinen in einen synchronen Zustand versetzt wurden, nach der Übertragung des Zeichens folgte ein Stop-Zeichen. Dadurch konnten Gleichlauffehler sofort korrigiert werden.

Siemens & Halske nahm diese Ideen auf und stellte 1930 eine mechanische Fernschreibmaschine vor, auf deren Basis ab 1933 *Fernschreiben* als neuer öffentlicher Dienst von der Reichspost angeboten wurde (1931 in den USA durch AT&T), an den sich Firmen anschließen konnten. Neben dem Telegrafennetz – *Gentex-Netz* (im wesentlichen als Gleichstromnetz) – wurde damit ein weiteres textorientiertes Netz eingeführt, das *Telex-Netz*. 1933 waren es 13 Teilnehmer in Deutschland, 1939 1.500, 1975 90.000. Besondere Bedeutung hatte der Dienst für die Nachrichtenverteilung von den Nachrichtenagenturen zu den Medienredaktionen („Ticker").

In der Weiterentwicklung ersetzte ab den 50er Jahren die Elektronik die Mechanik, wurde die Übertragungsgeschwindigkeit bis auf 100 Baud erweitert, der Druck durch die Verwendung von Kunststofftypenscheiben verbessert. Die Konkurrenz der Datennetze sollte aus Sicht des Fernschreibens 1981 noch mit der Einführung eines neuen Dienstes – *Teletex* – aufgefangen werden (300 Baud, elektronische Speicherung der Nachrichten); dieser Versuch ist aber in den 90er Jahren endgültig gescheitert. Zwar gibt es noch Telegramme und Fernschreiber, ihr Auslaufen ist aber mit den neueren elektronischen Übertragungsformen kaum zu vermeiden.

Vorstufen der Bildtelegrafie

Wenn man Zeichen kodieren kann, kann man dies auch mit grafischen Darstellungen. Alexander Bain hatte schon 1843 mit Arbeiten an einem Kopiertelegrafen begonnen, aber F.C. Bakewell war 1847 schneller in der Übermittlung von Handschriften: eine leitend gemachte Folie auf einer Walze wurde schraubenförmig abgetastet und übermittelt, auf der anderen Seite wurde synchron ein chemisch behandeltes Papier geführt, auf dem die Stromstöße eine Reaktion hervorriefen. Das Verfahren setzte sich nicht durch, weil die Übertragungszeiten zu lang waren und die Synchronisation nicht gesichert werden konnte.

In dieser Phase waren zwei Ansätze nebeneinander in Entwicklung:
- die Abtastung von speziell zur Übertragung aufbereiteten Vorlagen – *Kopiertelegraf*. Hier war Giovanni Caselli mit seinem *Pantelegraphen* erfolgreich: Er ersetzte 1856 die Schraube durch ein Pendel, an dem ein Elektromagnet befestigt war, der über eine Uhr getaktet war. Dadurch ließen sich Synchronisationsfehler verringern. Der „teleautographische Dienst" zur Übertragung von Strichzeichnungen wurde ab 1865 in Frankreich als öffentlicher Dienst angeboten. Weitere Entwicklungen zum Kopiertelegrafen bezogen sich etwa auf Verwendung eines Druckreliefs auf Papier anstelle von Spezialtinte und Metallschicht (etwa Edison 1881) und Ersatz der chemischen Wirkung des Stroms im Empfangsapparat durch elektromagnetische Aufzeichnung.
- Die Übertragung von handschriftlichen Aktionen – *Faksimile-Schreiber*. Erfolgreich war insbesondere der *Teleautograph* von *Elisha Gray* 1888 (dem unterlegenen Telefonerfinder). Der Schriftdruck wurde beim Schreiben in zwei Komponenten zerlegt, die je nach Bewegungsrichtung positive oder negative Stromstöße produzierten, auf der Empfangsseite steuerten Elektromagnete den Schreibstift.

Fototelegrafie

Mit dem Einsatz des Lichts anstelle der mechanischen Abtastung der Vorlage begann ein neuer Abschnitt der Bildübertragung: Eine Vorlage sollte durch einen Lichtstrahl punktweise abgetastet werden, dabei sollten je nach Helligkeitswerten der Bildpunkte variierte Stromstöße entstehen, die übertragen werden konnten. Diese mussten auf der Empfangsseite fixiert und synthetisiert werden.

Ein erster Durchbruch entstand mit der Verwendung von Selen als eines Materials, das bei Belichtung seinen Stromwiderstand verändert. Dies braucht aber relativ viel Zeit. *Arthur Korn* überlistete das Material 1904: Er legte einen durchsichtigen Film auf einen Glaszylinder, der sich dreht, die Durchleuchtung traf auf Selenzellen. Nach der Übertragung wurde die entsprechende Schwärzung sehr kompliziert auf Film belichtet. Die Signale waren einerseits etwas störungsempfindlich auf den Übertragungsleitungen, konnte andererseits aber auch über Telefonleitungen übertragen werden. Das System hatte seinen Erfolg bei professionellen Anwendern wie Polizei und Presse. Heute gilt es als wesentliche Vorstufe des Telefax.

Für die weitere Breitenwirkung waren aber Entwicklungen notwendig, die die Trägheit des Selens ersetzen:
- Die *Fotozelle* auf Sendeseite, die den Fotoeffekt nutzt – Elektronen eines Festkörpers kann durch Licht Energie zugeführt werden, diese Anregung führt zur Freisetzung von Elektronen (gerät das Elektron außerhalb des Metalls, handelt es sich um den äußeren Fotoeffekt, verbleibt es im Metall, handelt es sich um den inneren Fotoeffekt, der Halbleitern eigen ist). Das Licht, das auf eine den Fotoeffekt nutzende Fotozelle trifft, erzeugt einen elektrischen Strom, der direkt proportional zur Lichtintensität ist. Dies wurde 1904 erstmals von Hans Geitel und Julius Elster mit Alkali-Metallen für sichtbares Licht demonstriert.
- Die *Kerrzelle* auf Empfängerseite, die die Polarisation des Lichtes ausnutzt – Licht ist normalerweise eine Transversalschwingung in allen Ebenen, polarisiertes Licht schwingt nur in einer Ebene, das menschliche Auge kann beide Erscheinungsformen nicht unterscheiden. Es gibt durchsichtige Körper und Flüssigkeiten, die im elektrischen Feld polarisierend wirken. Diesen Kerr-Effekt kann man nutzen, um elektrische Impulse in Helligkeitsschwankungen umzusetzen. Dies entwickelte 1924 *August Karolus* (Karoluszelle).

Daraus entstand das *Siemens-Karolus-Telefunken-System*: Das Bild wurde an der abtastenden Fotozelle vorbeigeführt (mit theoretisch 100.000 Bildpunkten/Sek.), auf der Empfangsseite übertrug eine Karoluszelle die Stromschwankungen in Helligkeitsschwankungen, die auf Fotopapier belichtet wurden (12.000 Bildpunkte/Sek.). Die Übertragung eines 9x12cm großen Bildes dauerte 22 Sekunden. Am 1.12.1927 wurde ein regulärer Bildübertragungsdienst Berlin-Wien eingerichtet, der erst 1984 eingestellt wurde.

Ähnlich funktioniert der seit 1979 in Deutschland zugängliche *Telefax*-Dienst, wobei zunächst anstelle der Fotozelle eine Fotodiode und thermisch empfindlich beschichtetes Papier, in der Zwischenzeit aber CCD-Leser und elektrostatische oder Tintenstrahl-Drucker eingesetzt werden.

3.3 Telefon

Vorgeschichten

Die Übertragung der gesprochenen Sprache durch ein sprachleitendes Medium hat eine längere Vorgeschichte, etwa gab es bereits 968 ein Telefon in China, das mittels eines Fadens mehrere hundert Meter überbrückte. In diesen Zusammenhang gehören auch Versuche mit Sprachrohren, deren Übertragungslänge relativ gering war (von einem dieser Vorschläge resultiert dann auch der Name „Telephon oder Fernsprecher", J.S.G. Huth 1796). Nicht realisiert wurde eine Vorschlag, an den Eisenbahnschienen Röhren zur Schallübertragung anzubringen.

Mit der Beherrschung des elektrischen Stroms tauchte die Idee auf, den Strom als Träger zu verwenden (1854 Charles Bourseul). Realisiert wurde die Idee in einem ersten Versuch 1861 von *Johann Philipp Reis*, der einen galvanischen Strom mittels der Schwingungen einer Membran unterbrach. Auf der Empfängerseite wurde eine Spule von diesem „zerhackten" Strom durchflossen und setzte einen Resonanzkasten in Schwingungen. Das Prinzip war nicht weiterentwicklungsfähig, da praktisch nur ein Strom unterbrochen wurde, daher war auch die Wiedergabe sehr undeutlich. Der überlieferte Satz „Das Pferd frisst keinen Gurkensalat" wurde daher nicht vollständig und nachvollziehbar übertragen. Die Weiterentwicklung musste in der Modulierung eines kontinuierlichen Stroms liegen.

Bell

Diese Erfindung gelang zwei Personen nahezu gleichzeitig, von denen *Alexander Graham Bell* als der Ersterfinder gilt. Er hatte eine Patentschrift in den USA deponiert, die erst dann eingereicht werden sollte, wenn das Patent in England erfolgreich beantragt worden sei. Als Bells amerikanischer Patentanwalt längere Zeit nichts aus England hörte, reichte er das Patent am 14.2.1876 ohne Zustimmung von Bell eigenmächtig ein – zwei Stunden bevor *Elisha Gray* ein ähnliches Patent einreichte.

Bell war Professor für Stimmphysiologie und befasste sich eigentlich mit dem Problem der Mehrfachtelegrafie. Dabei stieß er auf die Einsicht, dass die Sprache nicht – wie beim Telegrafen – durch Stromunterbrechungen sondern nur durch Variation des Stroms übertragen werden kann. Dies realisierte er als Idee nebenbei in der Patentschrift zur Vielfachtelegrafie. Er machte sich dabei die Erkenntnisse Faradays zunutze: Wird ein Magnet in eine Stromspule hineingestoßen, erzeugt er in der Spule einen Strom, wird er wieder herausgezogen, erzeugt er einen Strom in umgekehrter Richtung. Das gleiche gilt, wenn bei ruhendem Magnet die Stärke des Magnetismus verändert wird, etwa durch einen lammellenförmigen Anker, der vor dem Magneten schwingt. Die Membranschwingungen wurden an den Anker geführt und dieser erzeugte einen elektromagnetischen Induktionsstrom, der übertragen werden konnte. Der Empfangsteil wurde ebenso konstruiert.

Dem Patentanspruch wurde am 7.3.1876 stattgegeben, realisiert wurde das Telefon allerdings erst am 10.3.1876 in Boston, Mass. mit dem Satz „Mr. Watson, please come here I want you" (Bell soll sich Säure über seine Hose geschüttet haben, Watson war sein Assistent). Öffentlich präsentiert wurde es erstmals am 25.6.1876 auf einer „Centennial"-Ausstellung in Philadelphia, allerdings mit geringem Erfolg. Die Öffentlichkeit sah dafür keine praktikable und ökonomische Verwendung. Bell bot das Patent der Western Union Telegraph Co. an, die aber an diesem „elektrischen Spielzeug" nicht interessiert war. Als der Western Union klar wurde, was diese Erfindung bedeutete, hatte Bell bereits begonnen, sie selbst zu verwerten. Die Western Union kaufte Grays Apparat und prozessierte jahrelang gegen Bell (ab 1885 als American Telephone & Telegraph) aber letztlich ohne Erfolg.

Das Bell-Telephon war dann – trotz seiner qualitativen Begrenzungen – doch schnell erfolgreich: 1880 hatten bereits die bedeutendsten Städte der USA Telefonvermittlungen, 1881 hatte nur noch eine Stadt mit über 15.000 Einwohnern keine, 1906 waren 1,6 Mio. km Leitungen verlegt. Als Bell am 2.8.1922 starb, ehrte ihn die USA mit einer einminütigen Abschaltung des Telefonnetzes (14,3 Mio. Anschlüsse).

In Deutschland war man sehr schnell bei der Einführung dieser Erfindung. Voraussetzung war die am 1.1.1876 vollzogene Verschmelzung der „Reichspost" mit dem „Reichstelegraphen" unter dem Generalpostmeister *Heinrich von Stephan.* Am 24.10.1877 führte die Reichspost erste Versuche mit einer Verbindung zwischen Französischer und Leipziger Straße in Berlin durch. Das Telefon wurde zu einer Angelegenheit der Reichspost erklärt, Siemens & Halske übernahmen die Produktion. Bell konnte kein deutsches Patent erwerben, da es in Deutschland erst seit dem 1.7.1877 ein Patentgesetz gab. Auf Wunsch v. Stephans setzte sich die Bezeichnung „Fernsprecher" in Deutschland durch. 1881 gab es das erste öffentliche Fernsprechamt in Berlin mit 48 Anschlüssen.

Weiterentwicklungen

Das Bell-Telefon war vor allem deshalb so einfach, weil Sende- und Empfangsteil identisch waren. Die Übertragung produzierte sehr leise Töne, die Übertragungsentfernung lag bei maximal 75 km. Um die Übertragungsleistung zu erhöhen, musste ein stärkerer Sender entwickelt werden – die „schwache Stimme", das *Mikrofon* (dessen Prinzip bereits in Grays Idee enthalten war). Edison erfand 1875 das Kohlemikrofon (für Western Union), in dem gepresster Ruß unter Druck seinen elektrischen Widerstand ändert; in diesem Fall aber nur als zweiter, da kurz vorher *Emil Berliner* (für Bell) ein Kontaktmikrofon zum Patent eingereicht hatte (das erst 1891 erteilt und später wieder aufgehoben wurde, da eigentlich Reis dieses Prinzip bereits erfunden hatte).

Neben der Übertragungsqualität gab es aber auch andere Probleme zu lösen, etwa:
- Die Meldung, dass ein Anruf vorlag. Hierfür waren Wecker erforderlich, die eine Stromversorgung benötigten, die entweder aus der Batterie, die auch den Sprechstrom lieferte, entnommen wurde oder durch einen Kurbelinduktor produziert wurde.
- Die Herstellung der Verbindung: Bei einer kleinen Zahl von Teilnehmern konnten noch alle miteinander durch Kabel verbunden werden, bei größeren Teilnehmerzahlen waren zentrale Vermittlungsstellen notwendig, die ab 1877 manuell betrieben wurden. Hierbei wurde erst die Zentrale angerufen (in der es klingelte), dann nach Herstellung einer Leitung durch Einstöpseln der Wecker des Empfängers in Gang gesetzt. Bei mehr als 50 Teilnehmern mussten neue Vermittlungsmecha-

nismen erfunden werden, etwa das „multiple switchboard" (schon 1878), bei dem jeder Klappenschrank alle eingehenden Anschlüsse enthielt.

- Dadurch konnten aber mehrere Vermittlungsdamen an unterschiedlichen Klappenschränken einen Teilnehmer gleichzeitig verbinden; es musste also ein Prüfmechanismus erfunden werden, der eine Leitung als bereits besetzt identifizierte.
- Durch die Bereitstellung einer großen Batterie im Verbindungszentrum entfielen die umständlichen Kurbelinduktoren und wurde auch ein beendetes Gespräch erkennbar (bis dahin musste die Vermittlung immer fragen, ob die Leitung noch aufrechterhalten werden sollte).

Alles lief auf eine Automatisierung der Vermittlung hinaus (um 1900 bestand die Zentrale in Berlin aus 85 m langen Tischen und 570.000 Anschlüssen). Diese wurde erfunden von *Alan B. Strowger*, einem Begräbnisunternehmer, der sich im Geschäft von einer in einen Konkurrenten verliebten Telefonistin betrogen fühlte. Magnetisch wurde ein Kontaktarm an die angewählte Adresse befördert und schloss den Kontakt. Zunächst floss ein Rufstrom, wurde beim Angewählten das Telefon abgehoben, schloss sich der Stromkreis für den Sprechkreis.

Wurde bisher die gewünschte Nummer dem „Fräulein vom Amt" durchgesagt, musste nun am Telefonapparat ein Wählmechanismus angebracht werden – erst Tasten, dann setzte sich langsam die Wählscheibe durch. 1889 erhielt Strowger das Patent, 1892 installierte er die erste automatische Telefonzentrale in La Porte, Indiana. In Deutschland wurde die erste Selbstwähleinrichtung in Hildesheim für den Ortsverkehr eingerichtet, die Automatisierung des nationalen Fernverkehrs fand 1923 statt. Die erste grenzüberschreitende Selbstwählverbindung wurde 1955 für Lörrach-Basel eingerichtet. 1978 wurde in der Bundesrepublik das rechnergestützte Elektronische Wählsystem eingeführt, eine Übergangstechnologie, da seit Ende der 80er Jahre mit dem ISDN die Digitalisierung des Telefons begann.

Es mussten aber zunächst die Probleme des Gegensprechens und der Mehrfachnutzung der Kabel gelöst werden. Dies wurde durch das Verfahren der Amplitudenmodulation erreicht: Die Sprachfrequenzen von 300-3.400 Hz werden auf eine Welle mit höherer Frequenz umgesetzt. Diese Trägerfrequenzen wurden mit einer Kanalbreite von 4 KHz voneinander getrennt, so dass ein Übertragungskabel (genauer zwei miteinander verdrillte Leitungen, um einen geschlossenen Stromkreis herzustellen) durch mehrere Kanäle (d.h. gleichzeitig mehrere Trägerfrequenzen) genutzt werden konnte.

Die Übertragungswege

Die Telegrafendrähte wurden zunächst oberirdisch verlegt, wobei sich folgende Probleme einstellten:
- Verwendet wurde wegen der elektrischen Leitfähigkeit Kupfer, das aber so begehrt war, dass es häufig gestohlen wurde. Der Ersatz durch Eisendraht, reduzierte die Diebstähle, brachte aber das Rostproblem. Durch Verzinkung konnte die Korrosion aufgehalten werden. Diese Drähte hatten aber für Telefongespräche nur eine Reichweite von 50 km, so dass mit einer neuen Legierung (Siliziumbronze) eine verbesserte Leitfähigkeit realisiert werden musste.
- Die Drähte wurden an Holzmasten aufgehängt, da diese aber feucht wurden, gab es Isolationsprobleme. Die Lösung fand der preußische Telegraphendirektor Chauvin 1858 mit den Porzellanisolatoren.
- Die Holzmasten verrotteten recht schnell, so dass sie (mit Teerölderivaten) imprägniert werden mussten.
- Die Überlandleitungen waren sehr anfällig gegen Sturmschäden und mussten ständig durch spezielle Aufseher kontrolliert werden.

Daraus ergab sich die Idee, die Kabel unterirdisch zu verlegen, dafür mussten sie aber isoliert werden. Wilhelm Siemens entdeckte Anfang der 40er Jahre in London das Guttapercha (ein indisches Baumharz), das dann von Werner Siemens zur Isolation eingesetzt wurde, indem er eine Guttapercha-Presse entwickelte, die die Kabel nahtlos umschloss. Für das Telefonnetz wurden dann überwiegend Untergrundkabel verlegt, bei denen sukzessive eine Bleiisolierung die Guttaperchaisolierung ersetzte.

Das Hauptproblem für die Fernübertragung ist die Entfernung, da aufgrund des elektrischen Widerstands des Leiters die Signale schwächer werden. Die Kabeldämpfung konnte durch den genau berechneten Einbau von Induktionsspulen (1899 von *Michael Pupin* erfunden) reduziert werden (dies nutzte allerdings nicht für den Transatlantikverkehr, da sie von Zeit zu Zeit ersetzt werden mussten; für diesen wurde eine neue Kabeltechnik entwickelt, das Krarup-Kabel, das aus einem mit Eisen ummantelten Kupferkern bestand). Den eigentlichen Durchbruch brachte auch hier die Elektronenröhre, die eine Verstärkertechnik erlaubte.

3.4 Funk

Elektromagnetische Wellen

Dass es neben dem sichtbaren Licht andere Strahlungen gab, war seit Beginn des 19. Jahrhunderts bekannt. 1800 hatte William Herschel das infrarote Licht, 1801 Johann Wilhelm Ritter das ultraviolette Licht entdeckt. Oersted hatte mit Strom Magnetismus erzeugt, Faraday hatte mit Magnetismus Strom erzeugt (1831 elektromagnetische Induktion, 1844 Theorie der Kraftlinien). *James Clark Maxwell* stellte 1873 den allgemeinen Zusammenhang fest:
- Die räumliche Änderung eines elektrischen Feldes erzeugt eine zeitliche Änderung des magnetischen Feldes.
- Die räumliche Änderung eines magnetischen Feldes erzeugt eine zeitliche Veränderung des elektrischen Feldes.

Die bisher betrachteten Schallwellen sind in der Luft longitudinal, d.h. sie schwingen in Richtung der Ausbreitungsrichtung mit 343 m/Sekunde und einem dem menschlichen Ohr hörbaren Bereich von 16-16.000 Hz (1 Hz = 1 Schwingung pro Sekunde). Elektromagnetische Wellen sind transversale Wellen, d.h. sie schwingen senkrecht zur Ausbreitungsrichtung mit Lichtgeschwindigkeit im Vakuum (in anderen Medien etwas langsamer).

Oszillieren Elektronen zwischen positiven und negativen Polen, stören sie das elektrische Feld, diese Störung breitet sich als elektromagnetische Welle aus, d.h. als abwechselnde Störung des magnetischen und elektrischen Feldes. *Heinrich Hertz* wies diese Effekte 1888 nach. Elektromagnetische Wellen können auf unterschiedliche Art und Weise entstehen, so dass auch unterschiedliche Typen von Technologien und Anwendungsformen unterschieden werden. Einige Hauptformen sind in der Tabelle dargestellt [1].

---

[1].In Anlehnung an Meyers enzyklopädisches Lexikon in 25 Bänden, Bd. 25, S. 174, Mannheim – Wien – Zürich 1979, Frequenz- und Wellenlängenangaben variieren in anderen Quellen geringfügig

Elektromagnetische Wellen

Frequenz	Wellenlänge	Bezeichnung	Entstehung/Quelle
8×10^{17} - 5×10^{21} Hz	$0,4$-10^{-4} nanometer	*Gammastrahlen*	Reaktionen im Atomkern
5×10^{15} - 2×10^{25} Hz	60-10^{-8} nanometer	*Röntgenstrahlen*	Elektronenübergänge in den inneren Schalen der Atome, Abbremsen schneller Elektronen an einer Metallplatte
$7,9 \times 10^{14}$ - 3×10^{16} Hz	0,38-0,01 mikrometer	*Ultraviolettes Licht*	Elektrische Entladungen in Atomen und Molekülen
$3,8 \times 10^{14}$ - $7,9 \times 10^{14}$ Hz	0,78-0,38 mikrometer	*Sichtbares Licht*	Elektronen der äußeren Schalen werden angeregt, sie geben diese Energie als sichtbare Strahlung ab, wenn sie in den früheren Zustand zurückfallen
3×10^{11} - $3,8 \times 10^{14}$ Hz	1 mm-0,78 mikrometer	*Infrarotes Licht + Wärmestrahlung*	Moleküle und heiße Körper
		Radiowellen	Elektrische Schwingkreise erzeugen Oszillation von Elektronen im Magnetfeld
30-3.000 GHz	10-0,1 mm	*Millimeter- und Submillimeterwellen (EHF)*	
3-30 GHz	10-1 cm	*Mikrowellen, Zentimeterwellen (SHF)*	Benutzt u.a. für: Satelliten
300-3.000 MHz	1 m – 1 dm	*Dezimeterwellen (VHF)*	Benutzt u.a. für: Fernsehen
30-300 MHz	10-1 m	*Ultrakurzwellen (UHF)*	Benutzt u.a. für: Fernsehen, Radio (UKW)
3-30 MHz	100-10 m	*Kurzwellen (HF)*	Benutzt u.a. für: Radio (KW)
1,650-3 MHz	182-100 m	*Grenzwellen*	
300-1.650 kHz	1.000-182 m	*Mittelwellen (MF)*	Benutzt u.a. für: Radio (MW)
30-300 kHz	10-1 km	*Langwellen (LF)*	Benutzt u.a. für: Radio (LW)
10-30 kHz	30.-10 km	*Längstwellen (VLF)*	
0-10 kHz	Ab 30 km	*Niederfrequenz*	
16-20.000 Hz	18,8-15 km	*Tonfrequenz*	
16-50 Hz	18-6 km	*Technischer Wechselstrom*	

Radiowellen

Über Antennen ausgestrahlte Radiowellen treten als Boden- und Raumwelle auf (Bodenwellen verbreiten sich über den Boden, Raumwellen geradlinig in den Raum, folgen also nicht der Erdkrümmung).

- *Langwellen* verbreiten sich als Bodenwelle, ihre Reichweite hängt von der Leitfähigkeit des Untergrundes ab.

- *Mittelwellen* treten tagsüber meist als Bodenwelle auf, die Raumwellen tagsüber werden nicht reflektiert. Die Bodenwelle reicht nachts weniger weit, dafür wird die Raumwelle reflektiert.

- *Kurzwellen* werden mehrfach an der Ionosphäre reflektiert und eignen sich daher besonders zur Überwindung großer Entfernungen, aus Qualitätsgründen weniger zum Nahempfang (wegen des Auftretens toter Zonen, in denen die Bodenwelle nicht mehr, die reflektierte Raumwelle noch nicht empfangen werden können).

- *Ultrakurzwellen* werden als Bodenwellen stark gedämpft und folgen nicht der Erdkrümmung, verhalten sich also wie optische Wellen. Sie werden daher besonders im Nahbereich eingesetzt, wobei sie zur Verbreitung freie Strecken benötigen, sonst entstehen Abschattungsgebiete.

Die ersten Radiowellen basieren auf dem Funkeneffekt: Entgegengesetzte elektrische Ladungen wollen sich ausgleichen, ist Luft dazwischen, ionisiert der Strom Partikel in der Luft, es entstehen Funken. Um Funken zu erzeugen, muss die Spannung einen Höchstwert erreichen, es muss also Hochspannung produziert werden. Als das möglich war, wurde 1851 der Funkeninduktor entwickelt, in dem die Funken zwischen Kugeln schlugen. Durch Anlegen von Wechselspannung schwingen Funken im Funkeninduktor hin und her (oszillieren), dabei breitet sich eine elektromagnetische Schwingung im Raum aus. Dies wurde 1853 von Lord Kelvin demonstriert.

Aus der Verwendung des Funkeninduktors zur Erzeugung von Radiowellen leitet sich der Teil „funk" des späteren Rundfunk ab („rund", weil die elektromagnetischen Wellen von der Antenne rundum abgestrahlt werden). Der Nachweis des Sendens mittels eines Funken gelang 1888 Heinrich Hertz, der in einem zweiten Stromkreis einen Nebenfunken erzeugte und damit das Empfangsprinzip darstellte. Im Folgenden gelang ihm der Nachweis, dass

Radiowellen sich wie Lichtwellen verhalten: geradlinige Ausbreitung, Reflektion, Brechung, Polarisation.

Zur drahtlosen Telegrafie

Bereits vorher hatte es Versuche gegeben, die elektromagnetischen Effekte zur Nachrichtenübertragung zu benutzen. Mahlon Loomis leitete atmosphärische Elektrizität über Drachen auf die Erde, bei zwei Drachen beeinflussten diese einander, schließlich gelang es Loomis eine Entfernung von 22 km zu überwinden. 1872 erhielt er ein Patent für drahtlose Telegrafie (d.h. das Übermitteln von Stromstößen, wie dies für die Telegrafie kennzeichnend ist).

Für die technische Verwertung der von Hertz nachgewiesenen Wellen waren vor allem drei Komponenten notwendig:
- Starke Funkengeber, wie sie etwa *Nicola Tesla* mit Hochspannungsfunkeninduktoren mit Reichweiten von bis zu 30 km entwickelte.
- Wirksame Sende- und Empfangseinrichtungen: die *Antenne*, die *Alexander Popow* auf der Empfangsseite als „Luftdraht", der Gewitter auf größere Entfernung registrieren sollte, 1895 erfand.
- Ein Anzeigeinstrument, das auf die gesendeten Wellen abgestimmt werden konnte. *Desiré Branly* erfand 1891 den *Kohärer* oder Fritter, ein Glasröhrchen, das mit Eisenteilchen gefüllt war. Diese klumpten zusammen, wenn elektromagnetische Wellen sie trafen, dadurch veränderte sich der elektrische Widerstand. Sie konnten mechanisch leicht „entklumpt" werden.

Es fehlte nur noch die Sendeantenne und jemand, der diese Komponenten zusammensetzte. Dies gelang *Guglielmo Marconi*, der 1895 die geerdete Sendeantenne erfand, aber in seinem Heimatland Italien für die drahtlose Telegrafie kein Interesse finden konnte. Aber der Chefingenieur des General Post Office in London William Henry Preese unterstützte ihn, so dass er am 13.5.1897 erstmals eine 5 km lange Wasserstraße (den Bristol Channel von Flatholm nach Lavernock Point) mit Morsezeichen überbrücken konnte. Das auf diesen Experimenten beruhende berühmte Patent 7777 benutzte eine Funkenstrecke in einem geschlossenen Schwingkreis, an den eine Antenne angekoppelt war. Dieser Sender produzierte kilometerlange Wellen niedriger Frequenz, die nur für die Telegrafie geeignet waren.

Die große Herausforderung war die Überwindung des Atlantiks: Mit einem 35 Kilowatt-Sender, der – nun allerdings bereits als Hochfrequenz-Dynamo und nicht mehr Funkeninduktor – Wellenlängen von 2.500 m produzierte, und einer 60 m hohen Antenne sendete er am 12.12.1901 erstmals ein Zeichen über den Atlantik nach Neufundland – ein gemorstes „S". Bereits 1902 konnte der erste Schiffsfunk eingerichtet werden; das „Titanic"-Unglück verdeutlichte der Welt, wie wichtig Schiffsfunk sein konnte.

Marconi erhielt bald Konkurrenz: Die Trennung von geschlossenem Schwingungskreis Funkenstrecke und offenem Schwingungskreis Antenne war eigentlich von von *Karl Ferdinand Braun* vorher erfunden worden, der sich mit Siemens zusammen im Auftrag des deutschen Heeres an die Weiterentwicklung machte. Im Auftrag der deutschen Marine entwickelten *Adolf Slaby* und *Franz von Arco* mit der AEG drahtlose Verfahren. Der deutsche Kaiser beendete diese Konkurrenz 1903, auf seinen Wunsch wurden die Entwicklungen als Firma Telefunken mit dem Geschäftsführer Slaby zusammengefasst. Bereits 1906 war die Großfunkstelle Nauen in der Lage, weltweite Funktelegramme zu versenden (etwa zur Empfangsstelle Oberschöneweide).

Bedingungen der drahtlosen Telefonie

Die Löschfunksender des drahtlosen Telegrafierens produzierten gedämpfte Schwingungen und Langwellen mit 860-2000 m Länge. Diese waren nicht zur Übertragung der Sprache mit ihren niederfrequenten Schwingungen und Wellenlängen bis zu 15 km geeignet. Diese Frequenzen ließen sich aber nicht unmittelbar über die Antenne abstrahlen. Die Lösung musste darin liegen, hochfrequente Wellen (die über Antennen abgestrahlt werden konnten) als Energieträger zu verwenden, auf die die niederfrequenten Schwingungen aufmoduliert werden.

Dazu war allerdings die Herstellung ungedämpfter Schwingungen notwendig. Die Dynamos der Kraftwerke erzeugten Wechselstrom von der Frequenz 50 Hz mit einer Wellenlänge von 6.000 m. Das Problem lag also darin, Wechselstrommaschinen für hohe Frequenzen zu konstruieren. 1898 baute *Reginald Fessenden* die erste Wechselstrommaschine, die 15.000 Hz erzeugt und damit ein kontinuierliches Sinussignal lieferte, auf das das Sprachsignal durch Veränderung der Amplitude aufmoduliert werden konnte.

Nun war die Entwicklung einer entsprechenden Trägerfrequenztechnik möglich und notwendig. Das Prinzip der *Amplitudenmodulation* (AM) beherrschte zunächst die Funktechnik; das Mittelwellenradio, das auf dieser Basis arbeitet, heißt deswegen in den USA auch AM-Radio. Die Demodulation geschah zunächst 1906 mit einem Kristalldetektor: Eine Metallspitze berührt einen Kristall und wirkt derart als Gleichrichter. Die so empfangenen Signale (mit einer bis zu 25 m hohen Antenne) waren derart schwach, dass sie nur über Kopfhörer gehört werden konnten.

Am 24.12.1906 strahlt Fessenden in Boston eine Rundfunk-Versuchssendung über eine Entfernung von 18 km aus (bereits mit Schallplattenübertragung).

Rundfunk

Für die Realisierung des Rundfunks setzt sich ein Grundschema (zunächst für Radio, prinzipiell später aber auch für Fernsehen) durch.
- Die Schallwellen werden über ein Mikrofon in niederfrequente Schwingungen umgewandelt.
- Diese werden auf eine hochfrequente Trägerschwingung aufmoduliert, die über eine Antenne abgestrahlt wird.
- Eine Antenne empfängt Radiowellen, ein Empfangsgerät (heute: Tuner) ist in der Lage, eine gewünschte Frequenz auszusieben und mit einer dritten Frequenz (Zwischenfrequenz) zu überlagern. Dieses Heterodyne-Prinzip dient zur besseren Trennschärfe und Empfangsqualität.
- Nach der Aufmodulation auf die Zwischenfrequenz wird das Signal durch Gleichrichtung demoduliert und dabei eine niederfrequente Schwingung erzeugt.
- Diese wird verstärkt und an den Lautsprecher weitergeleitet.

Letztlich wurde Rundfunk in diesem Sinne erst ermöglicht durch die Erfindung der Elektronenröhre durch *Lee de Forest* 1906, der ein besseres Empfangsgerät erfinden wollte. Vorläufer waren in den 80er Jahren der Edison-Effekt (bei dem Elektronen den glühenden Draht verlassen), 1897 die Braun´sche Röhre und ihre Weiterentwicklung durch Arthur Wehnelt mit seiner Kathode von 1904. Bei der Elektronenröhre handelt es sich um eine Röhre mit drei Elektroden, von denen die dritte als Steuergitter dient. Wenn der Elektronenstrom aus der Glühkathode auf dem Weg zur Anode das Gitter passiert, wird er durch Steuerung am Gitter behindert oder befördert.

Eine ähnliche Erfindung machte 1906 Robert von Lieben (zur Telefonverstärkung). Ab 1912 gb es erste *Verstärkerröhren*, mit denen Schaltungen möglich waren, etwa Verstärkung der ankommenden Hochfrequenz vor der Gleichrichtung.

Damit war die Entwicklung des Radios möglich geworden. Seit 1906 wirkte bei Telefunken an der Organisation der Funktechnik *Hans Bredow*. Er organisierte 1917 die erste Rundfunksendung in Deutschland an der Front (nachdem das Militär, das bis dahin nur mit Tonfunksendern mit gedämpften Schwingungen und Kristalldetektoren arbeitete, einen tragbaren Röhrensender der Alliierten erbeutet hatte, wurde den Militärs klar, welches Potential in der Röhrentechnik lag). Für den Aufbau des Rundfunks engagierte sich Hans Bredow weiter, seit 1919 im Reichspostministerium, 1926-1933 als Reichsrundfunkkommissar.

Seit 1920 fanden etliche Versuchssendungen statt (auf Langwelle). Aufgrund der zunächst militärischen Nutzungen war der Empfang der Versuchssendungen in Deutschland für Privatpersonen verboten (da es zahlreiche Bastler gab, die Empfangsgeräte herstellten). 1922 wurde probeweise ein „Wirtschafts-Rundspruchdienst" eröffnet, der etwa 1.000 Banken und größere Firmen mit Wirtschaftsnachrichten drahtlos versorgen sollte mit posteigenen plombierten Geräten – gegen Gebühr versteht sich (ein Vorläufer war 1918-20 ein telegrafischer Wirtschaftsrundspruchdienst). 1923 wurde das Privatempfangsverbot aufgehoben, zum Empfang ist aber immer noch eine Lizenz notwendig. Am 29.10.1923 begann dann die Ära des nicht mehr militärischen oder wirtschaftlichen Rundfunks – die „Funkstunde Berlin" strahlte regelmäßige Sendungen aus dem Haus der Schallplattenfirma Vox aus.

In den USA nahm als erster kommerzieller Sender KDKA in Pittsburgh am 2.11.1920 seinen Betrieb auf.

Weitere Entwicklungen des Radios

- Waren die ersten Schritte im Nahfunkbereich auf Langwelle vorgenommen, erwies es sich bald als notwendig, kürzere Wellenbereiche einzubeziehen, weil die Frequenzkanäle knapp wurden. Schon sehr früh wurde daher der *Mittelwellenbereich* erschlossen. Dies ist durch die Modulation bedingt: Der Tonfrequenzbereich benötigt 20 kHz, die Mo-

dulation belegt damit (plus/minus) 40 kHz, zuzüglich einer Sicherheitszone zwischen den Kanälen, um gegenseitige Störungen zu vermeiden. In der Mittelwelle waren so 28 Kanäle unterzubringen.
- Als der Mittelwellenbereich auch ausgelastet war, wurde die *Kurzwelle* erschlossen. Deren Nachteil der geringen Reichweite im Nahbereich wurde ausgeglichen durch die sehr weite Reichweite der Sender jenseits der toten Zone. Damit löste die Kurzwelle zumindest die Langwelle als Übertragungsmedium für große Entfernungen ab (1928 gab es auf der ganzen Welt schon vier mal so viele Kurzwellen- als Langwellensender). Für das Nahmedium Radio wurde die Kurzwelle daher von geringerer Bedeutung. Wegen der globalen Reichweite ist die Kurzwelle das erste weitgehend private globale Kommunikationsinstrument, das von den Kurzwellenamateuren genutzt und weiterentwickelt wurde (gewissermaßen die Vorstufe des Internet).
- Die Sendungen mittels der Amplitudenmodulation sind häufig gestört durch atmosphärische Elektrizität. Eine Alternative stellt die *Frequenzmodulation* dar, die 1933 von *Edwin Armstrong* entwickelt wurde. Hierbei wird das niederfrequente Signal auf die Trägerschwingung nicht durch Modulation der Amplitude sondern der Frequenz aufmoduliert. Dies ist allerdings nur bei hohen Frequenzen der Ultrakurzwelle möglich. Damit begann dann das UKW-Radio im Nahbereich das Mittelwellen-Radio zu verdrängen (allerdings erst deutlich nach dem Zweiten Weltkrieg). In den USA heißt das UKW-Radio daher auch FM-Radio. Der Siegeszug des UKW-Radios hing auch damit zusammen, dass zwar die Reichweite relativ gering war, aber im UKW-Band sehr viel mehr Kanäle zugeteilt werden konnten.
- Mit der Erfindung des *Transistors* begann nicht nur die Ablösung der Elektronenröhre (die sehr platz- und energieaufwendig war) und wurde ein neuer Qualitätssprung in der Empfangsqualität möglich, sondern es wurden auch neue Gerätedimensionen möglich.
- Es gab bereits seit 1922 Versuche, *Autoradios* zu konstruieren und seit 1927 war mit dem „Philco Transitone" das erste industrielle Produkt auf dem Markt. Die Miniaturisierung durch den Transistor führte dann zu einem erheblichen Autoradioboom.
- Ähnliches gilt für das tragbare Radio, das zunächst als „*Kofferradio*" fungiert.
- Ein notwendiger Qualitätssprung war die Einführung des *Stereotons*, der 1950 von William S. Halstead entwickelt wurde, indem er auf den Seitenbändern frequenzmodulierter Hauptfrequenzen Stereoinformatio-

nen mitübertrug („Pilottonverfahren"). Die erste Stereosendung in den USA fand 1961 statt, 1963 folgte Deutschland.
- Schließlich ist auf die zunehmende Kombination des Radios mit anderen Ton- und Bildtechnologien zu verweisen, wie sie uns heute ganz selbstverständlich sind (insbesondere mit Kassettenrecorder und Schallplatte bzw. deren Nachfolger).

Mechanisches Fernsehen

Die dem Fernsehen zugrundeliegende Idee war bereits im Kontext der Bildtelegrafie für einzelne Bilder entwickelt worden: Ein Bild wird in Bildpunkte zerlegt, deren Helligkeitswerte werden nacheinander übertragen. Die Wege von Telegrafie und Fernsehen trennen sich allerdings relativ früh wegen der unterschiedlichen Anforderungen an die Übertragungsgeschwindigkeit: Für die telegrafische Übertragung eines Einzelbildes spielte die Übertragungszeit nur eine ökonomische Rolle, für die Übertragung bewegter Bilder musste der bekannte Täuschungseffekt des Auges in der Zeit erreicht werden. Dies gilt natürlich nicht nur für die Übertragungskapazitäten sondern auch für die Abtastungs- und Wiedergabegeschwindigkeiten.

Für die Zentralfrage der Umwandlung von Lichtwerten in elektrische Signale stand mit dem im 19. Jahrhundert entdeckten Selen bereits ein Material zur Verfügung, das etliche Entwickler zu fernsehähnlichen Ideen veranlasste (insbesondere 1877 Constantin Senlecq). Alle hatten gemeinsam mit Grundproblemen zu kämpfen:
- Die Reaktionsfähigkeit des Selens war für eine hohe Bildauflösung zu träge.
- Das Bild musste – um als Bild aufgelöst zu werden – mindestens 10.000 Bildpunkte aufweisen.
- Es fehlte auf der Wiedergabeseite ein Lichtrelais, das auf die sehr schwachen Widerstandsänderungen des Selens reagieren konnte.
- Es fehlte ein Synchronisierungssystem zwischen Abtaster und Wiedergabegerät.

Einen ersten Durchbruch erzielte *Paul Nipkow* 1884. Er entwickelte die Nipkow-Scheibe, eine runde Metallscheibe, auf deren äußeren Rand eine spiralförmige Lochreihe so angebracht war, dass jedes Loch eine Zeile abtastete. Dahinter nahm eine Selenzelle die Helligkeitsschwankungen auf. Auf der Empfangsseite verwendete er ebenfalls seine Scheibe, hinter der eine Glimmlampe ihre Helligkeit veränderte. Der Betrachter sah also die sich bewegende Scheibe. Voraussetzung war die absolute Synchronität der Scheibenbewegungen.

Hauptproblem war zunächst die Trägheit des Selens, die sich mit der Erfindung der „Photozelle" von 1893 hätte beseitigen lassen, die aber erst sehr viel später zum Einsatz kam. Auf der Empfängerseite blieb die Nipkow-Scheibe bis 1943 in Gebrauch, auch wenn mit der Braun´sche Röhre von Karl Ferdinand Braun 1897 sich eine geeignetere Technologie entwickelte: Eine Kathodenstrahlröhre leitet einen feinen Elektronenstrahl auf einen fluoreszierenden Stoff.

Bis allerdings tatsächlich Fernsehübertragungen funktionierten, verging noch einige Zeit, da sowohl die mechanische Bildabtastung als auch die mechanische oder elektronische Bildwiedergabe nur sehr geringe Bildauflösungen zuließen. 1924 gelang *John Logie Baird* eine erste Live-Übertragung in seiner Dachkammer mit Hilfe von Nipkow-Scheiben und 30 Zeilen (übertragen wurde ein Malteserkreuz und seine eigene Hand). 1927 übertrug er Bilder über eine Fernsprechleitung von London nach Schottland, 1928 gelingen ihm Übertragungen über den Atlantik. 1931 übertrug er das Derby in Epson. 1935 entschied das britische TV-Komitee sich aber für die Weiterführung des elektronischen Fernsehsystems.

Auch in Deutschland dominierte zunächst das mechanische System, insbesondere von *August Karolus* für Telefunken entwickelt und 1928 auf der 5. Funkausstellung öffentlich vorgestellt: 96 Zeilen mit einer Vierfach-Lochspirale abgetastet, aber auf einer Mattscheibe (Weillersches Spiegelrad) wiedergegeben. Eine Konkurrenz ebenfalls auf mechanischer Basis bildete der „Telehor" von *Dénis von Mihaly* (30 Zeilen, Bild musste mit einer Lupe betrachtet werden, Übertragung nur über Telefonleitungen). Von September 1929 an begann die Deutsche Reichspost mit drahtlosen Versuchssendungen, zunächst 30 Zeilen und 12,5 Bilder pro Sekunde, dann 1930 90 Zeilen, ab 1933 25 Bilder pro Sekunde. Zu dieser Zeit wurde auch parallel Ton über einen UKW-Sender übertragen. Am 22.3.1935 wurde der erste regelmäßige Fernsehprogrammdienst der Welt in Berlin eröffnet (an drei Tagen von 20.30-22.00 Uhr).

Dominierten in den 20er Jahren in den letztlich auf den Publikumsmarkt gerichteten Versuchen die mechanischen Verfahren, weil sie relativ gut entwickelt waren, wurden daneben – vor allem aufgrund der mangelnden

Qualität der Bilder, die mechanisch nicht wesentlich weiterentwickelt werden konnte – die elektronischen Verfahren weiterentwickelt.

Elektronisches Fernsehen

Für den Übergang zum elektronischen Fernsehen sind insbesondere vier Momente entscheidend:
- Die elektronische *Fernsehkamera*. Ab 1923 konnte das „Ikonoskop" von *Wladimir Zworykin* verwendet werden, in dessen Zentrum eine Platte aus vielen kleinen Fotozellen steht, auf die das Bild projiziert wird. Die Fotozellen senden um so mehr Elektronen aus, je mehr Licht sie trifft, entwickeln also eine höhere positive Ladung. Die Mosaikplatte ist isoliert mit einer leitenden Signalplatte verbunden, so dass jede Fotozelle mit der Signalplatte einen kleinen Kondensator bildet. Ein Elektronenstrahl wird zeilenweise über das positive Ladungsbild der Mosaikplatte geführt und ergänzt dabei die verlorengegangenen Elektronen. Dadurch fließt im Kondensator ein Ausgleichsstrom und erzeugt eine Spannung, die (verstärkt) weitergeleitet werden kann. Alternativ zu diesem Prinzip des Elektronenstrahlbildzerlegers entwickelte *Philo Farnsworth* 1927 den Bildwandler: Das Bild wird auf eine großflächige Fotokathode in einer Vakuumröhre projiziert. Entsprechend der Helligkeitsverteilung gehen Elektronen von der Kathode aus, die beschleunigt gegen eine Anodenplatte gelenkt werden. Aus einem lichtoptischen Bild wird so zunächst ein Elektronenbild gemacht. In der Anodenplatte ist ein Loch, über das durch magnetische Steuerung das Elektronenbild geführt wird, so dass die Elektronen punktweise durch das Loch fallen und von einer Sonde aufgenommen werden können. Verstärkt ergeben sie das Bildsignal. Ab 1939 wurden beide Prinzipien miteinander kombiniert: Die von der Farnsworth´schen Fotokathode gelieferten Fotoelektronen treffen auf eine Mosaikplatte von Zworykin, dadurch liefert die Speicherplatte mehr Sekundärelektronen, also stärkere Signale. Hier macht man sich den äußeren Fotoeffekt zunutze. Mit der Erfindung des Transistors trat dann der innere Fotoeffekt an dessen Stelle, ohne dass sich grundsätzlich viel änderte. Die eigentliche Revolution ist dann später die CCD-Technik (Charge Coupled Devices).
- Die Entwicklung einer neuen leistungsfähigeren *Elektronenstrahlröhre* durch *Manfred von Ardenne* 1929. Ihm gelang es gegenüber den bis dahin verwendeten Röhren die Leuchtbildhelligkeit um das 200fache zu steigern. Zwar ließ sich die neue Röhre auch zur Verbesserung der

Bildqualität auf Kameraseite einsetzen, setzte sich dort aber in Deutschland zunächst gegenüber den mechanischen Verfahren nicht durch. Aber es wurde zur Verbesserung der Bildqualität auf Empfängerseite verwendet. Mit den schärferen und helleren Fernsehbildern wurde aber ein weiteres Problem erkennbar: Flimmern.

- Die Entwicklung des *Halbbildverfahrens*: Zwar kann das menschliche Auge bei 25 Bildern pro Sekunde die Einzelbilder nicht mehr voneinander trennen, aber die Frequenz von 25 Bildern pro Sekunde führte auf den Bildschirmen zum Flimmern, das das Auge ermüdete. Flimmerfreie Bilder erfordern eine Frequenz von 50 Bildern/Sekunde, für die man die Übertragungsbandbreite nicht zur Verfügung stellen konnte. Dafür lieferte *Fritz Schröter* 1930 eine bis heute wirkende Idee – man zerlegt das Bild in zwei Halbbilder, das erste Halbbild erhält alle ungeradzahligen Bildzeilen, das zweite Halbbild die geradzahligen, d.h. bei der Übertragung ist nach einer Zeile immer eine Zeile zu überspringen (*Zeilensprungverfahren*). Dadurch werden 50 Bilder auf dem Bildschirm dargestellt, aber nur 25 übertragen.
- Dies stellte die Frage der *Synchronisierung* verschärft, denn Sender und Wiedergabegerät mussten absolut synchron laufen. Zur Synchronisierung beider Seiten wurden daher einige Zeilen nicht mit Bildinformationen gefüllt, sondern für Steuerinformationen – genutzt, die sog. *Austastlücke* (in der deutschen Norm 16 Zeilen, die heute z.T. für die Übermittlung von Videotext genutzt wird).

Damit war der Grundstein gelegt für eine schnelle Verbesserung der Bildqualität und der Schaffung von Normen, die gerade in diesem Bereich besonders wichtig waren, da hier eine geschlossene Kette Kamera-Sendung-Wiedergabegerät durch eine Norm zusammengehalten werden musste. 1936 wurden die Olympischen Spiele noch mit 180 Bildzeilen übertragen, 1938 gab es eine deutsche Norm für 441 Bildzeilen mit Zeilensprungverfahren. Diese war auch zunächst die Basis in den USA: Im April 1939 wurde in den USA auf der New Yorker Weltausstellung das öffentliche Fernsehen von der Radio Corporation of America (RCA) und der National Broadcasting Co. (NBC) vorgestellt (mit 441 Zeilen). Zunächst war das Fernsehen nicht sehr erfolgreich, erst mit dem Nachkriegs-Standard von 525 Bildzeilen und 60 Halbbildern setzt es sich durch.

In Deutschland war nach dem Weltkrieg die Möglichkeit des Neubeginns gegeben, die seit 1948 geltende Norm wurde auf 625 Zeilen festgelegt. Dieser Norm schlossen sich die meisten anderen Länder außerhalb der USA (und Japan) an. Ab dem 25.9.1952 wurden von Hamburg aus die ersten Programmsendungen ausgestrahlt, wenig später wurde das System durch Richtfunkanschlüsse von Sendern in Hannover, Langenberg und Köln erweitert.

Farbfernsehen

Die Entwicklung des Farbfernsehens hat eine lange Vorgeschichte; bereits 1880 wollte Maurice Leblanc das Licht durch ein Prisma in sieben Spektralfarben zerlegen. Diese und andere Ansätze blieben ohne Wirkung. Auch die mechanische Phase des Fernsehens befasste sich bereits mit Farbübertragung. Baird gelang dies am 3.7.1928 in London, indem er eine Nipkow-Scheibe mit drei Spiralen versah, die mit einem blauen, roten und grünen Lichtfilter verdeckt waren. Diese Farbauszüge wurden nacheinander übertragen und dann durch getrennte Lampen hinter der synchron laufenden Empfangs-Scheibe additiv realisiert, so dass das Auge sie mischen konnte. Etwas abweichende Verfahren wurden in den USA und Deutschland entwickelt.

Das erste komplette Farbfernsehsystem wurde 1940 von Columbia Broadcasting Systems (CBS) vorgestellt. Es basierte auf dem Prinzip von Baird, indem drei Farbfilter vor der Kamera und dem Bildschirm der Wiedergaberöhre synchron liefen. Zwar wurde das Verfahren 1950 zum Amerikanischen Farbfernsehstandard erklärt, es setzte sich aber nicht durch, weil es mit dem Schwarz-Weiß-System völlig inkompatibel war: Es verwendete nur 405 Zeilen, dafür 144 Halbbilder.

Dieses Problem löste dann RCA: Die Kamera enthielt drei Aufnahmeröhren, für jede der drei Grundfarben eine, einer der Kanäle fungierte gleichzeitig als Schwarz-Weiß-Kanal. Allerdings stellte sich noch das Problem der Empfangsgeräte. 1950 wurde mit der *„Schattenmasken-Röhre"* eine Lösung vorgestellt, die im Prinzip Werner Flechsig 1938 in Berlin entwickelt hatte. Auf der Kathodenstrahlröhre werden jeweils drei unterschiedliche Leuchtstoffe in den Grundfarben zu einem Bildpunkt zusammengesetzt (Farbtriplet), wobei durch ein Gittersystem geregelt wird, dass von den drei Elektronenstrahlen, die den Farbauszügen entsprechen, immer nur einer seinen Farbpunkt anregen kann.

Um den Systemstreit zu entscheiden und die Kompatibilität zum Schwarz-Weiß-System aufrechtzuerhalten, wurde 1950 das National Television System Committee *NTSC* eingesetzt, das die seit 1953 geltende NTSC-Norm festlegte, die zwei Bildübertragungsformen kombinierte: Ein Träger zur Übertragung der Helligkeit, die für das SW-System notwendig war, ein Hilfsträger zur Übertragung der Bildinformationen für Farbton und Farbsättigung; er lag innerhalb der Bandbreite für die Übertragung der SW-Information. Das System führte relativ häufig zu Farbfehlern, die es nicht selber korrigieren konnte, so dass von Hand nachreguliert werden musste.

Eine Alternative wurde 1957 in Frankreich entwickelt als „Sequentiel á Memoire" *SECAM*. Hierbei wurden Farbton und Farbsättigung abwechselnd in einer Zeile übertragen, zwischengespeichert und dann zusammengeführt. Das System setzte sich in Frankreich und insbesondere im Ostblock durch.

1963 wurde dann das PAL-System (Phase Alternation Line) von *Walter Bruch* vorgestellt, das sich an vielen Stellen durchgesetzt hat. Dies ist im Prinzip ein ergänztes NTSC-System: Mit dem übertragenen Signal wird eine relative Farbkennung übertragen, so dass während der Übertragung auftretende Fehler automatisch erkannt und korrigiert werden können. Um die dabei notwendigen Vergleichsvorgänge zu erleichtern, verfügt der Empfänger über eine Speichervorrichtung.

Erste Weiterentwicklungen

Fernsehen wird ein Betrieb für ein individualisiertes Publikum – nach Phasen des Gruppenempfangs – im Standardmodell der terrestrischen Sendeketten, die für Individualempfänger Signale anbieten, realisiert. Dabei wurde zunächst der UKW-Bereich als VHF-Band genutzt (I 411-68 MHz, III 174-223 MHz), später dann – etwa mit Einführung des ZDF – der UHF-Bereich 470-790 MHz. Die Bildsender benötigen 5 MHz Bandbreite (AM), dazu gehört auch der jeweilige Tonsender mit 300 kHz Bandbreite (FM). In diesen Bändern ist die Menge der Fernsehkanäle begrenzt und praktisch ausgeschöpft.

Mit der Verlegung von Breitband-Koaxial-Kabeln können einerseits die Kanäle enger gepackt werden, andererseits neue Frequenzbänder erschlossen werden (Hyperband), so dass die Zahl der übertragbaren Programme erhöht werden kann. Weitere Wege, um die Zahl der Fernsehprogramme zu erhöhen sind Satellitenfunk und Digitalisierung.

Für Zwecke des *Satellitenfunks* wurde Ende der 80er Jahre in Europa die Norm *D2-Mac* (duobinär codierte Multiplex-Analog-Components) entwickelt für direktstrahlende Satelliten mit SECAM-PAL-übergreifender Technik. Ein bisher nicht erfolgreicher Versuch sollte bessere Bildqualität ohne Digitalisierung vermitteln und lief unter der Überschrift „High Definition TV" *HDTV* und sollte mindestens 1125 Zeilen mit 60 Halbbildern umfassen (nach japanischen Vorbildern). HDTV wurde auch verbunden mit dem Versuch, die Bildschirmgröße von bisher 4:3 auf 16:9 umzustellen. Beide Normen sind nicht angenommen worden und blieben Randphänomene.

Nach Vorformen in Großbritannien unter den Namen „Ceefax" (BBC) und „Oracle" (IBA) wurde 1977 in Deutschland *Videotext* vorgestellt. Videotext überträgt codierte Text- und Grafikinformationen in Form ganzer Seiten über die Austastlücke. Aus dem kontinuierlich gesendeten Angebot kann der Decoder im Empfangsgerät eine Seite bei deren Sendung auffangen und decodieren. Damit können programmbezogene aber auch programmunabhängige Informationen alternativ zur Verfügung gestellt werden.

Die Codierungsnorm (Videotext) lag auch den Versuchen seit den frühen 80er Jahren zugrunde, den Fernseher mit dem Telefon zu einem interaktiven Online-System zu verbinden, in Deutschland als „*Bildschirmtext*" BTX 1983 eingeführt. Die ursprüngliche Vorstellung war, den Fernsehapparat als Bildschirm für die über Telefon übertragenen codierten Informationen zu nutzen und die Interaktion mit dem Angebot über die Fernbedienung des Fernseher abzuwickeln. In dieser Form hat sich das System nicht durchgesetzt, sondern wurde entweder mit eigenen Empfangsgeräten (Frankreich: Minitel) oder als PC-basierter Dienst vom Fernsehen wieder abgekoppelt. Bildschirmtext fristete lange Zeit eine Randexistenz, bis sich mit der Durchsetzung des WorldWideWeb im Internet die Online-Dienste durchsetzten. Als *T-Online* wird das System nunmehr als einer der Diensteanbieter und Internet-Provider gut angenommen.

4. Elektronische Datenverarbeitung

4.1 Ausgewählte Grundlagen

Grundprinzipien

- Gemeinsam mit der Kybernetik geht die Informatik („computer science") davon aus, dass sich von den realen Ereignissen der Welt zeichenhafte Repräsentationen ableiten lassen, die in sich geschlossen sein und als eigene „Welt" behandelt werden können. Computer operieren zunächst in derartigen *Repräsentations-Welten*.
- Diese Repräsentations-Welten können entweder als *Abbild* oder *Modell* der realen Welt fungieren („informatische Abbilder"), dann kann man in ihnen Operationen vornehmen, die man auf die reale Welt übertragen kann (etwa durch Ausgabe von errechneten Größen oder Steuerung von Maschinen) oder sie können eine *eigene Realität* annehmen (Spiele, „Cyberspace").
- Die Grundannahme der Computerverwendung ist, dass eine Vielzahl von Prozessen („Problemlösungen") vollständig in eine endliche Menge von kleinsten Schritten zu zerlegen ist. Der Plan der Folge dieser Schritte bis zur vollständigen Lösung ist ein *„Algorithmus"*. Prozesse, über die ein derartiger Plan nicht machbar ist, lassen sich streng genommen nicht computerisieren.
- Im Unterschied zu biologischen Systemen, die kontinuierlich (wenn auch mit Strukturierungen) existieren, gehen Computer von *zustandsverändernden Systemen* aus, die sie auch selber sind. Das System bewegt sich in der Zeit in kleinsten Zeitschritten („Takte"). Am Beginn eines Zeitschritts hat das System einen – prinzipiell vollständig beschreibbaren – Zustand. Während des Zeittaktes wird eine Operation ausgeübt, an deren Ende das System in einen neuen Zustand übergeht.
- Daher sind die Repräsentationen, mit denen die Computer arbeiten, nicht – wie in der überwiegenden menschlichen Kommunikation – *analoge* Darstellungen, die in der Zeit oder im Raum kontinuierlich und ohne kleinste Zeit- oder Raumtakte entstehen (Schallwellen, elektromagnetische Wellen, Bilder, Objekte). Um in den zustandsverändernden Syste-

men manipulieren zu können, braucht man *diskrete* Darstellungen: Die Darstellung basiert auf kleinsten, voneinander gut unterscheidbaren Elementen, die zusammengesetzt werden, um Repräsentationen zu bilden (etwa Buchstaben, Ziffern). Eine besonders wichtige Form der diskreten Darstellung ist die *digitale*, d.h. die Verwendung von (prinzipiell numerischen) Werten, mit denen Rechenoperationen durchgeführt werden können. Darauf beruhten die Computer, die wir normalerweise als solche ansprechen (obwohl es in der Frühphase der Computertechnik auch Computer gab, die mit analogen Werten Berechnungen durchführten. Durchgesetzt haben sich aber die Digitalcomputer). Das gebräuchlichste Digitalsystem ist das *Dezimalsystem* (mit 10 Differenzierungen pro Position), es gibt aber auch andere Systeme (etwa im angloamerikanischen Messwesen oder computerintern). Auch nichtnumerische Werte, die später in die Verarbeitung einbezogen wurden – wie Buchstaben, Bilder etc. – werden wie numerische Werte behandelt und als Zahlen/Ziffernfolgen dargestellt (codiert).

- Sowohl aus logischen Gründen als auch aus Gründen der technischen Realisierbarkeit werden in Computern Werte und Zustände nur durch zwei unterschiedliche Zeichen dargestellt, das *Binärsystem* (meist als 0 und 1 bezeichnet). Numerische Werte werden dabei eben nicht dezimal sondern binär berechnet, nichtnumerische Werte werden binär codiert. Der innere Zustand eines Computers ist dann zu jedem Zeitpunkt prinzipiell eine Verteilung von sehr vielen „Nullen" und „Einsen" (bzw. ihrer technischen Äquivalente wie stromführende oder nicht stromführende Schaltkreise, wie magnetisierte oder nicht magnetisierte Zellen usw.).
- Computer sind Systeme zur Manipulation von Repräsentationen (Zeichen). Dazu brauchen sie Operationsvorschriften, d.h. die Umsetzung eines Algorithmus in eine Folge von technisch realisierbaren Operationen, die zu Zustandsveränderungen führen: *Programme*. Andererseits brauchen sie Repräsentationen, auf denen sie diese Operationen ausführen. Diese müssen eindeutig sein (es muss eindeutig feststellbar sein, welcher Befehl auf welche Repräsentation wann angewendet wird) und sie müssen sich digitalisieren und binarisieren lassen, um überhaupt „gerechnet" werden zu können. Repräsentationen dieser Art können auch „*Daten*" genannt werden (daher „Datenverarbeitung"). Damit auf die Daten zugegriffen werden kann, müssen sie direkt ansprechbar sein, d.h. unter eindeutigen Adressen abgelegt sein. Für unterschiedliche Formen von Daten kann es unterschiedliche Anweisungssätze geben – *Formate*. Da es in der menschlichen Realität ganz unterschiedliche – an den biologischen Sinnen orientierte – Kommunikationsformen gibt, die unter-

schiedliche Anstrengungen erfordern, um sie in „Daten" zu transformieren, spricht man hier von *Datentypen* (wie Text, Ton, Bild).

Geschichte

Die Geschichte der elektronischen Datenverarbeitung speist sich aus vier verschiedenen Quellen, die dann zur elektronischen Datenverarbeitung zusammenwachsen (siehe Tafel auf S. 122)

Einige Pioniere für wichtige Voraussetzungen

- *George Boole*: 1847-54 Boole'sche Algebra als logische Darstellung von Verknüpfungen auf der Basis von 0 und 1 (daraus entstand später die Aussagenlogik).
- *Claude Shannon*: bringt die Algebra in Verbindung mit Schaltkreisen (Schaltalgebra): wahre Aussagen 1 (führt Strom), falsche Aussagen 0 (kein Strom). Dieses Dualsystem geht bereits auf Leibniz zurück. Ein Schalter ist ein Gatter, das die Zustände 0 und 1 annehmen kann. Daraus lassen sich dann im Sinne der Boole'schen Algebra UND- und ODER-Schaltungen aufbauen. Diese nutzen das bereits vorliegende Prinzip von Flip-Flop-Schaltern: zwei gekoppelte Schaltkreise, die abwechselnd stromführend sind (insbesondere zum Zählen).
- *Alan Turing*: 1936 Postulat der logischen Maschine (Turing-Maschine). Annahme einer endlos langen Zeichenreihe, auf der sich ein Lesekopf bewegt (rechts oder links), der Kopf kann Zeichen schreiben, lesen, löschen. Die Maschine verfügt über einen Anfangszustand der Maschine mit einem Zeichen im Feld und braucht eine dreiteilige Anweisung: welches Zeichen im Feld, welcher nächste Zustand, nächstes Feld. Dadurch wird es möglich, Grundfragen der Berechenbarkeit zu untersuchen und zu entwickeln.

Stationen der Entwicklung der Datenverarbeitung

	Rechnen	Prozesse steuern	Daten verarbeiten	Speichern
4000 v.C.	Zahlzeichen			
1700 v.C.	Rechenbretter			
um 0			mechanische Zahlräder	
1623	Schickart: Beschreibung einer Rechenmaschine			
1643	Pascal: Rechenmaschine			
1673	Leibniz: Rechenmaschine			
1805		Jacquard: lochkartengesteuerter Webstuhl		
1820	industrielle Fertigung mechanischer Rechenmaschinen			
1822	Babbage: Entwurf einer programmgesteuerten Rechenmaschine			
1890			Hollerith: Volkszählungen mit Lochkarten	
1913			addierende und druckende Lochkarten	
1928	Lochkarten für wissenschaftliche Berechnungen			
1931				alphanumerische Lochkartenmaschinen
1936			schreibende Tabelliermaschinen	

Konrad Zuse

Die elektrisch getriebene Mechanik der Rechenautomaten schien in den 30er Jahren so ausgereift, dass Konrad Zuse gewarnt wurde, sich mit Rechenautomaten zu beschäftigen, weil da nichts mehr zu erfinden sei. Er tat es dennoch und baute 1936/8 die erste funktionsfähige Datenverarbeitungsanlage. Sie zeichnete sich bereits aus durch:
- Binärzahlen
- Reduzierte Operationen durch Boole'sche Algebra, umgesetzt in Schaltungen
- Programmsteuerung durch Lochstreifen
- Daten und Programmbefehle werden gleich behandelt, d.h. sie sind im gleichen Speicher.
- Der Programmlauf kann vom Ergebnis der Rechenoperation bestimmt werden.
- Teile von Befehlen können durch Berechnung automatisch ermittelt werden.
- Befehlsfolgen lassen sich maschinell erstellen.

Zuse basierte seine Schaltungen auf Relais, Howard Aiken basiert 1944 Mark I auf Drehwähler der Fernmeldetechnik.

Von Neumann-Architekturen

Bereits seit Babbage sind die Computer nach einem relativ identischen Grundprinzip gedacht worden, das man auch nach dem Mathematiker John von Neumann als „von Neumann-Architektur" bezeichnet:
- Der Rechner verfügt über eine *Zentraleinheit* (Central Processing Unit CPU), die die Vorgänge steuert (Steuerwerk), die Rechenoperationen nacheinander ausführt (Rechenwerk) und über verschiedene Register verfügt.
- Die aktuellen Daten werden in einem *Arbeitsspeicher* gehalten, der ein flüchtiger Speicher ist, d.h. in ihm werden Daten in Zellen gespeichert, an die Spannung gelegt ist. Fällt die Energieversorgung aus, sind sämtliche Daten gelöscht.
- Das Programm wird im Speicher abgelegt und von dort abgerufen (Speicherprogrammierung).

- Zur dauerhaften Speicherung von Programmen und Daten gibt es (mindestens) einen *Festwertspeicher* (derzeit häufig als Festplatte), der die Daten relativ dauerhaft speichert (meist durch Magnetisierung von Speicherplätzen).
- Die Kommunikation mit der Zentraleinheit und den Speichern geschieht mittels einer Reihe (unterschiedlicher) *Eingabe- und Ausgabeeinheiten* (Input-/Output-Einheiten).
- Der Computer verfügt über ein *Betriebssystem*, das das Zusammenwirken aller Einheiten ermöglicht. Die eigentlichen Aufgaben werden dann durch unterschiedliche *Anwendungsprogramme* ermöglicht.
- Die funktionalen Komponenten bilden die *Hardware*, die Programme die *Software*. Die Grenze ist in den Anlagen häufig fließend, wenn etwa Programmfunktionen fest verdrahtet/geschaltet werden.
- Damit die verschiedenen Einheiten zusammenwirken können, müssen sie miteinander Daten austauschen, d.h. sie bilden bereits ein *Netz* miteinander kommunizierender Einheiten. Dies geschieht derzeit meist in Form eines *Bus*, d.h. einer Datenverbindung, die nacheinander feste Punkte ansteuert und dort die Daten übergibt, die für die betreffende Einheit gedacht (d.h. für diese adressiert) sind.

4.2 Hardware

Generationen

In der Entwicklung der Computer sprach man über lange Zeit von Entwicklungsschritten in verschiedenen Generationen:

Erste Generation: Von den mechanischen Schaltern zu Elektronenröhren (ENIAC 1946), aber noch mit handverdrahteten Schaltungen.

Zweite Generation: Ab 1957 Transistoren als Schaltelemente, damit erste Miniaturisierung. Im Dezember 1947 wird die Entwicklung des Transistors von den „Bell Laboratories" vorgestellt (William Shockley, John Bardeen, Walter Brattain) – ein Halbleiterbauelement, das die elektronische Verstärkung anstelle der Elektronenröhre übernehmen kann und damit die erste Stufe des Siegeszugs des Computer einleitet.

Dritte Generation ab 1965: integrierte Bauelemente (*Integrated Circuits* IC) und Anfänge der Mikroprozessoren:
- Schritt 1: gedruckte Schaltungen (Leiterplatten)
- Schritt 2: Chips (Siliziumplättchen mit je einem Transistor)
- Schritt 3: Keramikplättchen mit Schaltgruppen, Module mit 11 mm^2
- Schritt 4: Unterschiedliche Bauteile werden nicht mehr auf verschiedenen Plättchen untergebracht, sondern in einer integrierten Schaltung (integrated circuit). 1962 gab es Chips mit 8 Transistorfunktionen, 1969 bereits mit 64 Schaltkreisen. Die Chips konnten nur die Funktion erfüllen, für die sie entworfen waren (festverdrahtet). *Chips*: kleine Halbleiterscheiben, in denen durch Fremdstoffe elektrisch positive bzw. negative Regionen geschaffen werden.
- Schritt 5: 1969 entwarf *Marcian Hoff (Intel)* für eine japanische Firma einen universellen Chip mit arithmetischen und logischen Schaltungen und einem Speicherchip, der das Programm vorhält. Daraus entsteht der *Mikroprozessor*: ein zentraler Prozessor-Chip mit vorprogrammiertem Speicher-Chip (Read Only Memory ROM) und einem Arbeitsspeicher (Random Access Memory RAM). Die Geschwindigkeit des Mikroprozessors hängt von der Zykluszeit des Arbeitsspeichers ab, d.h. der Zeit zwischen Beginn und Ende eines Speicherprozesses.
- Von der 3. Generation spricht man etwa bis hin zur Large Scale Integration.

Seit 1975 befinden wir uns in der *Vierten Generation*, die mit der Very Large Scale Integration (10^4 aktive Elemente auf einem 3 x 4 cm großen Chip, d.h. mehreren 100.000 Schaltern) beginnt.

In den 80er Jahren wurde aus Japan eine 5. Generation angekündigt, die sich nicht mehr durch neue Hardwarekonzeptionen sondern besonders leistungsfähige Software-Konzepte auszeichnen sollte (insbesondere durch Künstliche Intelligenz). Dieses Konzept konnte aber nicht realisiert werden. Seitdem wird auch die Zählung nach Generationen nicht weiter verfolgt.

Einige Komponenten

- Chips: nur das Plättchen
- Mikroprozessor: Logik + Speicherbausteine auf einer oder mehreren Platinen
- Mikrocomputer: Mikroprozessor + Peripherie
- ROM: Read Only Memory – Daten sind fest gespeichert vorgegeben, können nicht mehr geändert, sondern nur noch gelesen werden.
- PROM: Programmable ROM – erlauben dem Entwickler, die Programmierung teilweise zu verändern.
- EPROM: Erasable PROM – erlauben teilweise auch dem Benutzer das Überschreiben (d.h. Löschen und Neuschreiben) ursprünglicher Befehle.
- EEPROM: Electrical Erasable PROM – können auch vom Benutzer überschrieben werden (Flash Chips).
- RAM: Random Access Memories – wahlfreie Zugriffsspeicher, flüchtig.

Innere Organisation eines Mikroprozessors: Üblicherweise eine Menge von Zeichen, die auf einmal bearbeitet werden kann („Wörter"), je mehr, desto leistungsfähiger ist er. Ursprünglich 4 Bit-Wörter, d.h. nur Zahlen 0-15, jetzt schon 64 Bit.

Die Chip-Herstellung nähert sich verschiedenen Grenzen (vermutlich zwischen 10^6 und 10^7 Operationen). Die Einheiten und Leitungen müssen so dicht gepackt werden, dass für das Markieren der betreffenden Bereiche auf dem Chip Lichtstrahlen bereits zu „dick" sind, d.h. die Schaltungen nicht mehr mit Licht „gezeichnet" werden können, damit sie dann durch chemische Prozesse (Ätzen, Dotieren etc.) umgesetzt werden können. Daher ist man dazu übergegangen kürzere Wellenlängen einzusetzen (Ultraviolett, später sollen auch Elektronen- und Röntgenstrahlen eingesetzt werden). Zu jedem Logik-Element muss es Ein- und Ausgabekontakte geben (Leiterbahnen). Die Breite der Leiterbahnen ist inzwischen physikalisch nicht mehr verringerbar aufgrund von Erhitzung. Hier wird nach neuen Konzepten gesucht, die aber erst in Ansätzen absehbar sind wie:

- Laser-Computer/optischer Computer
- Kristallspeicher
- organische Bauelemente
- neue Werkstoffe (bis hin zum supraleitenden Computer)
- neue verbindungsreduzierende Architekturen
- Quantencomputer (Ausnützung von Quanteneffekten)

Derzeit wird im Bereich der Supercomputer aber eher das naheliegende Abgehen von einer Grundkomponente der „von Neumann-Architektur" umgesetzt, indem nicht nur eine Zentraleinheit verwendet wird, sondern mehrere (bis zu mehreren Tausend) Prozessoren zusammenwirken.

Massen/Festspeicher

Computer dienen dazu, Daten zu verändern. Sie sind Menschen in diesem Bereich vor allem dann überlegen, wenn entweder sehr viele Operationen an den Daten vorgenommen werden müssen (z.b. „rechnen") oder wenn sehr viele Daten bearbeitet werden können („Datenverarbeitung"). Viele Daten erfordern leistungsfähige Speicher zur dauerhaften Speicherung der Daten auf eine Art und Weise, dass sie vom Computer verarbeitet werden können (also binär).

- Es begann mit dem externen Speichermedium der *Lochkarten* (Lochung = 1), die mechanisch abgetastet wurden (80 Spalten, 12 Zeilen).
- Eine relativ kurze Zeit wurden zur Massendatenbearbeitung auch *Lochstreifen* verwendet (insbesondere als man begann, nicht nur Zahlen, sondern auch nichtnumerische Zeichen wie Buchstaben in größerem Umfang zu verarbeiten). Diese waren aus der Programmierung bekannt, aber eigentlich nur als Eingabemedium geeignet und daher nur kurz in Gebrauch.
- Die Nachfolge der Lochung von Papier trat dann auf breiter Ebene die Magnetisierung an. Für die computerinterne Festwertspeicherung wurde zunächst mit Magnettrommeln gearbeitet, dann mit Platten (Platten lassen sich mechanisch gut manipulieren; sie sind aufgrund ihrer großen Oberfläche für Lesearme gut zugänglich; da sie sich drehen lassen, können sie auch schnell und mit gleichbleibenden Geschwindigkeiten bewegt werden). Ende der 60er Jahre wurden 14 Zoll-Platten verwendet, die in Stapeln vorgehalten wurden. Der Plattenstapel hatte eine Speicherkapazität von 30 Megabyte und erinnerte damit an das legendäre Gewehr Winchester 30-30, so dass diese Technologie „Winchester-Technologie" genannt wurde. 1972 wurde dann die hermetisch gegen die Außenwelt abgeschlossene Festplatte entwickelt, deren Speicherkapazität ständig weiterentwickelt wurde (insbesondere durch dichteres Packen). Diese *Festplatten* erforderten eine spezifische Form der Speicherverwaltung (ein „Disk Operating System"), das zum Kern der PC-Betriebssysteme wurde.

- Für die *externe Datenspeicherung* etablierte sich auf magnetischer Basis zunächst das Magnetband als billiges aber langsam zu durchsuchendes Speichermedium (das auch heute noch verwendet wird, wenn große Datenmengen aufbewahrt werden sollen, bei denen das gezielte Zugreifen relativ selten ist, etwa bei „Streamern", die den Datenbestand von Festplatten regelmäßig kopieren und damit sichern). Für externe magnetische Speichermedien, die im Direktzugriff des Benutzers verwendet werden können und einen gezielten Zugriff auf einzelne Dateien ermöglichen, wurde ebenfalls das Plattenprinzip verwendet. Seit Anfang der 70er Jahre gibt es externe Speicherplatten mit zunächst relativ geringer Speicherkapazität im Format erst 8-, dann $5^1/4$- Zoll auf einem nicht ganz starren Kunststoffmaterial, von dem sie den Namen „floppy disc" erhalten. Ab 1987 wird ein geschützteres und starreres 3,5-Zoll-System verwendet (1,44 MByte), das noch immer Standard ist, aber bereits vor seiner Ablösung steht durch die ZIP-Technologie, in der Disketten mit 100 MByte Kapazität verwendet werden (bzw. einige alternative hochkapazitative Systeme, z.B. MO).
- Neben sich drehenden Platten gibt es auch feste Magnetspeicher in Kartenform, insbesondere die PC-Karten (früher PCMCIA).).
- Insbesondere für Palmtops (aber auch in der Magnetfotografie) etablieren sich *Flash-Chips* als nicht-flüchtige Speicher, die als Alternative zur Festplatte gelten können, weil sie keine mechanischen Laufwerke benötigen.
- Die Alternativtechnologie wird die *Lasertechnologie* sein, die sich bisher in Form der CD-ROM bereits als externes, aber vom Benutzer nicht mehr veränderbares Speichermedium etabliert hat. Die Inhalte werden bei der (massenhaften) Produktion festgeschrieben.
- Die CD-R wird technisch durch einen Laserstrahl großer Intensität „gebrannt" und inzwischen sind die „Brenner" so kostengünstig geworden, dass die Herstellung von diesen Speichern im CD-ROM-Format mehr und mehr in die individuelle Verfügbarkeit kommt.
- In der Technik der „Erasables", d.h. der Platten, auf denen mit Lasertechnologie Daten geschrieben, gelesen, gelöscht und wieder geschrieben werden können, sind derzeit magnetooptische Systeme im Einsatz, bei denen die Ausgangsaktivität vom Laserstrahl ausgeht, der ein Material, das sich durch Erwärmen magnetisieren lässt, magnetisiert.

Ein-/Ausgabemedien

In der Frühzeit waren Ein- und Ausgabemedien Lochkarten: Daten und Programme wurden auf Lochkartenstanzern auf Lochkarten gestanzt und diese in den Arbeitsspeicher eingelesen. Zur Ausgabe wurden wiederum *Lochkarten* gestanzt, die dann über eine Tabelliermaschine ausgedruckt werden konnten (damals wurden nur Zahlen verarbeitet, die nichtnumerische Datenverarbeitung begann zwar noch zur Lochkartenzeit, nutzte dann aber andere Medien). Eine weitere Ausgabeeinheit waren die Lichtsignale, die anzeigten, in welchem Arbeitszustand das System sich gerade befand. Lochstreifen waren vorübergehend eine andere Möglichkeiten bietende Ein- und Ausgabemöglichkeit.

Mit dem *Magnetband* wurde dann ein Medium eingeführt, das als großer externer Datenspeicher und damit auch als Eingabeeinheit zu Verfügung stand, das weniger empfindlich als Lochkarten war, weniger manuelle Zuarbeit erforderte, erheblich höhere Geschwindigkeiten zuließ und weniger Platz erforderte. Da es aber kein besonders geeignetes Eingabemedium war, waren für eine Zeit etwa an der Wende zur 3. Generation Lochkarteneingabe (zu der sich dann für spezielle Zwecke auch Belegleser gesellten), Magnetband und Schnelldrucker (als Endlosdrucker) die Standard-Konfiguration. Tastatur und Monitor waren zunächst nur im Gebrauch der Systemoperatoren. Heute ist die Menge der Ein- und Ausgabeeinheiten erheblich angewachsen, zum Standardrepertoire gehören etwa:

Eingabe
- Tastatur (keyboard) zur Daten- und Befehlseingabe
- Maus zur Befehlseingabe
- Audio-Eingabe-Kombinationen (Mikrofon, Audio-Digitalisierer)
- Video-Eingabe (Frame Grabber)
- Antenne und Tuner für Rundfunksignale
- Scanner als Pixel-Scanner oder mit zusätzlichen Zeichenerkennungsprogrammen zum Digitalisieren von Zeichen
- CD-ROM-Laufwerk zur Eingabe von Daten und Programmen
- PC-Karten (PCMCIA-Karten) zur Eingabe von Daten, insbesondere bei Laptops

Nicht zum Standardrepertoire des Universalcomputers gehören etwa spezielle Eingabegeräte aus dem Bereich Spiele (z.B. Joystick), Grafik (z.B. Grafiktablett) oder der Virtuellen Realität (z.B. data suit, data glove).

Ausgabe
- Monitor (Bildschirm) mit in der Regel Kathodenstrahlröhre (CRT), für Flachbildschirme in kleineren Geräten LCD (Liquid-Crystal Displays), alternativ auch LED (Light Emitting Diodes). Hierzu gehören auch die Zusätze, um bestimmte Ausgaben auf dem Bildschirm sichtbar zu machen, wie etwa die Grafikkarte. Für professionelle Einsätze sind inzwischen auch bereits Projektoren von Computer-Bildschirmen in Präsentationsumgebungen Standard. Für Kleingeräte (z.B. Pager) gibt es auch Kleinbildschirme mit aufgesetzter Lupe. Die Arbeiten an Flachbildschirmen, die generell die Röhrenbildschirme ersetzen könnten (d.h. auch für größere Formate) geraten derzeit gerade in Marktnähe.
- Audio-Ausgabe-Kombinationen (Lautsprecher, Synthesizer)
- Drucker der unterschiedlichsten Formen

Nicht zur Standardausrüstung gehören Ausgabeeinheiten für besondere Zwecke, etwa Filmbelichter (in der Filmproduktion und im professionellen Druckbereich), Großbildprojektionen (für größere Publika), computergesteuerte Maschinen zur Anfertigung dreidimensionaler Darstellungen (im Bereich des computergestützten Konstruierens) oder bewegliche Räume (in der Simulation und Virtuellen Realität).

Ein- und Ausgabeeinheiten
Einige funktionale Komponenten sind von ihrer Natur oder Konstruktion her gleichermaßen als Ein- oder Ausgabeeinheit verstehbar, etwa:
- Beschreib- und löschbare Wechselplatten („erasables"), also insbesondere die magnetischen Speicher („floppy discs") und ihre Nachfolger. Im weiteren Sinne gehören hier auch auswechselbare Festplatten dazu.
- Soundkarte, die 1. Digitale Sounddateien in analoge Signale für den Lautsprecher umwandelt, 2. Digitalisierung analoger Schallsignale vom Mikrofon vornimmt. Hier gilt z.Zt. insbesondere der MIDI-Standard (musical instrument digital interface).
- Modem zur Telekommunikation
- Berührungsempfindlicher Bildschirm (touch-screen), insbesondere in öffentlichen Benutzungssituationen

Einige Trends, die schon seit einiger Zeit wirken, sind:
- Miniaturisierung (auch im Hinblick auf stärkere Mobilität)
- Grafikfähigkeit (durch Ansprechen einzelner Bildpunkte = Pixel auf dem Bildschirm)

- Farbigkeit von Ein- und Ausgabe
- Ergonomie, z.B Bildschirmgröße, getrennte Aufstellung von Bildschirm und Tastatur, rutschhemmende Tastatur, genormte Bauhöhe der Tastatur, Kontrast auf dem Bildschirm, Leuchtdichte, Bildwiederholungsfrequenz, Konturschärfe, Vermeiden von Spiegelungen und Reflexionen, Reduktion der Strahlungsgefährdung (bei Kathodenstrahlröhren)
- Umweltbezug, z.b. Ernergiesparen (Bildschirmschoner), Recycelbarkeit
- individuelle und spielerische Oberfläche, z.b. Bildschirmschoner, Bildschirmhintergründe, individuelle Lautzeichen, Assistenten.

Komplexitätsebenen

Mikrocontroller (embedded systems): Einplatinencomputer, die in der Regel in elektronisch gesteuerte Geräte eingebaut werden, d.h. also nicht für sich selbst stehen, sondern Komponenten komplexerer Technologien sind (insbesondere Autos).

PC-Einplatzsysteme, d.h. universelle (für eine Reihe sehr unterschiedlicher Aufgaben einsetzbare) Computer, die zu einer Zeit einem Benutzer zur Verfügung stehen. Aufgrund der immer noch zunehmenden Möglichkeiten, diese Anlagen auch auf die Arbeitsweisen und Vorlieben der jeweiligen Person einzustellen (Voreinstellungen, insbesondere im Rahmen der grafischen Benutzerschnittstellen „graphic user interface – GUI"), spricht man auch vom „personal computer" – PC. Ausschlaggebend für diese Konzeption war, dass mit den magnetischen Festplatten auch leistungsfähige und billige Speicher verfügbar waren. Historisch gesehen waren die ersten dieser Anlagen die Macintosh-Computer der Firma Apple, denen dann IBM unter dem Schlagwort „personal computer" ein anderes Konzept mit dem Microsoft-Betriebssystem MS-DOS (Microsoft-Disk Operating System) entgegensetzte. Da IBM den Kern des Systems, das BIOS (basic input output system) und die Hardware-Schnittstellen veröffentlichte, kam es weltweit zu vielen Nachbauten („Klons"), wodurch das Betriebssystem MS-DOS faktisch zum Betriebssystemmonopol dieser Klasse wurde (mit Ausnahme der Apple-Produktreihe). Auf MS-DOS setzt die teilweise von dem Vorbild der Macintosh-Benutzeroberfläche inspirierte Microsoft-Betriebssystemfamilie „Windows" auf.

PC´s werden in unterschiedlichen Größenklassen angeboten:
- Als Normalform „*Desktop*", d.h. ein Gerät, dessen Input-Output-Einheiten (Monitor, Tastatur, Maus) weitgehend auf dem Schreibtisch des Benutzers lokalisiert werden (die Zentraleinheit mit ihren Ergänzungen heute meist als Tower unter dem Schreibtisch).
- Als immer mehr verbreitete Zweitform der „*Laptop*", der fast alle oder alle Einheiten in einem transportablen Gehäuse zusammenfasst, das durch Akkus auch zeitweilig stromnetzunabhängig ist und demzufolge für den mobilen Einsatz gedacht ist (und im Prinzip auf dem Schoß – „lap" – gehalten werden kann). In einigen Fällen können Laptops über Andockstationen direkt an Desktops angeschlossen werden.
- Als Grenzform zu den kleineren Einheiten der spezialisierten elektronischen Geräte (wie Notizbücher, Übersetzungshilfen, Terminkalender) die „*Palmtops*", („handheld computer") die so dimensioniert sind, dass sie auf der Handfläche – „palm" – gehalten werden können. Bei ihnen bereiten naturgemäß Ein- und Ausgabekomfort einige Schwierigkeiten.

Workstations sind in der Regel auch als Einplatzsysteme konzipiert, aber nicht für den Universaleinsatz gedacht, sondern für besonders aufwendige Operationen wie Bilddatenverarbeitung, Computergestütztes Konstruieren. Sie verfügen daher in der Regel nicht über „normale" universell ausgestaltete Prozessoren, sondern Prozessoren, die etwa besonders auf Rechengeschwindigkeit ausgerichtet sind (z.B. als Reduced Instruction Set Computer RISC, derartige Prozessoren werden aber in den letzten Jahren auch bereits zunehmend auf PC-Ebene eingesetzt, so dass sich die Unterscheidung von PC und Workstation immer mehr verschiebt) oder spezielle Programmfunktionen bereits in die Hardware integriert haben (etwa im Bereich der Künstlichen Intelligenz). Für sie haben sich als meist verbreitetes Betriebssystem UNIX und deren Dialekte und Derivate durchgesetzt.

Server sind PCs oder Workstations, die spezielle Aufgaben in Netzen für den Netzbetrieb oder die angeschlossenen Einheiten übernehmen. Das Betriebssystem UNIX ist hier inzwischen häufig von der Microsoft-Betriebssystemfamilie abgelöst worden (insbesondere Windows NT), der allerdings in den letzten Jahren das kooperativ und firmenungebundene System *Linux* Konkurrenz macht (das auch zu einer Konkurrenz für Windows im PC-Bereich werden kann).

Mehrplatzsysteme, auch „mittlere Datentechnik" genannt, haben eine Zeitlang in der betrieblichen Datenverarbeitung dominiert (insbesondere eine

Domäne des seinerzeitigen Computer-Pioniers Heinz Nixdorf). Hierbei waren mehrere bis viele Terminals an einen zentralen Computer angeschlossen, der eine begrenzte Menge von Funktionen bereitstellte. Diese Ebene wird heute zunehmend durch *LAN* (local area network) und *Client-Server-Systeme* abgelöst, also nicht mehr durch eine spezialisierte Hardware, sondern durch Vernetzung von funktional gekoppelten Einheiten.

Mainframes als der Prototyp der Computer bis zur Entwicklung des Personal Computer sind die universellen großen Zentralcomputer, die massenhaft meist hochstrukturierte Daten (etwa Kontenbewegungen) häufig in Realzeit bei Tausenden von angeschlossenen Zulieferern verarbeiten. Sie verfügen über extrem große und schnelle Arbeitsspeicher, häufig inzwischen mehrere parallel arbeitende Prozessoren („Cluster", „Parallelverarbeitung") und eigene Betriebssysteme.

Schließlich gibt es noch die *Supercomputer* für die immensen Rechenaufgaben etwa der Wettervorhersage, Raumfahrt oder Nukleartechnik („number cruncher"). Sie entfernen sich immer mehr von den klassischen „von Neumann-Architekturen" durch spezielle Prozessoren (etwa Vektorprozessoren), zeitsparende Verarbeitungsverfahren (etwa „pipelining", bei dem Unteraufgaben durch spezielle dafür geeignete Prozessoren abgearbeitet werden) und massive Parallelverarbeitung.

Netzeinbindung

Ursprünglich standen Computer in eigens für sie gebauten Gebäuden mit Klimaanlage (wegen der Wärmeentwicklung und Staubempfindlichkeit), zu denen die eigentlichen Benutzer keinen Zugang hatten, sondern nur die Systemoperatoren. Wer etwas wollte, gab seine Unterlagen ab und erhielt irgendwann etwas zurück („*closed shop*"). Diese Organisation gibt es auch heute noch dort, wo über die Vernetzung eines Computers das Eindringen von unautorisierten Benutzern katastrophal wäre.

Ab 1972 entwickelte sich die Datenfernverarbeitung in einer ersten Stufe, in der über Kabel Bildschirme und Tastaturen („Terminals") an die Zentralanlage angeschlossen wurden, der sie Eingabedaten liefern konnten und von der sie dann Daten erhielten („*Host-Terminal-System*"). Voraussetzung war, dass die Zentraleinheiten mehrfachverarbeitungsfähig wurden („time sharing"), d.h. dass in praktisch gleichen Zeiteinheiten (in den Dimensionen der menschlichen Benutzer) mehrere Benutzungsvorgänge gleichzeitig ablaufen konnten. Diese Organisationsform gibt es auch heute noch (etwa Kontoauszugsdrucker).

Mit der Entwicklung der Mikroprozessoren konnte aus den „dummen Terminals", die im wesentlichen nur Außenbildschirme des zentralen Hosts waren, intelligente Terminals werden, die eigene Funktionen und Ausstattungsmerkmale erhalten konnten. Mit der Entwicklung von Personal Computern ergab sich häufig die Notwendigkeit, dass diese über Netze auf Hosts zugreifen wollten. Diese mussten dann entsprechende Terminals „emulieren", d.h. so tun als wären sie ein bestimmtes Terminal (das verbreitetste war IBM 3270).

Davon zu unterscheiden war das Bedürfnis ebenfalls ab Beginn der 70er Jahre Computer miteinander in Verbindung treten zu lassen, insbesondere um ungenützte Ressourcen zu nutzen (wenn ein Rechner über Nacht wenig genutzt war, konnte er von einer anderen Zeitzone aus genutzt werden), um große Datenmengen schnell und sicher zu transportieren (und nicht mit gegen ungewollte Magnetisierungen zu schützenden riesigen Magnetbandtrommeln durch die Gegend zu reisen). Dazu entstanden neben den analogen Telefonnetzen spezielle *Datennetze* (die allerdings auch von Host-Terminal-Systemen genutzt werden konnten).

Es entstand das Problem, dass unterschiedliche Nutzer zu unterschiedlichen Zwecken über Datenleitungen miteinander kommunizieren wollten und möglichst wenig damit zu tun haben wollten, wie und worüber, mit welchen Protokollen und Schnittstellen dieser Transport vollzogen wird. Dies steckt in der – bisher nur teilweise realisierten – Forderung nach *„Open Systems Interconnection"*.

Mit dem Aufkommen der Personal Computer schwoll bei Verbesserung der Netzkommunikationsmöglichkeiten die Menge der prinzipiell kommunikationsfähigen Computer drastisch an. Es entstand die Notwendigkeit, für viele gleichberechtigte Rechner Kommunikationsmöglichkeiten zu schaffen („*peer-to-peer-communication*"). Dies war insbesondere innerhalb der Unternehmen notwendig, so dass sich neben den Netzen, die zunächst die Mainframes miteinander verbanden in den Unternehmen *lokale Netzwerke* (LAN Local Area Network) entwickelten, in denen alle Teilnehmer gleichberechtigt waren.

Dies erwies sich aber – insbesondere in den Bereichen der Unternehmenskommunikation – nicht immer als beste Lösung, da jede Station dann autark und gleich ausgestattet sein musste (etwa mit einem in den 80er Jahren noch sehr teuren grafikfähigen Laserdrucker oder mit aller auch nur gelegentlich benötigten Software). Es entwickelte sich daher zu Beginn der 90er Jahre als flexibleres Konzept das des „*Client-Server-Systems*": Die einzelnen Stationen sind zwar grundsätzlich selbständig, nutzen aber für bestimmte Funktionen – große Datenbanken, wenig genutzte Software, Kommunikationsdienste, Zugriff auf aufwendige Ausgabeeinheiten u.ä. – eine gemeinsame Anlage. Sie nutzen als „clients" den „server".

Dies erscheint in letzter Zeit auch noch an vielen Stellen zu viel Autarkie aufzuweisen. Mit zunehmender Leistungsfähigkeit der Netze und der Prozessoren wird es tendenziell möglich, auch Einheiten herzustellen, die letztlich über keine eigene Festplatte mehr verfügen, sondern praktisch alle Software von anderen Rechnern aus dem Netz geliefert bekommen, an die sie auch Daten, die sie aufnehmen, abgeben können, wobei etwa ein spezieller Speicherserver ihre Daten vorhält. Solche Netzwerk-Computer wären nicht nur tendenziell relativ billig, sondern auch wieder – im Unterschied zu den PC´s – gut kontrollierbar: keine Spiele, keine unkontrollierten Pornosurfeskapaden, keine geheimen Datenbasen im Betrieb, keine unkontrollierte Virenzufuhr, etc. Damit wäre man beinahe wieder an den entsprechenden Stellen in die Terminal-Zeit zurückgekehrt.

4.3 Anwendungen

Entwicklung der Anwendungsformen

- In der ersten und zweiten Generation dienten die Rechner tatsächlich vor allem zum Rechnen bzw. der Datenverarbeitung in Form der – meist rechnerischen – Zusammenfassung von Daten aus einzelnen Datensätzen (etwa in Form von Tabellen).
- In der dritten Generation traten im Datenverarbeitungsbereich hinzu die verschiedenen Formen der „Informationsverwaltung" (erste Datenbanken, Buchungssysteme, erste Realzeitvorgänge) sowie die Erweiterung der Verarbeitungsfähigkeiten der Anlagen auf nichtnumerische Daten, d.h. insbesondere zunächst Textverarbeitung.

- In der vierten Generation wurden die verarbeitbaren Datentypen erweitert – Sprachverarbeitung, Bildverarbeitung, Multimedia; es wurden die Datenbanken weiterentwickelt zur „Wissensverarbeitung"; die Bearbeitungsintensität der Daten wurde in Richtung Künstlicher Intelligenz entwickelt und die Anlagen wurden für Aufgaben außerhalb ihrer selbst eingesetzt, etwa in Form der Steuerung von Kommunikationsnetzen, aber auch in den unterschiedlichen Bereichen der Prozesssteuerung und Robotik.

„Intelligenz"

Generell wird davon geredet, dass die Computer im Laufe der Zeit immer „intelligenter" geworden seien. Damit sind meist die folgenden Aspekte gemeint:

Die Maschinen verfügen über mehr *„informationstechnische Intelligenz"*, d.h. sie haben Möglichkeiten, flexibel zu sein, sich auf Benutzerwünsche einzustellen, selbständiger zu sein. Darunter kann man etwa verstehen:
- Zeitpunktunabhängigkeit, d.h. die betreffende Einrichtung ist nicht an einen bestimmten Zeitablauf gebunden, wenn sie aktiviert wird, sondern kann in Abhängigkeit von bestimmten Eingaben Sequenzen von Aktivitäten ausführen.
- Speicherfähigkeit, d.h. die Einrichtung ist nicht wie der Prototyp der mechanischen Einrichtung zu einem Zeitpunkt nur in einem bestimmten Zustand, sondern kann auch auf vergangene Zustände zugreifen.
- Wahrnehmungsfähigkeit, d.h. die Einrichtung ist in der Lage, einzelne Sequenzen von Aktivitäten nicht in einer festen Abfolge durchzuführen, sondern in Abhängigkeit von bestimmten Wahrnehmungen selbst zu starten und zu stoppen.
- Kontrollfähigkeit, d.h. die Einrichtung ist in der Lage, in Bezug auf ihre Wahrnehmung Interaktionen zu produzieren, die andere Einrichtungen zu Aktivitäten veranlassen.
- Kommunikationsfähigkeit, d.h. die Einrichtung ist in der Lage, differenzierte Meldungen nach außen zu geben.
- Diagnostikfähigkeit, d.h. die Einrichtung ist in der Lage, Abweichungen vom von ihr erwarteten Verhalten zu registrieren und differenziert kundzutun.

- Varietätsfähigkeit, d.h. die Einrichtung ist nicht nur für eine spezifische Aufgabe eingerichtet, sondern kann unterschiedliche Aufgaben übernehmen.
- Mehrfachverarbeitungsfähigkeit, d.h. die Einrichtung kann – bezogen auf die menschliche Zeitwahrnehmung – mehrere unterschiedliche Aufgaben zur gleichen Zeit durchführen.

Es gibt seit einiger Zeit (als Konzept seit 1956 mit der Dartmouth-Konferenz, praktisch aber erst in der 4. Generation) das Gebiet der „Künstlichen Intelligenz" (KI), in dem man versucht, Computer an Aufgaben heranzuführen, zu deren Bewältigung man lange Zeit „menschliche Intelligenz" als unverzichtbar angesehen hat. Menschen verfügen als Handlungssysteme offensichtlich über viele Freiheitsgrade, diese Flexibilität setzen sie ein, um Probleme, für die es etwa konkurrierende Lösungswege gibt, zu bewältigen. Grundsätzlich beschreitet man hier zwei verschiedene Wege:

Man versucht, menschliche Erfahrungen und Verhaltensweisen auf Digitalcomputer zu übertragen, also intelligentere *Zeichenmanipulationsverfahren* zu finden. Intelligenz wird hier gewissermaßen als eine Software-Eigenschaft definiert, die dann auch zu neuen Software-Ansätzen (etwa Objektorientierung) führt. Wichtige Elemente dieser Entwicklung sind:
- Aufbau von logischen Schlussweisen und Kalkülen
- Verwendung von Strategien und Heuristiken
- Nachbildung von Wissensstrukturen
- Orientierung an Objekten statt an Datenformaten

Für die Entwicklung spielen Interaktionen zwischen Kognitionswissenschaft und Informatik eine wichtige Rolle: Man stellt Hypothesen darüber auf, wie Menschen ein Problem lösen und versucht dann, diese Lösungsform zu programmieren (Kognitionswissenschaft). Dieses ist der Weg, der überwiegend innerhalb der Informatik beschritten wird.

Auf der anderen Seite orientiert man sich an der Funktionsweise der Intelligenz-Hardware, also des Gehirns, das als „neuronales Netz" aufgefasst wird. Für bestimmte Aufgaben kann man – im Vergleich zum Gehirn sehr einfache – neuronale Netze aufbauen und sie auf die Lösung einer Aufgabe hin trainieren (z.B. Mustererkennung). *Neuronale Netze* sind streng genommen keine Computer, werden aber in Zukunft in Hybrid-Systemen wohl wichtige Rollen spielen können.

Einige Schwerpunkte der Künstlichen Intelligenz sind etwa:
- *Sprachverarbeitung* mit Fragen wie semantische Sprachverarbeitung (Sprachverstehen): Bewältigung von Mehrdeutigkeiten, Kontextsensitivitäten, Repräsentation von Grammatik; Übersetzung von Texten; Spracherkennung: phonologisch, morphologisch, lexikalisch, syntaktisch, semantisch, sprecherabhängig/sprecherunabhängig, kontextsensitiv; Sprachsynthese; Spracheingabe
- *Bildverarbeitung* (stehende/bewegte) mit Fragen wie Bilddigitalisierung und -komprimierung; Bilderkennung (Mustererkennung, Bewegungsidentifikation); semantische Bilderkennung; Produktion von 3-D-Grafik; Animation; bildliche Such- und Retrievalsysteme; Bilddokumentation
- *Wissensverarbeitung* mit Fragen wie Wissensstrukturen; Schlussverfahren (insbesondere mehrwertige); unterschiedliche Wissensformen (vages, unklares, allgemeines, implizites, prozedurales); Heuristiken, Strategien; Problemlösungssysteme
- *Robotik* mit Fragen wie Bewegung in mehreren Achsen; Sensorik
- *Automatische Programmierung*
- *Maschinelles Lernen*
- *Virtuelle Realität* als Versuch, Menschen so realistisch wie möglich in computergenerierte Realitäten einzubinden. Dabei spielen Fragen eine Rolle wie Gewinnung von Benutzerdaten (Datenhandschuh, Datenanzug, Bewegungssensorik, Augensensorik); realistische Ausgaben (3-D-Wahrnehmung, Gleichzeitigkeit mehrerer Sinne, Projektion in den Raum etc.); realistische Bildproduktion (3-D, Fraktale, Raumwahrnehmung).
- *Spiele*, z.B. mit hohem Rechenaufwand oder Mehrpersonenspiele in Realzeit

4.4 PC-Grundlagen

Grundsätzlich ist ein Personal Computer ein *Einplatzsystem*, das inzwischen die Möglichkeit bietet, viele individuelle Einstellungen vorzunehmen. Daher ist er tatsächlich ein „persönlicher" Computer.

Das *Basis-Betriebssystem* ist immer noch MS-DOS (und einige seiner Begrenzungen werden immer noch mitgeführt), das aber kaum noch jemand als solches verwendet, da darüber eine viel komfortablere Oberfläche in Form von „Windows" gelegt wurde (die allerdings immer noch – etwa bei Windows 95 – mit DOS arbeitet). Auch Windows ist ein Quasi-Standard, so dass praktisch alle Anwendungsprogramme von unterschiedlichen Herstellern verwendbar sind.

Aber: Alle Programme werden in kurzen Abständen korrigiert, weiterentwickelt und verändert, so dass nicht immer Kompatibilität zwischen den Daten in den verschiedenen Versionen gesichert ist. Die Kompatibilität kann auch unterschiedlich angelegt sein:

- Aufwärtskompatibilität: Daten/Programme einer früheren Version sind auf der nachfolgenden Version verwendbar.
- Abwärtskompatibilität: Daten/Programme einer neuen Version sind auch auf einer älteren Version verwendbar.
Kompatibilität muss aber nicht heißen: vollständig (da Datenstrukturen transformiert werden, kann immer etwas verlorengehen oder nicht weitergereicht werden), immer und risikolos.

PC-Angaben (wie überhaupt in vielen Bereichen der neuen Technologien) werden in der Regel in *Byte* angegeben. 1 Byte ist die standardisierte Grundeinheit, die eingeführt wurde, um Ziffern, Buchstaben und Sonderzeichen in einem Codierungssystem zusammenzufassen. Ein Byte umfasst 8 Bit und kann damit $2^8 = 256$ verschiedene Möglichkeiten codieren (die in einer Standardcodierung des ASCII – American Standard Code for Information Interchange – festgelegt sind; eine Alternative Codierung wird in Windows verwendet, der ANSI-Zeichensatz – American National Standards Institute). Die Mengeneinheiten werden nicht dezimal berechnet, auch wenn sie so klingen, sondern orientieren sich an der dualen Berechnung 2^n, etwa

- 1 Kilobyte (KByte) = 2^{10} = 1.024 bit (ca. 10^3)
- 1 Megabyte (MByte) = 2^{20} = 1.024 KByte = 1.048.576 bit (ca. 10^6)
- 1 Gigabyte (GByte) = 2^{30} = 1.024 MByte = 10.737.418 bit (ca. 10^9)

In der letzten Zeit werden aber gelegentlich auch unter den gleichen Bezeichnungen dezimale Werte verwendet. Gelegentlich werden Angaben auch nicht in Byte sondern in Bit gemacht (Kbit, Mbit, Gbit), bei der Angabe „MB" kann es sich um Byte oder um Bit handeln. Hier ist also immer genau hinzuschauen.

Die *Wortlänge*, d.h. die Menge der in einem Schritt verarbeitbaren bit ist z.Zt. in einem Umstellungsprozess begriffen von 32 auf 64 bit.

Die *Taktfrequenz* (d.h. die Menge der Speicheroperationen in einer Sekunde) wird in Megahertz MHz angegeben. 200 MHz (gegenwärtig ein mittlerer Wert) bedeuten 200.000.000 Speichervorgänge/Sekunde. Diese finden jedoch nicht in diesem Umfang statt, da viele Befehle mehrere Operationen umfassen.

Die Taktfrequenz ist eine Maßzahl der Arbeitsgeschwindigkeit, wichtig für die Arbeitsgeschwindigkeit ist aber auch die Größe des Arbeitsspeichers RAM, da sich die Geschwindigkeit deutlich verringert, wenn der Arbeitsspeicher ausgelastet ist. Aufgrund der immer mehr RAM-Kapazität in Anspruch nehmenden Software (die ja immer zumindest teilweise im RAM vorgehalten werden muss) wachsen die Anforderungen an RAM-Kapazität ständig, so dass gegenwärtig bereits 32 Mbyte RAM nicht unbedingt ein Luxus sind. Häufig wird der „normale" RAM noch entlastet durch einen zweiten Cache-Speicher (auch „virtueller Speicher": ein kleiner, für die CPU schnell erreichbarer Speicher, auf dem häufig benötigte Daten gespeichert werden mit 8 – 256 KByte Kapazität).

Bedürfnis nach *Festplatten-Kapazität* ist ebenfalls wegen der Ansprüche von Betriebssystem (insbesondere die neuesten Windows-Versionen) und Anwendungssoftware sowie der Zunahme an speicheraufwendigen Grafik- und Bildverarbeitungsaufgaben stark angewachsen. Für PC ist heute die Spanne von mehreren 100 MByte aufwärts erforderlich und reicht bereits in den GByte-Bereich hinein.

Für die *Arbeitsgeschwindigkeit* ist nicht nur die Taktfrequenz wichtig, sondern auch die Kapazität der internen Kommunikation. Das interne Netz ist durch Busse organisiert: einen Daten-, einen Adress- und einen Kontrollbus. Jede Leitung überträgt ein bit, die Busbreite ist die Menge der parallelen Leitungen. Inzwischen nicht mehr den letzten Stand darstellende Busse waren etwa ISA (Industry Standard Architecture) mit 16 bit und 8-12 MHz und PCI (Peripheral Components Interconnect) mit 64 bit und 66 MHz.

Für die Ein- und Ausgabeeinheiten gibt es zwei verschiedene *Übertragungsmöglichkeiten:*
- Serielle Übertragung (bit nach bit über eine Leitung, dauert lange, erfordert wenig Raum)
- Parallele Übertragung (viele Leitungen parallel).

Für beide Wege sind in der Regel mehrere Schnittstellen notwendig, um die entsprechenden Peripheriegeräte anschließen zu können.

Als *Monitor* hat sich im Desktop-Bereich die Kathodenstrahlröhre etabliert, die im Unterschied zum Fernsehgerät mit einem Farb-Ganzbild und einer Frequenz von meist 70 Hz beliefert wird. Für längerdauernde Anwendungen sind 17 Zoll ergonomisch vorgeschrieben. Gängige Auflösungen reichen von 640 x 480 Bildpunkten bis zu 1.600 x 1.200 Bildpunkten. Die Farbtiefe hängt vom PC sowie den eingesetzten Grafikkarten ab. Eine übliche Farbtiefe von 24 bit liefert 16,8 Mio Farbtöne.

Als multimediale Zusatzkomponenten haben sich etabliert:
- Grafikkarte
- Soundkarte
- Lautsprecher
- CD-ROM-Laufwerk
- Radiokarte
- Fernsehkarte
- Videokarte
- MPEG-Decoder.

5. Multimedia

5.1 Kriterien

Unschärfe-Ebenen

„Multimedia" ist das Schlagwort, das gewissermaßen als Erklärung und Untermauerung eines anderen Schlagwortes, das der „Informationsgesellschaft", verwendet wird, gelegentlich auch synonym dazu. Daher ist es – auch wenn es in der Entwicklung relativ eingegrenzt werden konnte – in der allgemeinen Diskussion ein sehr unscharfer Begriff, der auf mindestens vier Ebenen verwendet wird:

- Ebene (1) der gemeinsamen Verwendung von unterschiedlichen Datentypen in Aufgaben, die der Computer bearbeitet (vorzugsweise im stand alone-Modus, also nicht vernetzt).
- Ebene (2) der Erstellung von transportorientierten Medien, die im Invidualgebrauch abgespielt werden können und unterschiedliche Rezeptionsformen ansprechen können (also auch eher auf entsprechenden Laufwerken in stand-alone-Konfigurationen mit Computerfähigkeit und multimedialen Ausgabemöglichkeiten).
- Ebene (3) der Integration von unterschiedlichen Datentypen in multifunktionalen (digitalen) Netzen (den Nachfolgern von Daten- und Telefonnetzen), deren unterschiedliche Dienstleistungen über eine Netzzugangskonfiguration abgerufen werden können – also die Tendenz, unterschiedliche Datentypen über das Internet oder ähnliche Netze miteinander zu integrieren oder zumindest empfangsmäßig zusammenzuführen. Dies ist etwa die Ebene, die man bisher als „Telematik" (Integration von Telekommunikation und Computer) bezeichnet hat.
- Ebene (4) der Tendenz der Digitalisierung des Rundfunks, die in Konsequenz die bisherigen analogen Rundfunknetze in eine Integrationsbewegung mit den digitalen Daten- und Telefonnetzen treiben wird, so dass tendenziell ein multifunktionales Netz gedacht wird, auf dem alle möglichen unterschiedlichen Dienste, Medien, Datentypen angeboten und abgenommen werden können. Dies wird meist als „Konvergenz"

bezeichnet – das Konvergieren von Telefon-, Daten- und Rundfunknetzen (einige Leute verwenden dafür auch den Ausdruck „Mediamatik").

Multimedialität durch Datentypen

Als Datentypen, die in Multimedia zusammenwirken, werden meist diejenigen verstanden, die auf unterschiedliche Wahrnehmungs- und Kommunikationspotentiale des Menschen ansprechen und aufgrund dieser biologisch-physikalischen Unterschiede auch eine jeweils unterschiedliche technische Tradition gehabt haben:

- *Text* – als Menge von im Prinzip diskreten Zeichen aus einem Zeichenrepertoire, aus denen Nachrichten zusammengesetzt sind, denen ein Interpretant eine darin encodierte Botschaft entnehmen kann. Hier sind inzwischen meist auch Tabellen- und (begrenzt) Grafikfunktionen integriert.
- *Ton* – Schallwellen im Erkennungsbereich des menschlichen Ohres
- *Einzel/Standbild* – dem visuellen menschlichen Erkennungsvermögen zugängliche – also sichtbare – zweidimensionale Phänomene mit Farben und Formen, die in der Fläche durch einen Rand begrenzt sind.
- *Grafik* – visuelle Darstellungen, die überwiegend nicht pixelweise sondern über mathematische Funktionen generiert sind (etwa Vektorgrafik). Hier können auch zunehmend Bewegtbildgrafiken (*Animationen*) realisiert werden
- *Bewegtbild* – Folgen von Einzelbildern, die, wenn sie mit einer dem menschlichen Auge entsprechenden Geschwindigkeit nacheinander gezeigt werden, dem menschlichen Betrachter den Eindruck einer Bewegung vermitteln).
- *audio-visuelle Darstellungen* – Bewegtbilder mit begleitendem Ton, der zu der Bewegtbildsequenz auf eine angemessene Art und Weise synchronisiert ist; seltener ist die Synchronisierung in der umgekehrten Richtung.
- *Daten im engeren Sinne* – Repräsentationen von Sachverhalten, die derart strukturiert und formatiert sind, dass man über viele ähnliche Daten hinweg Operationen vornehmen kann, die in den medialen Prozess neue, d.h. nicht von vornherein eingeplante Komponenten einbringen.
- Neue Datentypen entstehen mit der Realisierung von *Dreidimensionalität* wie etwa dem räumlichen Klang und dem 3D-Bild (ohne Brille). Diese unterschiedlichen Voraussetzungen werden zwar durch Digitali-

sierung ineinander integrierbar und zusammenführbar, aber nicht aufgehoben, so dass die Digitalisierung auf der Ausgabeseite auch wieder an die unterschiedlichen Wahrnehmungskanäle des Menschen angepasst werden muss.

Interaktivität

Die Vielfalt der Datentypen ist das Merkmal, das „Multimedia" wohl eher den Namen gab, meist wird jedoch als zweites Merkmal, das ebenso unverzichtbar sein soll, „Interaktivität" eingebracht. Damit soll der Tatsache Rechnung getragen werden, dass es die Mischung verschiedener Datentypen für menschliche Rezipienten schon immer gegeben hat: die menschliche Wahrnehmungswelt ist – sieht man von einigen Fällen von schweren Behinderungen ab – definitionsgemäß „multimedial" und die ersten „Medien" waren daher auch „multimedial" (etwa Spiele, Gottesdienst, Jahrmarkt, Theater). Erst die technischen Medien wurden „mono-medial" in dem Sinne, dass sie zunächst (und bis heute) nur einen Sinn (und meist nur einen Datentyp) ansprachen: Presse, Fotografie, Telegraf, Telefon, Schallplatte, Stummfilm, Hörfunk. Erst Tonfilm und Fernsehen wurden analoge „multimediale Medien", dies aber auch weit vor der digitalen Multimedialität.

„Interaktivität" ist zwar eine häufig erhobene Forderung, über ihre Definition gibt es aber ebenso wenig Einigkeit wie über die Spannbreite des Verhältnisses zwischen zwei Akteuren, auf die das Konzept angewendet werden kann. Das könnte das Neue sein, das „Interaktivität" einbringt – bis heute war „Medium" eigentlich immer aus der Benutzungssicht kein Akteur, der dem Benutzer gleichgewichtig wäre. Der Benutzer hatte immer mehrere Optionen, was er als nächstes tut; das Medium hat, wenn es einmal da ist, keine Optionen mehr, es bietet sich an oder spielt sich ab. „Interaktivität" legt nahe, dass nicht nur der Benutzer seine Optionen hat, sondern auch das Medium – das klassische Medium bleibt so wie es ist, unabhängig von seiner Benutzung, das interaktive Medium ist durch die Interaktion ein jeweils anderes. Wenn man Interaktivität so versteht, dann sind allerdings die zahllosen Radiosendungen, in denen Zuhörer anrufen müssen, damit das Programm stattfindet, auch höchst interaktiv, ohne digital zu sein.

„Interaktivität" ist ein Kriterium, das insbesondere auf der Ebene (2) diskutiert wurde, aber eine Zeitlang auch in Ebene (4) eine Rolle gespielt hat – so wurde etwa 1995 der Vorgang der Digitalisierung des Fernsehens in den Massenmedien meist mit dem Schlagwort „interaktives Fernsehen" belegt. Darunter konnte sich aber kaum jemand etwas anderes vorstellen als Filme, in denen die Zuschauer entscheiden konnten, wie sie weitergehen. Entsprechende Experimente waren aber nicht nur sehr teuer, sondern auch ziemlich ernüchternd, weil daran nicht viel Vergnügen gefunden wurde.

Hypermedialität

Ein drittes Kriterium für Multimedia wird nicht ganz so intensiv vertreten, weil es streng genommen auch gar nicht im Zusammenhang mit Medien oder unterschiedlichen Datentypen entstanden ist, sondern eigentlich aus textuellen und Datenzusammenhängen entstanden ist (als Apples „Hypertext"). Das Prinzip ist ansatzweise aus Bibliothekskatalogen und Registern bekannt als „siehe auch-Verweisung", d.h. die Verweisung des Benutzers eines Mediums von einer Stelle, an der er sich befindet, an eine andere Stelle, die möglicherweise auch einschlägig ist. Logisch heißt das, dass in Repräsentationen (von Daten, Wissen, Sachverhalten ...) Einheiten abgegrenzt werden, die auf eine bestimmte Weise in sich geschlossen sind, so dass von ihnen oder zu ihnen verwiesen werden kann. Dies ist dann technisch so zu realisieren, dass man dieser Verweisung folgen, aber auch wieder seinen Weg zurückbeschreiten kann, dass man neuen Verweisungen folgen kann, ohne seinen Weg vollständig zu verlieren („lost in hyperspace").

Das ist insbesondere durch das „hypertext transfer protocol http" zum Übertragen von HTML-Seiten (die Seitenbeschreibungssprache „hypertext markup language") im WWW (World Wide Web) und dessen Zusammenwirken mit entsprechenden Internet-Browsern realisiert. „Hypermedialität" ist vor allem das Kriterium, das auf der Ebene (3) eine Rolle spielt.

5.2 Multimedia als viele Datentypen

Hier lassen sich verschiedene Stufen unterscheiden, die einerseits unterschiedliche Anforderungen stellen, andererseits aber letztlich alle zu „Multimedia" gehören.

Nach den Erfolgen der nichtnumerischen Datenverarbeitung als Textverarbeitung kam der Wunsch auf, *Bilder* am Computer zu erstellen. Dies war zunächst die Gebrauchsgrafik, die sich aus der geschäftlichen Tabellenkalkulation und -darstellung ergab (Diagramme, die vorhandene Daten grafisch darstellten). Die Erweiterungen kamen dann aus verschiedenen Richtungen: Aus den Anforderungen der Geschäftswelt die Präsentationsgrafik, aus der Welt des Spielens die Zeichen- und Malprogramme, die alle zusammen das ausmachen, was als „Computer-Grafik" angesprochen wurde. Mit zunehmender Leistungsfähigkeit wurde dann auch die plane 2-D-Darstellung erweitert zur Annäherung an 3-D.

Die kommerziellen Computernutzungen in Bereichen wie Film und Werbung drängten dann auf Animation der computererzeugten Bilder in Form von Computer-Animation. Hier ist für beide Bereiche inzwischen eine umfangreiche Grafik-Software entstanden. Die Grafikverarbeitung erfordert spezielle Grafik-Karten.

Die Audio-Gemeinden wollten etwa parallel Töne am Computer produzieren. Dabei nutzten zunächst Synthesizer die elektronischen Möglichkeiten getrennt von den universellen Computern. Über die Standardisierung des „musical instrument digital interface" (MIDI) werden Audio-Dateien erzeug- und verarbeitbar.

Im Zusammenhang mit der Entwicklung des „Desk Top Publishing" in den 80er Jahren (d.h. den Arbeiten, die Publikationsvorbereitungen bis hin zur Vervielfältigungs/Druckreife an einem PC-Arbeitsplatz zusammenzufassen) entstand die Notwendigkeit, unterschiedliche Datentypen zusammenzuführen – insbesondere Text, computerproduzierte Grafik, analoges Bild. Das eigentliche Multimedia begann dann mit der Integration von derartigen Komplexen mit Bewegtbild und Audio in Ausgabeeinheiten wie etwa der CD-ROM oder in speziellen Präsentationsstationen („Kiosk").

Mit der Integration von Ton in die Rechnerumgebung musste der Rechner für den Audiobereich zumindest auf der Ausgabeseite um Lautsprecher erweitert werden (meist zwei, um Stereoton zu ermöglichen), zu deren Steuerung eine Soundkarte notwendig wird (die schon im Zusammenhang mit Spielcomputern entstanden war).

Wenn Rechnerkonfigurationen in die Lage versetzt sind, Töne und Bewegtbilder in Realzeit darzustellen, dann ist es auch konsequent, ihre Universalität zu erweitern, indem die anderen Realzeitmedien auch noch auf ihnen präsent sind (erste Form der Konvergenz): Radio- und Fernsehantennen-Eingänge und PC-Steckkarten, die dann das Radio- oder das Fernsehprogramm über die Computerkonfiguration wahrnehmbar machen.

Zu Multimedia gehört aber auch, dass die unterschiedlichen Datentypen in den Rechner gebracht werden können, wobei relativ schnell der Weg von der Verfügbarkeit entsprechender Einrichtungen für den professionellen Gebrauch hin zum massenhaft verbreiteten Gebrauch überschritten wurde.

Scanner für plane Text- und Einzelbildvorlagen:
- Zunächst als Schwarz-Weiß-Geräte, inzwischen auch in hoher Farbqualität
- Zunächst nur als Bitmuster auch für Text, dann zunehmend fehlerfreie Texterkennungsprogramme (OCR optical character recognition war ursprünglich nur auf speziell dafür konstruierte Schriften – OCR-A und -B – beschränkt, wurde dann aber in den 90er Jahren schnell auf viele Schriften erweitert und verbilligt).
- Zunächst für Papiervorlagen, inzwischen aber auch für andere Vorlagen wie Dias

Da die Übernahme von analogen Fotos in den Computerkontext Probleme bereitete (und immer noch nicht ganz unproblematisch ist), gab es den Versuch, wie im Fotobereich üblich, eine entsprechende Übernahmedienstleistung mit einem fotografischen Computer-Produkt zu koppeln in Form der *Foto-CD*, die sich aber nicht sehr weit durchgesetzt hat.

Audioeingabe über Mikrofone und anschließende Digitalisierung mit A/D-Wandler.

Spracheingabe, d.h. der Versuch so wie man aus „analogen" Texten digitale Repräsentationen rekonstruieren kann, aus gesprochener Sprache eine digitale Repräsentation abzuleiten, die man dann in Befehle (Sprachkontrolle) oder geschriebenen Text umsetzen kann.

Frame-Grabber zur Umsetzung analoger Video-Signale in digitale.

Die Entwicklung geht aber weiter in Richtung der Ersetzung der Produktion analoger Signale durch von vornherein digitale Signale auf magnetischer Basis, etwa durch:
- *Digitale Einzelbildkameras*, die sich allerdings bisher noch nicht im nicht-professionellen Bereich durchgesetzt haben (zu teuer, Reproduktion zu schlechte Qualität). Hier deutet sich die Entwicklung an hin zu einem multimedialen Aufnahmegerät (d.h. Kameras, die nicht nur Einzelbilder, sondern auch ein wenig Bewegtbild und Audio aufnehmen können), gewissermaßen ein digitales „Notizbuch". Eine andere Entwicklung ist die Verbindung von Kamera, Game Boy, einer Bildverfremdungssoftware und einem Drucker, der die so entstehenden Bilder auf Klebefolie druckt.
- *Digital Audio Tape* DAT, das sich im Konsumbereich auch nicht sehr durchgesetzt hat, da auf ihm aus urheberrechtlichen Gründen einer der Hauptanwendungsbereiche nicht möglich ist (Überspielen von Audio-CDs). Alternativen sind hier Mini-Disc und Flash Chips.
- *Digitaler Camcorder* (als „DV-Recorder" auf dem Vormarsch), der Vorläufer für die Einführung der *Digitalen Video Cassette* sein kann.

Gegenwärtig werden erhebliche Aufwendungen unternommen, die digitalen Daten einerseits mit Spezialsoftware intensiver bearbeiten zu können (etwa durch Erweiterung der Formen der Bildbearbeitung, durch Entwicklung von digitalen Audio- und Videoschnittverfahren für den Hausgebrauch), andererseits sie in Standardsoftware besser integrieren zu können (Video for Windows).

Als Hauptprobleme von Multimedia auf dieser Ebene bleiben bestehen:
- Bei Einbezug von Bewegtbild erheblicher Speicheraufwand, der im schnellen Direktzugriff (Festplatte) kaum zu leisten ist.
- Je mehr Bewegtbild computergeneriert wird, desto mehr wachsen die Anforderungen an die Verarbeitungsgeschwindigkeiten.
- Komfortables Multimedia erfordert daher etwa im interaktiven Kiosk-Einsatz erhebliche Aufwendungen bereits im Hardware-Bereich.
- Im Heim- und Privatgebrauch ist Multimedia in einer gewissen Breite derzeit nur sehr bedingt (und teuer) möglich, d.h. die Massenmärkte der verschiedenen Komponenten werden eher von Einzel- und weniger von integrierten Anwendungen her entwickelt.
- Es fehlen vor allem leistungsfähige und billige Speicher, die auch im nicht-produktiven Bereich kostengünstig eingesetzt werden können. Zwar sind inzwischen CD-ROM (als CD-R) auch privat durchaus her-

stellbar, aber ihre multimedialen Fähigkeiten sind doch recht beengt. ZIP-Technik und ihre Alternativen setzen sich aus Kostengründen erst allmählich durch.

5.3 Multimedia als Optische Platten

Licht

"Multimedia" wird von Anfang an verbunden mit der generellen Umstellung der Audio- und Bildspeicherung von unterschiedlichen analogen Verfahren (mechanisch in Form der Schallplatte und magnetisch in Form von Tonband und Video-Kassette) auf eine neue technische Basis, die grundsätzlich vor allem digital genutzt wird, die Lasertechnologie, die an vielen Stellen die magnetische Speicherung ablösen wird.

Licht ist die Abstrahlung von Photonen, wenn Elektronen aus einem höheren in ein niedrigeres Energieniveau wechseln. Normalerweise tritt Licht auf:
- in unterschiedlichen Wellenlängen (jeder Frequenz/Wellenlänge entspricht eine Farbe des Spektrums, die bei Zerlegung des üblicherweise gemischten Lichts als Spektrallinie erscheint. Licht einer Wellenlänge heißt monochromatisches Licht).
- mit niedriger Intensität
- streuend in verschiedene Richtungen (Inkohärenz)

Es gibt sichtbare und nicht sichtbare Lichtbereiche:
- infrarotes Licht $3 \times 10^{14} - 3,8 \times 10^{14}$ = über 700 nm
- sichtbares Licht $3,8 \times 10^{14} - 7,9 \times 10^{14}$ = 400-700 nm
- ultraviolettes Licht $7,9 \times 10^{14} - 3 \times 10^{16}$ = unter 400 nm

Einige Eigenschaften von Licht, die wichtig werden, sind:
- Trifft es auf einen dichten Körper, wird ein Teil reflektiert, ein Teil absorbiert.
- Bei „durchsichtigen" Körpern wird das Licht abgelenkt.
- Licht kann als Welle behandelt werden.

- Frequenz und Amplitude können moduliert werden, das sind die Eigenschaften, die wir üblicherweise mit „Sehen" assoziieren.
- Licht kann Druck ausüben.
- Licht kann Wärme erzeugen.

Laser

Jede Lichtwelle geht auf eine Zustandsänderung in einem Atom zurück: Elektronen geraten durch Energiezufuhr auf energetisch höhere Bahnen (bei Licht als Ursache „Absorption"). Die so erreichten Zustände sind meist nicht stabil und die Elektronen fallen wieder in den Grundzustand zurück, dabei geben sie Energie als ein Photon ab („spontane Emission"). Da die Atome viele unterschiedliche Energieniveaus besitzen, sind im emittierten Licht auch viele unterschiedliche Wellenlängen enthalten.

Das Laser-Prinzip (Light Amplification by Stimulated Emission of Radiation) stimuliert die Emission von Licht einer Wellenlänge. Dies setzt ein Material mit mindestens drei Energieniveaus voraus, in dem das mittlere Energieniveau metastabil ist, d.h. ein Elektron kann dieses Energieniveau nur stark verzögert verlassen. Führt man Energie zu („Pumpen"), werden Elektronen zunächst auf das höchste Energieniveau gehoben („inverse Verteilung"), fallen dann aber auf das mittlere Niveau zurück, so dass die Wahrscheinlichkeit besonders groß ist, dass sich viele Elektronen auf dem metastabilen Energieniveau befinden. Wird nun Energie genau dieser Wellenlänge zugeführt, findet die stimulierte Emission statt (die dann wieder andere Atome stimuliert). Dadurch wird Licht produziert, das:
- monochromatisch ist (in einer Wellenlänge), da immer nur der Übergang von einem gleichen Energieniveau in das darunterliegende stattfindet.
- eine große Kohärenzlänge aufweist, wenn viele stimulierte Wellen gleichzeitig ausgelöst werden.
- scharf fokussierbar ist.

Man braucht:
- ein Lasermedium, das mindestens drei Energieniveaus aufweist, von denen das mittlere metastabil ist – z.B. Festkörper (Rubin), Flüssigkeiten, Gase, Halbleiter.
- eine Energiequelle, die das optische Pumpen besorgt.

- optische Resonatoren an beiden Enden des Mediums, die im Laser vorhandenes Licht möglichst lange „gefangen" halten, um genügend Atome zur stimulierten Emission anzuregen. Zwischen beiden Spiegeln wird das Licht als stehende Welle festgehalten. Einer der Spiegel ist etwas lichtdurchlässig und ermöglicht so einem Teil des Lichts, den Resonanzraum zu verlassen – als eigentliche Laserstrahlung.

Das monochromatische und kohärente Licht, das mit Lasern herzustellen ist, macht Laserlicht sehr interessant für viele unterschiedliche Anwendungen:
- Man kann mit Lichtwellen Daten übertragen (Lichtwellenleiter) und so die Probleme der elektrischen Übertragungswege vermeiden (geschlossene Stromkreise, Isolierung, elektromagnetische Störung, Ab„hören").
- Man kann mit Laserlicht Wärme erzeugen und damit Oberflächen unterschiedlicher Materialien verändern („schreiben", „brennen").
- Man kann mit Laserlicht Oberflächen abtasten und dabei entstehende Modulationen in elektrische Signale umsetzen („lesen").

Der Nachteil von Lasern ist, dass sie mit gleichbleibender Stromzufuhr arbeiten, um Alterungsprozessen vorzubeugen. Ein weiterer Nachteil ist, dass sie in ihrer Intensität praktisch nicht steuerbar sind, so dass sie nur an- oder auszuschalten sind.

Video als Übergang

Zunächst ist Video technisch noch eine klassische Technologie: Aufzeichnung von Bildern (Bewegtbildern) in Form der Fernsehnorm auf einem bandförmigen magnetisierbaren Träger, damit im Prinzip:
- die Erweiterung des Tonbands in Richtung Bild (daher auch wie dort Trennung in Heimgeräte mit Kassettenvorgabe und Studiotechnik)
- die Ersetzung von Film durch einen magnetisierbaren Träger

Hier tritt aber eine wesentliche Besonderheit auf: Die Ersetzung des Bewegtbildfilms geschieht nicht in gleicher Form (ganze Bilder, dafür gibt es auch Magnetbandaufzeichnungsverfahren), sondern in der des Fernsehens, die aus Sendegründen Halbbilder mit Austastlücke verwendet. Daher der Qualitätsverlust bei Videofilmen im Fernsehen, der z.T. auch darauf zurückzuführen ist, dass die Zeilen auf Magnetband senkrecht stehen, dafür muss das Band recht breit sein (1 Zoll), bei geringer Breite (Heimvideo

Viertelzoll) stehen sie schräg und führen dann zu weiterer Qualitätsverringerung. Damit wird einerseits eine Qualitätsbegrenzung erreicht, andererseits ein Anschluss hergestellt, den es so bisher nicht gab: Mit Video steht eine Technologie bereit, in deren Zentrum ein Recorder steht, dem es egal ist, wo er seine Eingangswerte herbekommt (gilt natürlich auch für den Kassettenrecorder). Entweder er bekommt sie von einer Kamera, damit wird Video zum Filmersatz; oder er bekommt sie von einem Empfänger gesendeter Bilder, damit geht Video eine neue Bindung mit dem Tuner des Fernsehers ein.

Dadurch wird zunächst erreicht, dass ein Gerät verschiedene Quellen wiedergibt: Der Fernsehbildschirm wird multifunktional, das Fernsehgerät wird funktional entzerrt in:
- Empfangsteil (Tuner) + Verstärker
- Bildschirm

Diese könnten mehrfach verwendet werden (nur nicht gleichzeitig mehrfach, aber auch hier gibt es mit der Fenstertechnik neue Entwicklungen beim Bildschirm). Funktional lässt sich auch der Lautsprecher abkoppeln, so dass auch Videoband für reine Tonaufnahmen verwendet wurde (Qualitätszuwachs). Eine ähnliche Tendenz war relativ parallel mit der Tonaufzeichnung verbunden, wo die einzelnen Teile noch mehr auseinandergetreten sind: Spieler, Recorder, Tuner, Verstärker, Lautsprecher, Bildschirm, Steuereinheit – diese verschiedenen funktionalen Einheiten können auseinandertreten und in wechselnden Kombinationen miteinander genutzt werden. Das würde bedeuten, dass die gegenwärtig relativ getrennten Netzinseln (HiFi-Tower, Fernseher+Video-Recorder) tendenziell – unter Einbindung vielleicht noch anderer Komponenten des Kommunikations- und EDV-Bereichs zu einem Inhome-Netz zusammenwachsen.

Am Beispiel Video ist an dieser Stelle auf ein anderes Phänomen zu verweisen, das der Technologieverschmelzung. Der Video-Tuner zeichnet sich heute dadurch aus, dass er nicht nur Signale empfängt, verstärkt und weiterleitet, sondern dass er in Verbindung mit einem Mikrocontroller:
- programmierbar ist, diese Funktionen zu einer bestimmten Zeit, auf einem bestimmten Frequenzband vorzunehmen.
- in der Lage ist, von sich aus auch den Recorder anzustellen, d.h. Befehle an eine andere Maschine weiterzugeben.

Dies sind beides Eigenschaften maschineller Intelligenz und in der Tat kann er dies, weil er einen kleinen Mikroprozessor eingebaut hat, mit Uhr, Rechenwerk, Speicher etc. Damit verknüpfen sich Datenverarbeitung und die anderen Speicher- und Wiedergabetechnologien auf der Benutzerebene. Noch ist die Programmierbarkeit relativ primitiv und vor allem „unsemantisch", doch das ändert sich z.b. mit VPS – mit der Sendung wird ein Programmcode ausgestrahlt, der seinerseits den Tuner in Gang setzt, sofern er den Befehl bekommen hat; diesen bekommt er im idealen Fall über eine einfache Benutzerschnittstelle (z.b. als grafische Schnittstelle auf dem Fernsehbildschirm, die mittels der Fernbedienung bedient wird).

Damit ist technologisch mehr geschehen, als nur eine Vereinfachung des Aufnahmeprozesses: Zwei Technologien, die technisch zusammenhängen, treten auf eine gewisse Weise in Konkurrenz zueinander. Das Fernsehen war ein zeitpunktabhängiges Instrument (aufgrund der Sendeproblematik); wer etwas sehen wollte, musste zu einem bestimmten Zeitpunkt da sein oder auf eine Wiederholung (wieder zu einem Zeitpunkt) warten. Das Fernsehen füllte einen Zeitablauf und musste diesen durch ein Programm gestalten. Diese Zeitpunktabhängigkeit wird nun zunächst durch Video ernsthaft in Frage gestellt: Eine spezielle Sendung kann nunmehr zu einem beliebigen Zeitpunkt abgesehen werden, eine Bindung an den Programmablauf ist bei Videobesitzern nicht mehr zwingend zu unterstellen. Benutzerseits entfällt damit teilweise die Notwendigkeit des Programmfernsehens. Da der Recorder aber auch gleichzeitig Abspielgerät ist und auf dem gleichen Bildschirm arbeitet, entsteht dem Programmfernsehen eine Konkurrenz: die auf das Abspielen wartenden Videokassetten. Video wird damit durch die Kombination mehrerer etablierter Techniken zu etwas Neuem.

Video ist nämlich gleichzeitig auch noch die Ablösung des chemischen Speichermediums für bewegte Bilder im Privatbereich: „Amateur-Film" durch magnetische Aufzeichnungsverfahren. Waren zunächst Video-Kamera und Video-Kassettenrecorder voneinander getrennte Geräte, zu denen dann als dritte Komponente noch das Abspielgerät in Verbindung mit dem Fernsehgerät kam, ist in den 80er Jahren die Integration (dann auch noch mit der Audio-Aufnahme) in den Camcorder gelungen. Dazu trug wesentlich bei, dass raumsparende Aufzeichnungsverfahren entwickelt und eingeführt wurden (C-VHS. Hi8).

Video ist eine analoge Technik, die sehr vielseitig ist. Die Digitalisierung spaltet sich zunächst in zwei getrennte Wege:

- Die Digitalisierung der privaten Aufnahmeverfahren in Form der DVC (digitaler Camcorder), die seit 1994 mit Bändern zur digitalen Aufzeichnung (in Breite der Tonbänder) angeboten werden.
- Die Digitalisierung der (Fernseh-)Aufzeichnungs- und Abspielverfahren in Form der Digital Versatile Disc-RAM (für die es dann irgendwann auch DVD-RAM-Camcorder geben kann).

Optische Speicherplatten

Die Terminologie ist hier verwirrend:
- „Optische Platten" stellt in der Regel darauf ab, dass die Platten mit Laser-Technologie gelesen werden.
- „Videoplatten" stellt darauf ab, dass es sich um Platten handelt, die Bildmaterialien in der Regel nach Video-Standard wiedergeben.

Die Laser-Technologie wird in diesem Bereich zwar nunmehr fast ausschließlich für digitale Technologien genützt, dies war aber nicht zwingend, man kann auch analoge Speicherungen vornehmen:
- Analog: Vertiefungen unterschiedlicher Länge oder Tiefe werden in ein Material eingebrannt (meist auch mit einem Laserstrahl), ein Laserstrahl geringer Intensität gleitet über diese Vertiefungen und wird durch sie so moduliert, dass ein analoges Signal erzeugt wird.
- Digital: in der Oberfläche eines Materials werden durch einen Laserstrahl Stellen markiert, diese Markierungen werden entweder wieder durch einen Laserstrahl oder durch ein anderes Leseinstrument abgelesen.

Um im Wust der Entwicklungen den Überblick zu behalten, ist eine weitere Unterscheidung wichtig:
- *ROM* (Read Only Memories), d.h. mechanisch multiplizierbare Platten: Der Laserstrahl bringt eine dauerhafte mechanische Verformung der Oberfläche zustande, z.B. Lichthärten eines Fotolacks, der dann im Pressverfahren zu Löchern in der Oberfläche der maschinell produzierten Platten führt. Daraus können, wie bei der Schallplatte über Negativ-/Positiv-Verfahren „Druckvorlagen" entstehen, von denen mechanisch Abzüge gefertigt werden können. Dabei muss die Mutter hochqualitativ sein, das Druckverfahren ist aufwendig, aber die Abzüge

sind relativ billig, da das Verfahren des Abziehens der billigste Teil der Herstellung ist. Je mehr Abzüge, desto billiger.
- *WORM* (Write Once Read Many Times), d.h. einmal beschreibbare Platten: Der Laserstrahl verändert etwas in einer leicht zu verändernden Oberfläche, z.B. indem er durch Wärme eine chemische, irreversible Reaktion in Gang setzt. Je nach Art dessen, was da verändert ist, wird dann ein geeigneter Lesemechanismus eingesetzt. Derartige Platten sind nicht vervielfältigbar, sondern wie Video-Bänder nur kopierbar. Derzeit sind Geräte bereits relativ billig, die es erlauben Audio-CD und CD-ROM selbst zu „brennen" (d.h. dauerhafte Vertiefungen in einem geeigneten Material vorzunehmen). Von der Benutzung her sind diese Platten dann – sofern im gleichen Standard hergestellt – den CD-ROM gleichgestellt (sie sind nur aus einem anderen Material). Bei den CD-R besteht das Problem, dass nicht alle Verfahren/Geräte multisessionfähig sind (d.h. dass eine Platte nicht in einem Zug, sondern in mehreren Sitzungen beschrieben wird).
- *Erasables*, d.h. wiederbeschreibbare Platten: Der Laserstrahl verursacht in der Oberfläche eine reversible Änderung, die beständig ist wie eine Magnetplatte, aber eben von einem Laser beschrieben und gelesen werden kann (bisher auch optomagnetische oder magnetooptische Verfahren).

Bildplatte (LaserVision)

Die offensichtlich „rückständigste" Technologie war die analoge Bildplatte, die im Markt im wesentlichen unter dem Namen „LaserVision" (Philips) bekannt ist und derzeit praktisch als ausgestorben gelten kann. Es handelte sich um eine große 30cm-Platte, die beidseitig gelesen werden kann (von unten, von innen nach außen). Die zwei Laufsysteme für Spiralspuren werden auch in anderen Plattenformaten eine Rolle spielen:
- CLV (constant linear velocity): Die Geschwindigkeit bleibt in der Spur konstant (d.h. die Drehzahl ändert sich mit dem Abtastort), keine Einzelbildansteuerung wie Video
- CAV (constant angular velocity): Die Drehzahl bleibt konstant, daher ändert sich die Geschwindigkeit in der Spur, auf jedem Ring ist ein Bild gespeichert (daher haben die inneren Bilder weniger Speicherplatz zur Verfügung als die äußeren).

Da die Bildplatte auf einem Fernsehgerät dargestellt werden sollte, war sie im Video-Standard (2 Halbbilder) mit 54.000 Bildern und 36 Min. Spieldauer mit Einzelansteuerung für Frames und Chapter (Vor- und Rücklauf mit Beobachtung des Bildes, Zeitraffer und Zeitlupe, 2 Tonspuren) ausgestattet. Als reines Wiedergabemedium lief sie pro Seite 45 Min.

Die Bildplatte war in der Tat die erste optische Platte (bereits in den 70ern von RCA), hat aber in der Konkurrenz mit Video nicht gut bestanden trotz besserer Bildqualität und mehr Komfort. Sie war ein relativ teures Nur-Abspielmedium, für das viel zu wenig Inhalte angeboten wurde und das in seiner Kapazität letztlich auch der Spielfilmlänge nicht gewachsen war.

Audio-CD / CD-DA

Der Einstieg in die digitale optische Technologie war der Lautbereich (weil Daten/Texte gut über Magnettechnologie abgedeckt waren), vor allem aufgrund qualitativer Ursachen: Die Schallplatte hat trotz HiFi-Technik Grenzen, analoge Signale aufzuzeichnen und störungsfrei wiederzugeben. Magnetische Bandtechnologien mit hoher Wiedergabetreue erforderten sehr breite Bänder und waren daher teuer und letztlich wegen der Problematik der Leseköpfe begrenzt weiterzuentwickeln. Die Digitalisierung ermöglicht mehr Daten und Eingriffs- und Korrekturmöglichkeiten; das optische Lesen ist genauer, weniger störanfällig und ermöglicht widerstandslose Verstärkung.

Bei dem sehr schnell als Standard akzeptierten Konzept der Compact Disk wird ein bereits digitalisiertes Audiosignal einseitig in eine 12 cm-Platte eingebracht (diese wird dann ähnlich der Schallplatte gepresst und vervielfältigt) und von einem Laserstrahl gelesen und umgesetzt in ein analoges Audio-Signal, das dann dem üblichen Verstärkungs-/Lautsprecherbereich zugeführt werden kann. Die Strukturen werden geschützt durch einen durchsichtigen Film (wie auch bei LaserVision).

Als der dafür notwendige Standard entwickelt wurde, hat man gleich weitergedacht. Die Norm wurde so angelegt, dass mehr als 250 Anwendungsmöglichkeiten sich eröffneten. Tonwiedergabe war die erste, die entwickelt wurde, weil man sich über die Marktmöglichkeiten noch nicht klar war. Eigentlich waren die Chancen nicht gut – zumindest neue Spieler waren erforderlich, die Platten waren zwar besser und komfortabler, aber auch teuer. Erstaunlicherweise setzte sich dieses Angebot schneller durch als erwartet, so dass 1985 daran gedacht werden konnte, den CD-Standard auszuweiten. Der Standard wurde zu einer Standard-Familie erweitert, um einen Übergang auf einen Markt zu ermöglichen, , der inzwischen auch vorbereitet war – der der Daten, Programme, Texte und Grafiken, schlicht dessen, was über einen normalen PC läuft und mit dessen Fähigkeit zur Interaktivität etwas anfangen kann.

CD-ROM

Die Idee war, im gleichen Standard – d.h. im Prinzip mit Verwendung multifunktionaler Abspielgeräte – eine computerbasierte CD einzuführen, auf der alle Datentypen gemischt vorkommen konnten. Man nahm dabei eine gewisse Unbequemlichkeit in Kauf: CDs drehen mit CLV (d.h. Spirale), Such- und Interaktionsprozesse werden dadurch etwas aufwendig. Aber man gewann einen – wenn auch nur lesbaren – seinerzeit sehr umfangreichen externen Speicher, der zudem billig herzustellen war. Auf einer CD-ROM lassen sich etwa 600 MByte abspeichern, sie ist wechselbar und pressbar, d.h. billig – ein besseres Vertriebsmedium für große Datenmengen war kaum denkbar. Dennoch setzte sie sich – außerhalb des engeren Bereichs des Programmvertriebs, der Spiele und der Werbepräsentation – nur recht zögernd durch und hat publizistische Massenmärkte kaum erreicht.

Um eine CD-ROM benutzen zu können, braucht man:
- einen Spieler (der einen Audio-CD-Spieler integrieren kann, weil er ja auch ein analoges Audio-Signal liefern muss). Das Problem in den Computer-Umgebungen war die recht langsame Zugriffszeit auf die Platten, die erst in den letzten Jahren durch Hochgeschwindigkeitslaufwerke gesteigert werden konnte.
- Software, um die Daten bearbeiten zu können, in der Regel wird sie auf der Platte mitgeliefert und dann in den Rechner gelesen.
- einen Computer mit Bildschirm. Heute sind in die meisten Angebote bereits CD-ROM-Laufwerke integriert, da teilweise bereits die größeren PC-Betriebssysteme nur noch auf CD-ROM geliefert werden.

CD-ROM ist natürlich nur eine Form des digitalen Prinzips, allerdings besonders vielversprechend, weil auf einen bewährten Spieler und eine durchgesetzte Norm zurückgreifend. Wegen der begrenzten Kapazität der CD-ROM Bewegtbild zuzulassen, gab es als Konkurrenz den Versuch, ein speziell bewegtbildorientiertes digitales Plattenkonzept im gleichen Umfang (12 cm) einzuführen: CD-Interactive. Dieses hat sich nicht durchgesetzt, weil es ein eigenes Abspielgerät erforderte und zu wenig Inhalte anbot (und im übrigen auch zu geringe Spielzeiten für den besonders publikumsträchtigen Spielfilmbereich anbot).

WORM / CD-R

Die ROMs sind zwar billig, aber sie haben den Nachteil, dass ihre Eigenverfügbarkeit rein rezeptiv ist. Unter dem Stichwort „WORM" (Write Once Read Many Times) wurden daher einige Technologien verfolgt, die mit unterschiedlichen Werkstoffen und Formaten einmal beschreibbare Platten ermöglichen sollten, damit die Benutzer ihre eigenen Daten aufzeichnen können (etwa zu Sicherungszwecken). Diese Techniken, die mit relativ teuren Materialien arbeiteten, weil ein „Einbrennen" sehr starke und damit teure Laser erforderte, konnten sich nur zögernd am Massenmarkt durchsetzen.

Inzwischen ist die Lasertechnik allerdings so weit, dass relativ preiswerte Brenngeräte am Markt sind, so dass die Benutzer ihre eigenen Audio-CD und CD-ROM brennen können, die dann als WORM fungieren. Durch Verwendung unterschiedlicher Materialien sind derzeit zwei CD-Formen möglich:
- CD-R (einmaliges Beschreiben des Speichermediums mit 680 MByte)
- CD-RW (rewritable: bis zu 1000maliges Beschreiben des Speichermediums durch den Brenner. Bei Verwendung des Universal Disk Format UDF kann man ein CD-RW-Laufwerk mit Windows wie eine Festplatte benutzen.)

Für die WORM-Stufe zu reinen Speicherzwecken entsteht durch Weiterentwicklungen der Magnetspeicherung (ZIP-Laufwerke u.ä. Techniken) eine traditionelle Konkurrenz. Von Interesse wird längerfristig wahrscheinlich sein, welche Technologie die beständigeren Werkstoffe einsetzt.

Karten

Ebenso scheint sich die Magnettechnologie bei den Karten eher durchgesetzt zu haben, obwohl in den 80er Jahren ein starker Trend zur Optical

Card deutlich wurde. Hier hat aber auf der einen Seite die PCMCIA-Technik („PC-Card") eine wichtige Lücke für die mobile Speichertechnik gefüllt, andererseits wurden auch die Chip-Karten weiterentwickelt (multifunktionale Chip-Karte).

Mini-Disc (MD)

Während an vielen Stellen – etwa insbesondere im CD-Standard – ein Trend zur Multifunktionalität verfolgt wird (ein Standard für viele Anwendungen, die dann mit einem Format und einem Leser für viele inhaltlich unterschiedliche Anwendungsfälle realisiert werden), hat sich ohne allzu großes Aufsehen im Audio-Bereich eine magnetooptische Speicherversion nur für diesen Bereich in Form der Mini-Disc (2,5 Zoll Durchmesser) etabliert. Sie enthält einen ROM-Bereich sowie einen wiederbeschreibbaren Bereich und gilt daher als Hybrid-Technologie. Sie dient der Aufzeichnung von Audio-Signalen in CD-Qualität, die dann auch einzeln ansteuerbar sind. Es gibt aber auch vorbespielte MD-ROMs. Aus der MD entstand bereits 1993 die MD DATA mit 140 MByte für Computeranwendungen, die allerdings nur in Randbereichen eingesetzt wurde.

Foto-CD

Weniger erfolgreich als die MD für die private Verfügbarkeit von Tondaten war der Versuch von Kodak, mit der Foto-CD die private Verfügbarkeit über das eigene Bildmaterial zu digitalisieren. Fotografische Bilder wurden servicemäßig in von CD-ROM abgeleitete Plattenformate digitalisiert. Das Angebot hat sich nicht durchgesetzt, insbesondere weil nicht alle Laufwerke alle Foto-CD-Formate verarbeiten konnten und die Bedürfnisse nach dieser Nutzungsart noch nicht weit verbreitet waren.

DVD

Die optischen Speichertechniken haben zwar das Konzept „Multimedia" entscheidend angestoßen, sind aber an einem schwierigen Entwicklungsstand angelangt: Audio-CD ist etabliert, CD-ROM erweist sich als zu leistungsschwach, um den Massenmarkt – insbesondere mit den Zugpferden der Spielfilme – zu erobern. Von daher ist in den letzten Jahren an vielen Versuchen gearbeitet worden, ein Bildplattenstandard zu etablieren, der größere Speicherkapazität und mehr Komfort im Bewegtbildbereich als die CD-ROM bietet (einige waren: Digital Video Disc, Super Density Digital Video Disc, Multi Media Compact Disc).

Dieses soll nun die Digital Versatile Disc werden, die zwei Schichten umfasst, wobei in jeder Schicht 3,7-4,7 Gigabyte gespeichert werden können. Derzeit sieht es so aus, als würde es unterschiedliche Abspielgeräte für DVD-Video, DVD-Audio, DVD-ROM und DVD-RAM (mit einem mehrfach beschreibbaren Träger) geben. Die Normung ist unübersichtlich, die Laufwerke akzeptieren häufig nicht die bereits vorhandenen CD-Formate, die Preise sind noch recht hoch (zumindest für den Konsumentenbereich). Dennoch sind sich die Experten einig, dass DVD die CD-ROM ersetzen wird (ob dies in absehbarer Zeit auch für Audio-CD, MD und Video gilt, bleibt abzuwarten).

Andere Speicher

Die Entwicklungen im Speicherbereich sind noch lange nicht ausgereizt, Beispiele, die derzeit diskutiert werden sind etwa:
- Die Idee des wiederaufladbaren digitalen Buches (Rocketbook, Softbook Press), das am Markt eingeführt wird.
- Tesafilm wird als billiger optischer Bandspeicher entwickelt.
- Am Horizont zeichnen sich holografische Speicher als neuer Speichertyp ab.

Als Alternative zu leistungsfähigeren Speichern wird an kapazitätssparenden Speicherverfahren, also insbesondere der *Datenkomprimierung* (von Audio- und Bilddaten) gearbeitet.

Holografie

Bisher etwas im Hintergrund geblieben ist die Lasertechnik als Grundlage für Dreidimensionalität. Das Problem der Dreidimensionalität rückt nun aber immer mehr in den Vordergrund (vielleicht auch nur, weil es noch eine der wenigen Dimensionen ist, über die wir noch nicht verfügen) – die Computer-Grafik kann 3-Dimensionalität auf einem Bildschirm zweidimensional abbilden (als Computer-Animation besser als ein Foto), aber das richtige 3-dimensionale Sehen ist bis heute in Film, Fotografie und Bildschirmtechnik nur simulierbar durch Techniken, die den Wahrnehmungsapparat des Menschen ergänzen (etwa 3-D-Brille).

Bereits 1948-51 hat Dennis Gabor die Holografie erfunden, die erst durch Laser (1960) technisch effektiv ermöglicht wurde. Werden Gegenstände von kohärentem Licht beleuchtet, enthält das dann von ihnen ausgehende durch Reflexion, Transmission, Beugung oder Streuung beeinflusste Wellenfeld sämtliche optischen Informationen über diese Gegenstände. Dies ist die Objektwelle, überlagert man dieser eine kohärente Vergleichswelle (Referenzwelle), ergibt sich Interferenz und daraus eine räumliche Intensitätsverteilung. Bringt man eine fotografische Platte mit hohem Auflösungsvermögen in eine Ebene, so registriert diese die dort herrschende Intensitätsverteilung (holografische Aufnahme), daraus kann ein Foto (Hologramm) entwickelt werden. Dieses speichert die Amplituden- und Phasenverteilung des Lichtes auf einer beliebigen Fläche zwischen der aufgenommenen Szene und deren optischem Bild. Bei Beleuchtung mit einem entsprechend kohärenten Lichtbündel wird diese Amplituden- und Phasenverteilung unmittelbar hinter dem Hologramm wiederhergestellt; beim Hineinschauen in dieses Lichtbündel erscheint auf der Netzhaut ein Bild der aufgenommenen Szene. Verändert man die Blickrichtung oder die eigene Position, verändert sich auch die wahrgenommene Szene.

Holografie ist schwarz-weiß und farbig (kohärente Wellenbündel verschiedener Wellenlängen) möglich, aber auch mit anderen interferenzfähigen Wellen (Schallwellen, wobei allerdings die Speicherung schwieriger ist). Hologramme sind allerdings teuer (weil keine Staubspuren vorhanden sein dürfen), fehlerhaft und energieaufwendig (um eine Hologramm in Lebensgröße aufzunehmen, braucht man eine Laser-Leistung von 1000 MWatt – der Leistung eines kleinen Kernkraftwerks). Wie weit die Holografie also tatsächlich die Informations- und Kommunikationstechnik in absehbarer Zeit (über den Bereich der Kunst hinaus) befruchten wird, bleibt noch offen, es handelt sich aber sicher um eine Technologie, mit der wir noch zu tun haben werden.

5.4 Multimedia als Digitalisierung des Rundfunks

Radio

Die Digitalisierung des Radios ist bisher weitgehend von der Tatsache beeinflusst, dass nicht-kabelgebundenes Radio wesentlich als Mobilempfang stattfindet. Von daher konzentrieren sich die Entwicklungslinien auch eher auf diese Konzepte:

- Seit 1989 gab es digitales Satellitenradio mit bis zu 16 Stereokanälen über den Satelliten Kopernikus (bis Ende 1998).
- Seit 1994 sendet Astra Digital Radio mit 12 Stereokanälen pro Transponder, so dass ca. 300 Kanäle verfügbar sind.
- Für das terrestrische Radio gibt es das Projekt des Digital Audio Broadcasting (DAB), mit dem Datenströme mit bis zu 1,5 MBit bereitgestellt werden sollen für Radio (Nachfolge der UKW-Programme), neue Datenrundfunkdienste, Fernsehen in bewegten Fahrzeugen mit 312 Zeilen.
- DAB ist für höhere Frequenzbereiche als UKW vorgesehen und verfügt daher über eine geringere Reichweite (würde daher ein dichteres Sendernetz erfordern). Alternativ wird für reine Radiozwecke daher auch an digitalen Sendeverfahren im UKW- und MW-Bereich gearbeitet.
- Ab 2007 soll ein digitales Hörfunksystem im 1,5 GHz-Bereich bereitstehen (Nutzung noch nicht festgelegt).

Fernsehen

Für das digitale Fernsehen als zusätzliches Angebot zum analogen Fernsehen (das schon wegen der vorhandenen Empfänger nicht einfach ersetzt werden kann) gibt es als terrestrisches Fernsehen bisher keine freien Frequenzen (deswegen wird Fernsehen für mobile Empfänger auch eher im DAB-Kontext überlegt). Die Überlegungen zum DVB (Digital Video Broadcasting) gehen vom 16:9-Format aus, bei dem das Bild aus 576 Zeilen aufgebaut würde. Realisierungsmöglichkeiten werden gesehen:

- im existierenden Kabelverteilsystem: Die Frequenzen bis 300 MHz sind belegt, aber 300-450 MHz sind bisher für die gescheiterte europäische Norm D2MAC reserviert und könnten nun für Digital Video Broadcasting geöffnet werden. In diesem Band werden auch die ersten deutschen Digitalkanäle Premiere und DF1 (später vereinigt als Premiere-

World) vorgehalten. Allerdings sind viele existierende Hausverteilanlagen nicht digitaltauglich.
- Fernsehsatelliten können im GHz-Bereich digitales Fernsehen abstrahlen.
- Langfristig wird aber auch terrestrische Abstrahlung ins Auge gefasst werden (ab 2010 von der Bundesregierung seit 1998 angezielt). Dies würde die gesamte Umrüstung des Fernsehsystems (insbesondere der Produktionseinrichtungen) bedeuten.

Die Digitalisierung ermöglicht nicht nur eine bessere Nutzung von Kanalkapazitäten sondern auch drastische Reduktionen von zu übermittelnden Datenmengen durch Komprimierung (etwa indem nicht wahrnehmbare Differenzen oder sich nicht verändernde Komponenten nicht mitgesendet werden). Als derzeit übliches Komprimierungsverfahren für Bewegtbilder gilt MPEG2, aber an erheblich leistungsfähigeren Verfahren wird gearbeitet.

Für die Nutzung von Sendekapazitäten gibt es bisher folgende Ansätze:

Modelle für Fernsehformate

	Format	Zeilen	Mbit unkomprimiert	Mbit komprimiert
VCR	4:3	625	216	3-4
Pal plus	4:3 / 16:9	625	216	6-8
HDTV	16:9	1250	1152	30-40

Mit entsprechenden Komprimierungen sind mittelfristig bis zu 500 Fernsehkanäle digital realisierbar. Dies macht es bei Beibehaltung der bisherigen analogen Empfangstechnik notwendig, die analogen Empfangsgeräte durch digitale Decoder zu ergänzen, die also die digitalen Signale in Eingangssignale für die analogen Komponenten umsetzen. Mit diesen „*Set-Top-Boxen*" wird auch der breite Einstieg in das Pay-TV vorgenommen werden (bisher gibt es *Free TV* über das duale System der öffentlich-rechtlichen Sender auf der Basis der Rundfunkgebühren und der Privatsender auf der Basis der Werbefinanzierung): entweder als „pay-per-channel" wie bei „Premiere" (die Set-Top-Box sorgt dann auch für die Freischaltung des abonnierten Kanals) oder tendenziell als „pay per view", d.h. Tarifierung nach dem tatsächlichen Konsum (erfordert einen Rückkanal zumindest für die Zwecke der Verbrauchsmeldung, z.b. indem die Set-Top-Box ans Telefon angeschlossen wird).

Wenn tatsächlich 500 Kanäle möglich werden, sind diese nicht nur mit Programmfernsehen der bisherigen Art (im wesentlichen Vollprogramme) zu füllen, sondern etwa mit:
- Spartenprogrammen (Sport, Golf, Kinder etc.)
- Video-on-demand (Einschalten in/Abruf von gezielten Sendungen, etwa Spielfilmen zu variablen Sendezeiten)
- Teleshopping

Letztlich erfordern diese Dienste einen zumindest schmalbandigen *Rückkanal*, den etwa das Telefon liefern könnte oder eine neuartige Nutzung der Kabelfernsehanschlüsse als Rückkanäle.

Tatsächlich hat in gewisser Weise die Digitalisierung des Fernsehens schon begonnen:
- Über die Nutzung der Austastlücke, die aufgrund von digitalen Baukomponenten weniger gebraucht wird und daher durch zusätzliche Dienste genutzt werden kann, derzeit insbesondere Videotext. Hier könnten auch andere Dienste des Datenrundfunks verbreitet werden (*Data Broadcasting*), die allerdings auch nachts die sendefreien Zeiten zum Downloading von Daten nutzen könnten, die vom „Fernseher" gespeichert und tagsüber abgerufen werden können. Konkret wird daran gedacht, Teile des Internet derart bereitzustellen („*Intercast*" als programmbezogene Ausschnitte des WWW, „*WebCast*" als programmunabhängige Ausschnitte).
- Über die Computerisierung der Fernsehempfänger-Videorecorder-Kombination (etwa mit Fenstertechnik, digitalen Bildspeichern, Einzelbildstellung, Digital-Logik, Show-View, Benutzerführung per Bildschirm-Menüs mit Fernbedienungssteuerung).
- Über das PALplus-System, das einen allmählichen Übergang zum 16:9-Bildformat ermöglicht (seit 1994).

6. Neue Netze

6.1 Typologie und Grundbegriffe

Übertragungswege

Netze dienen der Übertragung von elektromagnetischen Signalen. Dafür sind einige Unterscheidungsdimensionen wichtig:
- Die Übertragung kann entweder bestimmten Wegen folgen, die als solche vorgegeben sind (auf denen aber – je nach Anlage des Systems – auch Alternativen zwischen verschiedenen Wegen, die beschritten werden, um ein bestimmtes Ziel zu erreichen, zugelassen werden) oder nicht – wegegebunden vs. wegeungebunden.
- Die Übertragung kann zwischen einigen wenigen (zentralen) Punkten vorgenommen werden (wobei dann die Weiterleitung der Nachricht an einen individuellen Nutzer einer anderen Kommunikationsform überlassen bleibt), sie kann über das Netz individualisiert gesendet werden (im Extremfall von Individuum zu Individuum).
- Das Netz kann interaktiv sein (Netzendpunkte empfangen und senden) oder ein Verteilnetz (Netzendpunkte empfangen nur).

Daraus ergibt sich etwa die folgende Typologie:

(1)	*wegegebunden*	*zwischen Zentren*	*interaktiv*

- Telegrafie
- Netze zwischen Rundfunksendern (um gleichzeitige Ausstrahlung zu ermöglichen)
- Information Highways / Backbones, bei denen dann andere Netzformen zur individuellen Verteilung angeschlossen werden.

(2)	*wegegebunden*	*individualisiert*	*interaktiv*

- Telefon
- Online-Dienste

| (3) | wegeungebunden | zwischen Zentren | interaktiv |

- Satelliten-Bodenstationen
- Fernmeldesatelliten

| (4) | wegeungebunden | individualisiert | interaktiv |

- Mobilfunk
- Amateurfunk

| (5) | wegegebunden | individualisiert | verteilt |

- Kabelrundfunk

| (6) | wegeungebunden | individualisiert | verteilt |

- terrestrischer Rundfunk
- Direktsende-Satellitenrundfunk
- Videotext
- Pager

Kabel- und Funknetze

Wegegebundene Netze benutzen in der Regel als Wegeführungen Kabel (bzw. in bestimmten Fällen auch Richtfunk, der aufgrund seiner Streuung und leichten Zugreifbarkeit auch immer bis zu einem gewissen Grade Rundfunk ist, weil er auch von anderen Empfängern als der Zielstation aufgefangen werden kann). Kabel sind teuer (insbesondere ihre Verlegung), so dass eine zentrale Frage der Fernmeldetechnik immer die Nutzungsintensität war. Mit Hilfe der Verstärkerröhre wurde es möglich, auch bei Kabelverbindungen die Trägerfrequenztechnik einzusetzen: Die Nutzsignale werden auf Trägerfrequenzen aufmoduliert, dadurch können durch eine Leitung unterschiedliche Frequenzen gleichzeitig in einem Frequenzband gesendet werden. Am Zielort müssen die Signale dann wieder auseinandersortiert werden. Als Haupttypen von Kabeln haben sich herausgebildet:
- die *Telefonkabel* für schmale Frequenzbänder: Zwei verdrillte Kupferadern, um einen geschlossenen Stromkreis herzustellen („*twisted pair*").

- die *Koaxialkabel* für breite Frequenzbänder (Kabelfernsehen): Kupferner einfacher Innenleiter und Kunststoff-Dielektrikum, das von einem Außenleiter (Aluminium oder Kupfergeflecht) koaxial umschlossen wird. Die Wellen werden im Dielektrikum geführt und durch den Außenleiter begrenzt. Diese Kabel benötigen für ca. alle 2 km Verstärker.
- *Lichtwellenleiter* (Glasfaserkabel): Die Bandbreite des unsichtbaren Lichts ist hundertmal so groß wie die der Radiowellen; von daher lassen sich hier grundsätzlich sehr viel mehr Frequenzen gleichzeitig nutzen, vorausgesetzt, sie lassen sich monochrom durch Laser erzeugen (derzeit in den Fenstern 900, 1300 und 1600 nm, also im Infrarotbereich). Sie werden dann durch haarfeine Glasfasern, die von einem Mantel aus Glas umgeben sind, geleitet. Dabei gibt es mehrere Varianten, insbesondere mehrwellige Multimode-Glasfasern reflektieren das Licht zickzackförmig; mehrwellige Gradientenfasern bestehen aus mehreren Glasschichten, die für eine weiche Reflektion des Lichts sorgen; einwellige Monomodefasern führen das Licht gerade. Jede einzelne Faser braucht einen eigenen Sender (meist Festkörperlaser) und Empfänger (Fotozelle). Dieser Kabeltyp hat sich heute für große Übertragungsleistungen durchgesetzt.

Die Alternative zu Kabelsystemen sind *Funknetze*, bei denen Sendestationen über Antennen Funksignale in der Regel rundum funken.

Eine Mischform sind *Richtfunkstrecken*, bei denen die Funksignale durch Parabolantennen so gebündelt werden, dass sie nur in eine bestimmte Richtung zu einer bestimmten Antenne geleitet werden. Hierbei handelt es sich um eine quasi-optische Verbindung, da die Funkstrecke frei sein muss (daher gibt es auch Richtfunkstrecken, auf denen optische Verbindungen hergestellt werden). Zum Einsatz kommen hier Frequenzen über 200 MHz. Im kleinräumigen Bereich kommen auch Infrarot-Richtstrecken zum Einsatz (ähnlich bei den Fernbedienungen).

Seit 1960 wird im Funkbereich durch den Einsatz von Satelliten eine erhebliche Erweiterung der Dienste, insbesondere im globalen Maßstab, erreicht:
- Zunächst durch *geostationäre Satelliten* (GEO), die als (passiv reflektierende) *Fernmeldesatelliten* fungierten (insbesondere Telefonverkehr).
- *Geostationäre Fernsehsatelliten* übernahmen dann auch Rundfunkaufgaben, allerdings zunächst nur als Zwischenstationen zwischen Sende- und Empfangsstationen auf der Erde, wobei zwischen Satellit und Erd-

station im Prinzip Richtfunkverkehr herrschte; das „Rundfunken" geschieht in diesen Systemen durch die normalen Sende- oder Kabelnetze, in die die Satellitensendungen eingespeist werden.
- In den letzten Jahren sind *Geostationäre Direktsendesatelliten* in den Vordergrund gerückt, die Sendungen von der Bodenstation als Richtfunk zugespielt bekommen und diese dann auf ein bestimmtes Erdareal abstrahlen, auf dem die Sendung mit Parabolantennen empfangen werden können.
- Neben die geostationären Satelliten treten Planungen für kostengünstigere Satellitensysteme, die nicht über einem Punkt der Erdoberfläche stehen, sondern in kürzerer Entfernung stehen, so dass zur Abdeckung von größeren Regionen mehrere Satelliten benötigt werden, die sich immer gegenseitig ablösen: *LEO*-Systeme (Low Earth Orbit Satellites): 500 bis 1.500 km Höhe und *MEO*-Systeme (Medium Earth Orbit Systems): 10.000 bis 20.000 km Höhe.

Einige Grundbegriffe

Nutzung durch Nachrichten:
- *Simplex*: Die Strecke wird in einem Zeitabschnitt nur in eine Richtung genutzt.
- *Halbduplex*: Die Strecke kann nacheinander in der einen und der anderen Richtung genutzt werden.
- *Duplex*: Die Strecke kann gleichzeitig in beide Richtungen genutzt werden.
- *Multiplex*: Die Strecke kann gleichzeitig in beide Richtungen durch mehrere Nachrichten genutzt werden. Multiplex wird erreicht durch entweder *Zeitmultiplex*: Die Zeit wird in Abschnitte unterteilt (Zeitscheiben), die nacheinander den unterschiedlichen Nachrichten zugeteilt werden, so dass die Nachrichten zeitlich ineinander geschachtelt übermittelt werden oder *Frequenzmultiplex*: Über die Strecke werden gleichzeitig unterschiedliche Trägerfrequenzen übermittelt, jede Nachricht wird auf eine eigene Trägerfrequenz aufmoduliert.

Sender-Empfänger-Verhältnis:
- *Asynchron*: Jedes übermittelte Zeichen wird durch ein vor ihm laufendes Start- und ein hinter ihm laufendes Stop-bit (oder andere komplexere

Start-Ende-Signale) gekennzeichnet, zwischen einzelnen Zeichen können also beliebige Pausen (d.h. andere Kanalnutzungen) liegen.
- *Synchron*: Sender und Empfänger arbeiten zeitgleich, dies erfordert auf beiden Seiten die Unterscheidung gleicher Zeitintervalle, d.h. ein Taktsignal, und übereinstimmende Festlegungen über Beginn und Ende der Übertragung.

Nutzung des Mediums:
- *Basisband*: Auf dem Medium befindet sich jeweils nur eine Sendung (ohne Trägerfrequenz), das bedeutet gleichzeitig, dass das Medium, wenn es im Multiplexbetrieb arbeitet, nur Zeitmultiplex zulässt.
- *Breitband*: Auf dem Medium werden gleichzeitig mehrere Frequenzbänder (Kanäle) unterschieden, d.h. das Medium arbeitet im Frequenzmultiplex.

Nachrichtenverteilung:
- *Punkt-zu-Punkt*: Je eine Nachricht wird von einem Netzpunkt zu einem und nur einem anderen geleitet.
- *Multicast*: Ein und dieselbe Nachricht wird von einem Netzpunkt aus zu einer umfangsmäßig begrenzten Menge anderer Netzpunkte geleitet.
- *Broadcast*: Ein und dieselbe Nachricht wird von einem oder mehreren Netzpunkten an eine große Zahl von anderen Netzpunkten geleitet

Topologien:
- *Stern*: Alle Endpunkte sind mit einem Zentrum verbunden, Übermittlungen müssen immer über das Zentrum gehen.
- *Ring*: Alle Endpunkte sind auf einem Kreis angeordnet, auf dem die Nachrichten in eine Richtung geschickt werden.
- *Bus*: Alle Endpunkte sind an einer Strecke gelagert, auf der die Nachricht nacheinander an alle Stationen übertragen wird. Die gemeinte Station erkennt die für sie bestimmte Nachricht an dem Header und kopiert sie heraus (daher auch Multicast-Sendungen).
- *Baum*: Die Stationen sind an sich hierarchisch verzweigenden Leitungen angelagert. Nachrichten von einer Station zu einer anderen müssen immer mindestens über das gemeinsame obere Niveau geleitet werden.

Vermittlungsart:
- *Leitungsvermittlung*: Zwischen beiden Endpunkten des Netzes, die miteinander in Verbindung treten, wird eine permanente Leitung aufgebaut,

die Kapazität auf den Kanälen belegt unabhängig von ihrer tatsächlichen Nutzung. Der Prototyp des leitungsvermittelnden Netzes ist das (analoge) Telefonnetz.

- *Paketvermittlung*: Zwischen den Endpunkten besteht keine dauerhafte Verbindung. Die zu sendende Nachricht wird in kleine Teile (Pakete) zerlegt, jedes dieser Pakete erhält die Adresse, zu der es geleitet werden soll (Header) und wird dann über den Weg, der sich gerade am besten eignet, zum Empfänger transportiert. Dort muss abgewartet werden, bis die Pakete vollständig angekommen sind, dann müssen sie in die ursprüngliche Reihenfolge gebracht werden. Sollten Pakete verloren gegangen sein, müssen diese noch einmal angefordert werden. Paketvermittlung war daher zunächst für Dienste geeignet, die nicht zeitkritisch waren (wie das Telefonieren), also Datendienste.

Reichweite der Netze

Der bekannteste Netztyp von der Reichweite her ist das Telefonnetz, das eigentlich aus der Zusammenschaltung verschiedener Netze (Fernverkehrsnetze, lokales Netz, Nebenstellenanlagen) besteht. Es firmiert heute meist als *WAN Wide Area Network*, darunter fasst man inzwischen alle Netze zusammen, die sich über große Regionen und Entfernungen erstrecken, aber in einer Netzverantwortung stehen. Meist handelt es sich um die öffentlichen Netze oder deren Nachfolger, weil die Kabel und Einrichtungen notwendigerweise öffentliches Land (Straßen) nutzen oder überqueren müssen.

Dieser Sprachgebrauch hat sich vor allem eingebürgert wegen der Entwicklung von *LAN Local Area Networks*. Mit den zunehmenden Formen der Datenkommunikation zwischen Computern, die digital zu regeln war, ergab sich die Notwendigkeit, in Ergänzung zu den großrahmigen Datennetzen. Datennetze in den Betrieben, insbesondere im eigenen Gelände aufzubauen, da die Telefonnetze analog, zu wenig leistungsfähig und zu ungeschützt waren. LAN sind privat betriebene Netze, die öffentliches Land nicht selbst überqueren. Sie sind spezielle digitale Netze, die auf den schnellen und hochkapazitativen Datentransport ausgerichtet sind und daher sind sie auch paketvermittelnde Netze. Die Konkurrenz zu LAN sind Digitale Nebenstellenanlagen (auch leitungsvermittelt) und *Intranets*, d.h. für bestimmte Benutzer reservierte Teile des Internet oder LANs mit Internet-Protokollen und -Oberflächen, von denen aus ins Internet übergegangen werden kann (paketvermittelt).

MAN Metropolitan Area Networks sind Netze, die sich zunehmend mit der Privatisierung des Netzbetriebs ergeben, bei der häufig für eine großstädtische Region ein flächendeckendes Netz für spezielle oder viele Dienstleistungen angeboten wird. Sie werden daher heute häufig auch als „City-Netz" oder „City-Carrier" bezeichnet. Diese Netze entstehen häufig aus den Netzen, die Metropolen-Dienstleister ohnehin betreiben, wie die Energieversorgungs-, Verkehrs-, Versorgungs- oder Entsorgungsunternehmen.

Funktionen von Datennetzen

Neben den Kommunikations- und Rundfunkfunktionen von Netzen gab es für die Entwicklung von Datennetzen einige spezielle funktionale Bedürfnisse wie:
- *Datenverbund*: Gemeinsame Nutzung von Daten, die an einer Stelle gehalten werden; verteilte Haltung von Daten.
- *Lastenverbund*: Verteilung von Lasten in Stoßzeiten
- *Funktionsverbund*: Konzentration bestimmter Funktionen für andere (etwa durch Übernahme von Kommunikationsdienstleistungen)
- *Leistungsverbund*: gemeinsame Erbringung von Leistungen
- *Verfügbarkeitsverbund*: Möglichkeiten, die nur an wenigen Stellen vorgehalten werden, werden anderen Teilnehmern zugänglich gemacht.

Funktionale Komponenten

- *Host*: Rechner mit zentralen Dienstleistungen für alle Netzteilnehmer bzw. das gesamte Netz
- *Terminals*: Zugangsstationen, mit denen auf den zentralen Host zugegriffen werden kann, mit denen Funktionen im zentralen Host angestoßen werden können, die dann wieder an das Terminal zurückgemeldet sind. Jeder Host akzeptiert bestimmte Züge eines Terminals. PCs und Workstations können diese Züge auf dem Host „emulieren", d.h. über den Emulator erscheinen diese Komponenten dann als Terminals.
- *Gate*: Ein spezieller Rechner, der für alle Teilnehmer eines Netzes den Zugriff auf den Host oder den Übergang zu einem anderen Netz sichert.
- *Server*: Ein besonders betriebener, meist leistungsfähiger vernetzter (passiver) Rechner, der von anderen Rechnern oder Programmen (clients) genutzt wird.

- *Client*: Rechner oder Programm, das Dienstleistungen, Dateien, Objekte etc. von einem anderen Rechner (server) übernimmt oder nutzt.
- *Router*: Rechner in Netzwerken, der Daten zwischen Verbindungsknoten verteilt, also die Routen entscheidet, die die Daten auf ihrem Weg durch das Netz nehmen.
- *Gateway*: Schnittstelle zwischen zwei Kommunikationssystemen oder Netzen, die mit unterschiedlichen Protokollen arbeiten, in der Regel ein Rechner, der die unterschiedlichen Darstellungen ineinander übersetzt.
- *Bridge*: Rechner über den zwei Netzwerke, die mit den gleichen Protokollen arbeiten, miteinander verbunden werden.
- *Backbone*: Zentrales Kabel eines Netzes oder Verbindung zwischen mehreren Netzen, das zum besonders schnellen Betrieb ausgelegt ist (meist als Lichtwellenleiter). An den Endstellen übernehmen dann Hubs die weitere Verteilung auf die Teil-/Endnetze.
- *Hub*: Einrichtung in einem Netz, die in der Regel als Sternverteiler oder Konzentrator für die einzelnen Rechner fungiert.

Protokolle / ISO-Referenzmodell

Kommunikation setzt bei Sender, Empfänger und anderen Beteiligten ein gleiches Verhalten voraus, d.h. Absprachen über komplementäre Verhaltensweisen. Diese nennt man Protokolle (in ihrer Erscheinungsweise als Software. Sie heißen „*Schnittstellen*", wenn die Protokolle als Eingangsregelungen technisch realisiert sind, also als Stecker). Für die Geltungsweise von Protokollen gilt als allgemeines Orientierungsmodell das ISO-Referenzmodell, das den nachrichtentechnischen Übertragungsvorgang in sieben aufeinander aufbauende Schichten zerlegt. Einzelne Protokolle weisen dann aus, für welche Schichten sie gelten. Diese Schichtungen haben zum Ziel, „offene Systeme" zu ermöglichen (Open Systems Interconnection OSI).

ISO-Referenzmodell

Schicht	Ebene	Erläuterung
1	Physikalische Ebene	Übertragungstechnische Hilfsmittel (Kabel, Modulation), Zweipunktverbindung zwischen zwei Dateneinrichtungen herstellen und abbrechen, Fehlersuche
2	Verbindungs-Ebene	Verwaltung der Verbindungen (Anfordern, Freigeben), fasst Folgen von bits zu Paketen zusammen, Fehlersuche
3	Netzwerk-Ebene	Suche des optimalen Wegs, Routing der Nachricht
4	Transport-Ebene	Verbindung Sender-Empfänger (end-to-end), universeller Transport-Service
5	Sitzungs-Ebene	Logische Verbindung zwischen zwei Anwenderprozessen, Aufbau – Transfer – Abbruch
6	Präsentations-Ebene	Anwendungsspezifische Formattransformationen
7	Anwendungs-Ebene	

Dienste auf Anwendungsschichten

- File Transfer: Dateien von einem Rechner an einen anderen senden
- Remote Job Entry: Aufträge an andere Rechner erteilen
- Virtual Terminal: Dialog mit einem Host, Unterscheidung verschiedener Terminalklassen
- Message Transfer: Nachrichten an eine bestimmte Adresse versenden, die von dort wieder abgerufen werden können-

6.2 Entwicklung der Netze

Bestand klassischer Netze in den 60er Jahren

In der Nachkriegszeit wurden die Netze und Dienste auf der Basis der klassischen Telekommunikationstechnologien komplettiert und ausgebaut.

Telekommunikationsnetze in den 60er Jahren

Netztyp	Name	Dienste	Wegebezug	Vertrieb
Telegrafennetz	Gentex-N.	Telegramm	wegegebunden	interaktiv
	Telex-N.	Fernschreiben		
Telefonnetz	Fernnetze	Ferngespräche		
		Bildtelegrafie		
	Ortsnetze	Ortsgespräche		
		Ansagedienste		
Sprechfunknetze	Mobiles Telefon	Telefonieren	wegeungebunden	
	Beweglicher Landfunk	z.B. Polizeifunk, Taxifunk		
	Seefunk			
Radio	Öffentlicher Amateurfunk	Amateurfunk, City Band		
	Kurzwelle			verteilt
	Langwelle			
	Mittelwelle	Programmradio		
	Ultrakurzwelle			
Fernsehen	VHF	Programmfernsehen		
	UHF			

Komplettierung durch Datennetze

Die klassischen Netze zeigten in den 60er Jahren noch Lücken, insbesondere im Datenbereich. Die eine Phase der Komplettierung galt also dem Aufbau von Datennetzen und -diensten. Diese unterscheiden sich durch ihre Digitalisierung, d.h. hier liegen keine analogen Informationen vor, sondern digitale (die natürlich auch aufmoduliert werden können). Verwendet man als Trägerfrequenz lange Wellen, ist die Übertragungskapazität relativ gering, von daher liegt es nahe, hier eigene Lösungen zu suchen. Selbst wenn man die gleichen Kabel benutzt, sind doch andere Konventionen zu suchen; die Signale, die transportiert werden, entstehen anders und müssen anders interpretiert werden.

War bisher ein Netz mehr oder weniger (aufgrund der analogen Übertragung) eine Einheit von einem physischen Medium und darüber transportierten Signalen, entwickelt sich anhand der Datenkommunikation eine Trennung in:
- physisches Netz
- logisches Netz

So nutzen die Netze zur Datenkommunikation teilweise die gleichen Kabel, aber mit anderen Protokollen (Schnittstellen). Die digitalen Signale erlauben aber gleichzeitig auch die Entwicklung einer anderen Konzeption der Vermittlung, nämlich von der Leitungsvermittlung als dem beherrschenden Konzept der Telefonie zur Paketvermittlung als dem beherrschenden Konzept der digitalen Datenübertragung. In beiden Vermittlungsformen war es möglich, die Verbindung auf unterschiedliche Art und Weise herzustellen:
- durch Anwahl (wie beim Telefon): Wähldatennetz
- durch Bereitstellung einer ständig hergestellten Verbindung zwischen einem Sender und einem Empfänger (Standleitungen): Direktdatennetz

Bei der Leitungsvermittlung entwickelten sich in der Frühzeit zwei Formen:
- asynchron (300 Baud = bit/s) Sender/Empfänger nicht im synchronen Takt, daher langsam
- synchron (2400, 4800, 9600 Baud)

Daraus hat sich bis in die 80er Jahre folgende Netzkonfiguration ergeben:

Integriertes Fernschreib- und Datennetz

Telex-Netz		
Datenleitungsvermittlungs-Netz DLV	Wähldatennetz WDN-L	Datex L300
	Direktdatennetz DDN-L	Datex L synchron
		DDL 300
		DDL synchron
Datenpaketvermittlungs-Netz DPV	Wähldatennetz WDN-P	Datex-P
	Direktdatennetz DDN-P	DDP

Komplettierung durch Fernmeldesatelliten

Der zweite Gesichtspunkt der Komplettierung besteht in der Erweiterung der Leistungsfähigkeit durch Einschaltung von Fernmeldesatelliten als geostationäre Satelliten, die in 35.800 km Höhe ständig über der gleichen Stelle der Erdoberfläche stehen. Als Frequenzbänder für den Fernmeldeverkehr reserviert wurden 6/4 GHz, 14/12 GHz, 30/20 GHz. Niedrige Frequenzen sind interferenzfreier, erfordern aber größere Antennen, daher ist die Kanaltrennung und -zuteilung besonders wichtig. 1978-84 gab es bereits sechs europäische Satelliten für Nachrichtenverkehr.

Frequenznot im Rundfunkbereich

Für Rundfunksendungen sind nur bestimmte Frequenzen geeignet, daher ist die Menge von terrestrisch realisierbaren Kanälen begrenzt. Lösungswege können sein:

- Verbesserte Frequenznutzung ermöglicht engere Bänder; dadurch wurden einige neue Kanäle nutzbar, die zugeteilt werden können.
- geringere Senderreichweiten (low power station), dadurch stärkere Regionalisierung
- Kabel-Verteilsysteme können andere Frequenzen nutzen (auch solche, die in der Luft für andere Zwecke genutzt werden). Die Verteilung von Bewegtbildern erforderte Kabelsysteme mit hohen Übertragungskapazitäten und Frequenzmultiplexmöglichkeiten (Breitband). Dies waren beim Stand der Technik der 80er Jahre die Koaxial-Kabel. Da für diese Kabelsysteme nur die Verteilung von zentralen Kopfstationen in die einzelnen Haushalte vorgesehen war, wurde das Netz als Baumstruktur angelegt (ohne Rückkanal).
- Erschließung neuer Frequenzen durch Satellitenkommunikation. Hier gab es zunächst Probleme mit der Sendestärke, die realisierbar war, so dass die Anfänge des Satellitenrundfunks darin bestanden, dass Satelliten praktisch als globale Übertragungsmöglichkeit zu bestimmten Erdstationen genutzt wurden, von denen dann die Rundfunksignale „klassisch" weiterverbreitet wurden (also durch terrestrische Senderketten oder durch Einspeisung in Kabelsysteme). In den frühen 80er Jahren waren zwar auch Direktsendesatelliten realisierbar, die über Parabolantennen empfangbar waren, diese waren zunächst aber noch sehr groß und teuer. Erst in den späten 80er Jahren wurden Satellitensendetechnik und Antennentechnik so weit entwickelt, dass einigermaßen handhabbare und preisgünstige Parabolantennen zum Direktempfang möglich wurden.

Neue Dienste auf alten Netzen

Mit der tendenziellen Trennung von physischem und logischem Netz, Digitalisierung, wachsender Intelligenz durch Mikrocomputer auf der Übergabeseite wurde die Entwicklung neuer Dienste auf „alten" Netzen möglich:

Zunächst wurde Telex (Fernschreiben) in einen neuen Standard weiterentwickelt: *Teletex* (verbesserter Zeichenvorrat, seitenweise, zeitpunktunabhängig, nicht mehr über das alte Telex-Netz). Dieser Dienst konnte sich nicht weit durchsetzen, da er relativ bald durch die Konkurrenz von Telefax und e-mail bedrängt wurde.

Für das *Telefon* wurden in den 80er Jahren als Ergänzungen eingeführt:
- Freigabe der Anschlussdose (bis zur Entwicklung der TAE-Dose gehörte die Dose noch zur Telefongesellschaft, die allein das Telefon auch physisch anschließen konnte). Mit der TAE-Dose kann der Benutzer selber das Gerät/die Geräte anschließen (nur der Telefonanschluss als solcher muss nach wie vor freigeschaltet werden).
- Mit der dreiteiligen TAE-Dose können auch mehrere Geräte alternativ oder miteinander abgestimmt betrieben werden.
- Anrufbeantworter
- Intelligente Telefoncharakteristika wie Anrufweiterleitung, Anrufsperre, Rufnummernspeicher, automatische Rufwiederholung
- Audiokonferenzen nach Voranmeldung

Über das *Telefonnetz* wurden als neue Dienste eingeführt:
- *Telefax* (Fernkopieren): zunächst pixelweises Abtasten (Scannen) einer Vorlage und Übertragung der Helligkeitswerte der Bildpunkte (heute auch Sendung direkt aus dem Computer, Farbfax). *Modemdienste*, d.h. digitale Datendienste über das analoge Telefonnetz, die mittels Modem gewandelt werden. Dazu gehört auch:
- *Bildschirmtext* (BTX, videotex) als ein erster Online-Dienst für jedermann (ab Ende der 70er Jahre von der Deutschen Bundespost). BTX war zunächst konzipiert als ein Dienst, der zeichenweise codiert über das Telefonnetz transportiert wird, dann mittels eines Modems wieder digitalisiert und mittels eines Decoders auf dem Fernsehschirm sichtbar gemacht wird. Demzufolge wurde der Dienst ursprünglich in der Interaktivität mit dem Benutzer auf die Möglichkeiten der Fernbedienung ausgelegt. Damit waren die Darstellungsmöglichkeiten sehr begrenzt, die Interaktion sehr holprig, der Dienst konkurrierte mit anderen Nutzungen des Fernsehbildschirms und er offerierte in Deutschland zunächst wenig interessante Angebote (zumal sich auch zunächst die Banken zurückhielten, für die Telebanking erst in den 90er Jahren eine wichtige Alternative zu den Schaltergeschäften wurde). Schließlich war er auch noch ziemlich teuer, da Geräte angeschafft werden mussten und die Telefongebühren zusätzlich anfielen. Schrittweise wurde BTX dann vom Fernseher und der Fernbedienungsphilosophie abgekoppelt und ganz auf PC-Nutzung umgestellt (etwa mit dem CEPT-Standard und der Umkonfigurierung auf Datex J = Datendienste für Jedermann). Erst mit dem Aufblühen des WWW gab es dann eine entsprechende Umgebung, in der BTX zu *T-Online* und damit einem der Online-Provider wird, die sich gewissermaßen mit dem Internet vereinen. In Frankreich hat das

System eine andere Entwicklung genommen: Dort wurde es propagiert als Ersatz für das Telefonbuch, es wurden eigene BTX-Empfangsgeräte auf den Markt gebracht (Minitel) und z.t. umsonst verteilt, so dass für die Benutzer nur die Telefonkosten anfielen. Dieses System wurde sehr gut angenommen (hat heute aber Schwierigkeiten, sich in die Internet-Welt zu integrieren).

In den *Funknetzen* sind Ergänzungen in den 70er und 80er Jahren:
- Nutzung von Seitenbändern, die wegen Interferenzen nicht für normale Sender genutzt werden können. Hier können z.b adressierte Meldungen rundgefunkt werden, die ein Empfänger nur dann empfängt, wenn er seinen Code empfängt. Beispiel ist das „*paging*" (Rundrufdienste).
- Nutzung der Austastlücke im Fernsehen für *Videotext* (im Prinzip in der Darstellung der BTX-Norm folgend. Die Seiten werden nacheinander mitgesendet, kommt die gewünschte Seite, wird sie in den Decoder geladen und decodiert).
- So wie das Telefon „intelligenter" wird, wird es auch der Fernseher als Empfänger: Decodierer (Videotext, BTX), Fenstertechnik (nicht nur beschränkt auf Fernsehprogramme), Jumbo-Bildschirm, verteilter Bildschirm (für Präsentationszwecke), Video-Projektionen.

Autotelefon

Mobilfunk war zunächst wesentlich beschränkt auf den beweglichen Landfunk, der im wesentlichen nicht-öffentlich im Rahmen geschlossener Benutzergruppen betrieben wurde: Polizei, Taxiunternehmen, private Unternehmen wie Speditionen. Eine Phase des öffentlichen Funkverkehrs war mit der Nutzung des 11m-Bandes durch CB (City Band) gegeben, das aber mit der Verbreitung des Mobiltelefons dann kaum noch genutzt wurde.

Der öffentliche Mobilfunk entwickelt sich in folgenden Etappen:
- A-Netz 1958-77 als handvermitteltes Autotelefonnetz
- B-Netz 1977-1994 als Autotelefonnetz, in dem man wissen musste, in welcher Region der Angerufene sich gerade befindet.
- C-Netz ab 1986 als weiterhin analoges, aber nunmehr zellular aufgebautes Autotelefonnetz, bei dem bei Wechsel des Angerufenen von einer Zelle in eine andere Zelle eine automatische Weitergabe (handover) stattfindet.

6.3 Digitalisierung der Netze

Mobilfunk

Zum eigentlichen Mobilfunk wird das Autotelefon weiterentwickelt durch die Digitalisierung des Mobilfunks, die einhergeht mit der Zulassung privater Konkurrenz zu einzelnen Netzen und Leistungen der Telekom (vorher: Deutsche Bundespost):
- ab 1992 die digitalen, europaweiten Netze D1 (Telekom) und D2 (Mannesmann). Diese Netze sind mehrdienstfähig (d.h. nicht nur telefonieren), die Empfangsgeräte sind durch entsprechende Miniaturisierung (insbesondere der Energieversorgung) so klein, dass sie tragbar sind, die Zellen können so ausgelegt werden, dass mobil telefonieren als Alltagsdienst eingesetzt werden kann. Für die Einbindung in die Festnetze und damit die Globalität der Mobilkommunikation sorgt ein weltweiter Standard GSM (Global System for Mobile Communication).
- ab 1994 E-Plus als noch kleinzelligerer digitaler Dienst (auf einem anderen Frequenzband)

Neben die mobile Telefonie treten – wahrscheinlich eher vorübergehend – als ergänzende Dienste etwa:
- Chekker: Betriebsfunk mit größeren Reichweiten, als Bündelfunk, d.h. die Datenströme werden auf jeweils freie Kanäle geleitet.
- Modacom als zellularer Datenfunkdienst
- unterschiedliche Pager-Dienste (d.h. Funkrufdienste, bei denen ein codiertes Signal nur von dem entsprechenden Empfänger aufgefangen werden kann, der dann weiß, dass er gesucht wird und eine entsprechende Nummer anrufen kann). Diese gibt es mit Tonruf (Pieper), Voicemail (kann dann über das Telefon abgerufen werden), Numerik (geben im Empfangsgerät Ziffern aus). Dienste waren und sind etwa Eurosignal, Cityruf, Scall, TellMe, Quix, Ermes, Omniport.

In den nächsten Jahren sind bereits weitere Entwicklungssprünge geplant bzw. in Realisierung (aber bisher mit relativ geringer Resonanz):

globale Telefonsysteme durch geostationäre Satelliten („Inmarsat" mit 5 GEO-Satelliten für weltweite Versorgung mit 4,5 KBit/sek)
- globale Telefonsysteme durch LEO-Systeme („Iridium" mit 66 LEO-Satelliten in 780 km Höhe; „Globalstar" mit 48 Satelliten
- globale Telefonsysteme durch MEO-Systeme („ICO" mit 10 Satelliten)
- das UMTS (Universal Mobile Telephony System) mit 2 Mbit/sek
- Das WATM (Wireless Asynchronous Transmission Modus) ,das dann die gleiche Transportschicht für Fest- und Mobilnetz definiert.

ISDN

Den Beginn der digitalen Nutzung des Telefons machten die Modemdienste. In der zweiten Hälfte der 80er Jahre wurde dann begonnen, neben dem analogen Telefonsystem ein digitales Telefonsystem aufzubauen – das „Integrated Services Digital Network". ISDN-Anschlüsse verfügen über zwei parallel laufende Leitungen, d.h. sie können zwei Dienste parallel realisieren. Im Telefonnetz kann ein ISDN-Anschluss drei verschiedene Nummern bedienen. An die sog. S_0-Schnittstelle können bis zu 8 unterschiedliche Geräte angeschlossen werden. Insgesamt verfügt ISDN über eine Übertragungskapazität von 2x64 KBit (zuzüglich 16 KBit Steuerkanal, die gelegentlich auch genutzt werden können). Diese Übertragungskapazität ist – im Vergleich etwa zu Fernsehkanälen – relativ bescheiden, daher wird diese Stufe des ISDN auch als „schmalbandig" angesehen und firmiert häufig auch als ISDN-S (im Unterschied zu ISDN-B für „Breitband", d.h. Kapazität für anspruchsvollere Bewegtbild-Übertragung). ISDN bietet natürlich mehr Komfort und Übertragungsgeschwindigkeit als das analoge Telefon, aber kaum neue Dienste, sieht man von eingeschränkten Möglichkeiten der Bildtelefonie ab. Es setzt sich daher kontinuierlich aber mit gebremster Dynamik durch.

Breitband-Systeme

Die Übertragung des Bewegtbildes erfordert Übertragungskapazitäten ab 2 MBit, ließ sich also auf den vorhandenen Kupferkabeln zunächst nicht realisieren. Um Kabelfernsehen als Verteildienst zu ermöglichen, wurde das Kabelsystem mit Hilfe von Koaxialkabeln als Baumstruktur aufgebaut, das aber keine Vermittlungsmöglichkeit, d.h. keinen Rückkanal ermöglichte.

Um interaktiv mit Bildern zu kommunizieren, sollte mittelfristig ein Breitband-Kabelsystem aufgebaut werden (ISDN-B), in dem im wesentlichen Lichtwellenleiter mit ihrer erheblich höheren Übertragungskapazität als Kabel eingesetzt werden sollten.

Für Zwecke der Videokonferenz zwischen besonders dafür ausgerüsteten Studios (für geschäftliche Zwecke) wurde in der zweiten Hälfte der 80er Jahre begonnen, ein breitbandiges Alternativ-Netz aufzubauen, das zunächst als Overlay-Netz geplant war (d.h. nur bestimmte Schwerpunkte miteinander verband und auch für andere Zwecke wie etwa der hochkapazitativen Datenübertragung genutzt werden konnte).

Zum Teil in (kabelmäßigem) Zusammenhang damit wurden auch dedizierte Netzwerke aufgebaut, die nicht öffentlichen Zwecken, sondern für eine bestimmte Mitgliedschaft zur Verfügung standen, wie etwa das Deutsche Forschungsnetz DFN.

Bei der Weiterentwicklung von Breitband-Systemen bestehen noch einige Unklarheiten, welche technischen Lösungen sich hier letztlich durchsetzen werden. Neben der Verwendung von Glasfaserkabeln (wie sie etwa in großen Teilen der ehemaligen DDR nach der Vereinigung bis vor die Tür der einzelnen Häuser gelegt wurden – „fiber to the home") spielen hier als Schlagworte eine Rolle:
- ATM Asynchronous Transmission Modus als Nachfolger bisheriger Paketvermittlungskonzepte (u.a. variable Frequenzbänder, besser handhabbare kleinere Pakete). ATM kann auch als Schicht 2- Unterlage für die Internet-Protokolle verwendet werden.
- ADSL Asymmetric Digital Subscriber Line ist eine neue Nutzungsform der Telefonkabel mit bis zu 8 MBit/sek Übertragungsgeschwindigkeit „downstream" (Rückkanal – „upstream" – bis 768 KBit/sek). Durch Nutzung unterschiedlicher Frequenzbereiche kann auch gleichzeitig analog und digital telefoniert werden. Die Leitungen werden immer nur dann geschaltet, wenn auch tatsächlich Daten übertragen werden.
- Satellitensysteme für mobile Breitband-Kommunikation wie „Teledesic" (288 LEO-Satelliten, beteiligt ist u.a. Bill Gates), „Skybridge" (80 LEO-Satelliten) „Celestri" (allerdings zunächst nur für ortsfeste Terminals, hybrides System mit 135 LEO- und 1-4 GEO-Satelliten)
- Nutzung der Stromleitungen zur Datenübertragung (PLC Powerline Communication)

Internet

In den 60er Jahren, im Kalten Krieg, begann die Zusammenarbeit von Rechnern an unterschiedlichen Standorten in den USA, insbesondere auch um die durch die Zeitunterschiede auftretenden Auslastungsschwankungen der Großrechner auszunutzen. Die damals typische Verbindungsform war die Leitungsvermittlung, die Netzstrukturen waren sternförmig für große Regionen. Die für militärische Zwecke wichtige Kommunikation zwischen Rechnern ließ sich also durch Ausschaltung einiger weniger Sternknoten leicht unterbinden. Daher suchte man nach einer technischen Alternative, die weniger störungsanfällig war.

Die Lösung bestand in zwei „Hauptphilosophien":
- Entwicklung der Paketvermittlung, bei der keine Leitung mehr notwendig war, sondern sich die Pakete im Prinzip ihren Weg selber suchen, d.h. ausgefallene Knoten durch alternative Wege umgehen können.
- Entwicklung einer Philosophie der vielen Netze mit flexiblen Übergängen zwischen ihnen – nicht ein Netz, sondern viele Netze und dazwischen Einrichtungen, die den Übergang von einem Netz in ein anderes ermöglichen. Dies war auch deshalb notwendig, weil an vielen Orten lokale oder regionale Netze am Entstehen waren.

Das erste Netz dieser Art war das vom US-Verteidigungsministerium betriebene ARPA-Net, in das vor allem Universitäten und andere private Forschungseinrichtungen eingebunden wurden, weil die Forschung in den USA in dieser Zeit zu großen Teilen über den Verteidigungshaushalt finanziert wurde. Für die Zwecke der Zusammenarbeit und des Übergangs in die vielen unterschiedlichen lokalen Netze wurden zwei Protokolle entwickelt: auf der ISO-Schicht 4 das „transmission control protocol" (TCP) und auf der ISO-Schicht 3 das „Internet protocol" (IP). Damit wurden vor allem die folgenden Funktionen zwischen den Teilnehmern, die die Protokollkombination TCP/IP ermöglicht:
- Remote Job Entry
- File Transfer
- e-mail
- Seitenorientierter Datenbankzugriff (Gopher) für Informationsbereitstellung und Informationssuche (die hierarchisch organisiert ist)

Dieses System der Zusammenarbeit war so erfolgreich, dass es relativ bald weltweit genutzt wurde und immer mehr Rechner als Server bzw. Klienten einbezogen wurden. Dennoch blieb diese Form der Kommunikation – die verkürzt „Internet" genannt wurde – begrenzt auf die harten Computer-Anwender, zumal es über eine wenig benutzerfreundliche Oberfläche verfügte. Dies änderte sich 1992 als von der europäischen Kernforschungseinrichtung CERN ein neuer Dienst angeboten wurde, das „World Wide Web" (WWW), das sich vor allem durch drei Komponenten auszeichnete:

- Die einzelnen Dateien können mit einer grafikfähigen Seitenbeschreibungssprache, die relativ einfach zu handhaben ist, sehr ansprechend gestaltet werden („HTML = hypertext markup language" ist ihrerseits Teil einer sehr mächtigen und gut verbreiteten Beschreibungssprache „standardized generalized markup language" SGML).
- Ein Element der Hypertext-Beschreibungssprache ist die Möglichkeit von einer entsprechend markierten Stelle einer Datei zu einer ganz anderen Datei nicht nur zu verweisen, sondern den Benutzer gleich mit dieser Datei in Verbindung zu bringen. Dies ermöglicht das „hypertext transfer protocol http".
- Der Benutzer muss über ein entsprechendes Programm verfügen, das als „client" den „server", auf dem die gewünschte Information liegt, anspricht und von ihm diese Seite/Datei abfordert, die dann mittels des Internet an den Rechner des „client" geschickt wird und dort entsprechend sichtbar gemacht werden kann. Diese übernimmt als „client" ein „*Browser*" – und als ein solcher Browser mit dem Navigator von Netscape preisgünstig und komfortabel zur Verfügung stand und die Erstellung von html-Seiten immer mehr durch Umsetzungsprogramme unterstützt wurde (vor allem als Teil von Textverarbeitungsprogrammen wie Word 7,0), wuchs die Nutzerschaft des Internet – insbesondere als Nutzung des WWW – stark an.

Inzwischen haben sich neben dem WWW und e-mail (mit integriertem File Transfer) eine Reihe weiterer Nutzungsformen im Internet entwickelt wie textorientierte Kommunikationsformen der Newsgroups, Chats, MUDs (Multi-user-Dungeons) aber auch hypertextorientierte Push-Dienste (broadcast-Verteildienste, die in Richtung der elektronischen Zeitung gehen), zeitkritische Ton- und Bild-Übertragungen (Internet-Radio und -Fernsehen, Webcams), Internet-Telefonie.

Dem Internet steht in den nächsten Jahren ein Modernisierungsschub bevor: Umstellung auf leistungsfähigere Übertragungswege (insbesondere durch sog. „Daten-Highways"), Einbindung plattformunabhängiger Programme in das WWW (etwa durch Verwendung der Programmierumgebung Java), Weiterentwicklung von HTML zur leistungsfähigeren und flexibleren Beschreibungssprache XML (extended markup language).

6.4 Netz-Tendenzen

Globalisierung

Die Netze werden immer globaler. Das Telefonnetz ist bereits relativ grobmaschig global, mit der Intensivierung der Mobil-Telefonie und deren Integration mit Satelliten-Übertragung wird theoretisch fast jeder Platz der Erde demnächst telefonisch erreichbar sein. Da es sich aber dabei um digitale Telefonie handelt, bedeutet dies tendenziell auch Telefax und Datendienste. Noch ist der Einbezug dieser Dienste in die Mobil-Telefonie nicht vollständig vollzogen, dies dürfte aber nur eine Frage der Zeit sein (etwa mittels des WAP-Standards, um Internet-Daten auf Handies darzustellen).

Lokalisierung

Die Vernetzung organisatorischer Umgebungen zur Organisations-Kommunikation wird immer dichter, gleichzeitig aber auch immer weniger abgeschlossen gegenüber der globalen aber auch der individuellen Ebene. Hier spielen insbesondere eine Rolle:
- Die Intensivierung der Leistungen von LANs durch Vordringen von Client-Server-Organisationen. Damit wird auch für viele Anwender eine neue Betriebssystemebene für die Server in den lokalen Netzwerken wichtig (hier gibt es mit Linux eine von der Benutzerseite initiierte Neuentwicklung, die mit den Windows-Derivaten schon im Wettbewerb steht).
- Die zunehmende Gestaltung von LANs als Intranets, d.h. LANs mit Internet-Standards und Schutzzäunen nach außen (Firewalls) und damit auch wieder Einführung der Terminal-Konzeption durch sog. Netzwerk-Computer

- Die Digitalisierung der Nebenstellenanlagen und ihre tendenzielle Integration mit den LANs
- Die Intensivierung der auditiven Kommunikationsebene durch Sprechfunknetze, Sprechanlagen, Mobiltelefone, dezidierte Sprachnetze etc. und deren Digitalisierung

Domestizierung

Die Vernetzung der Haushalte wird immer dichter und integrativer. Waren bisher die HiFi-Anlage, der PC-Arbeitsplatz und die Fernseh/Video-Kombination in sich vernetzte Komplexe, werden diese tendenziell alle miteinander vernetzbar, werden in diese Vernetzung einbeziehbar auch andere Haushaltsgeräte wie die Küchenmaschinen, deuten sich Integrationen mit neuen Netztypen wie den Sicherheitsanlagen, den Energiesparanlagen, den Komponenten des intelligenten Hauses etc. an. Das „In-Home-Netz" wird immer reichhaltiger. Hier könnte auch noch die Entwicklung eine Rolle spielen, in der die bisherige Universalmaschine Computer (in der gewissermaßen das gesamte Papier eines Haushaltes an einer Stelle repräsentiert war) sich zerlegt in unterschiedliche, miteinander kommunizierende Geräte für unterschiedliche Zwecke (wie man auch ganz unterschiedliche Notizzettel und Papiere an ganz unterschiedlichen Stellen hat und benutzt). Hier werden auch noch zwei Netztechniken eine Rolle spielen, die bisher am Rande standen (Infrarot) bzw. für Kommunikationszwecke noch gar nicht berücksichtigt wurden (Stromnetze, z.B. schon für Alarmanlagen, Babyruf-Anlagen).

Individualisierung

Das individuelle Netz, das der Mensch an und um sich trägt, zieht sich tendenziell immer mehr zusammen. Heute ist es noch überschaubar, enthält aber bereits eine wachsende Zahl von (tendenziell elektronischen) Geräten: Uhr, Notizkalender, Brille, Schlüssel, Börse – jetzt treten bereits hinzu ein oder mehrere Handies, ein oder mehrere Palmtops, intelligente Schlüssel, Pager, Chipkarten.

Die Vernetzung der Individuen und die Individualisierung von Netzen erhalten mindestens die folgenden Dimensionen:

- Das Individuum wird zu jedem Zeitpunkt von immer mehr Netzen angesprochen.
- Das Individuum muss zu jedem Zeitpunkt immer mehr Netze nutzen und bedienen.
- Das Individuum wird an seiner Peripherie immer mehr von einem eigenen individuellen Netz umgeben, da die verschiedenen Komponenten um ihn herum auch miteinander vernetzt werden.

Internalisierung

Der Mensch ist bereits selbst ein intensiver Wellenproduzent, so gibt es Hinweise auf:

Hirnströme

Frequenz	*Welle*	*Funktionszusammenhang*
unter 3,5 Hz	Delta-Wellen	Tiefschlaf
4-7 Hz	Theta-Wellen	emotionaler Stress
8 Hz	My-Wellen	motorische Aktivitäten
8-13 Hz	Alpha-Wellen	entspanntes Bewusstsein
14-30 Hz	Beta-Wellen	wacher Geisteszustand
32-60 Hz	Gamma-Wellen	noch nicht genau geklärt

Inwieweit es mit zunehmender Vernetzung und „elektromagnetischem Smog" zu Interferenzen mit den körperlichen Wellen kommt, kann zur Zeit nur vermutet werden. Ernster ist die Problematik, dass immer mehr elektronische Komponenten in den Körper eingebracht werden können, die nun wiederum an Netze angeschlossen werden oder von Netzen gestört werden können: Herzschrittmacher, Hörgeräte, Piercing-Komponenten, Chip-Aufkleber und -Implantate zu medizinischen Zwecken.

Ökonomisierung/Kommerzialisierung

Die Netze sind dazu da, um mit ihnen Geld zu verdienen (auch wenn dies bei Internet von außen kaum erkennbar ist). Damit sind aber zumindest derzeit drei neue Probleme verbunden:
- Mit zunehmender Unterschiedlichkeit der Dienste, die auf den Netzen realisiert werden können, mit zunehmender Kaskadierung der Instanzen, die dazu beitragen, dass eine Dienstleistung in Anspruch genommen werden kann (Browser-Hersteller, Provider, Netzknotenbetreiber, Adressenverwalter, Server-Betreiber, Netsite-Anbieter etc.) und mit zunehmender Intelligenz in den Infrastrukturen wird die Ökonomisierung der Netznutzung immer kleinrahmiger und differenzierter – von der Pauschalierung (wie wir sie von den Rundfunkgebühren kennen) zum „pay per use" – und das an alle, die daran beteiligt sind. Die Sache wird deutlich differenzierter und unübersichtlicher, die Tarife sind immer schwieriger miteinander zu vergleichen.
- Ein Teil der Kommerzialisierung von Kommunikation war schon seit langem indirekt über das Phänomen Werbung vorgenommen worden. Werbung als Finanzierungsinstrument braucht verlässliche Verfahren der Messung ihrer Nutzung. Bei der zunehmenden Kaskadierung der Vernetzung wird dies immer unübersichtlicher und schwieriger.
- Kommunikation hat immer Urheber und Urheber haben Rechte, die nicht nur schützenswert sind, sondern auch zur Kommunikation gehören, denn ohne sie würde es viele Kommunikation nicht geben. Die neuen Vernetzungen stellen aber für den Schutz von Urheberrechten ganz erhebliche neue Probleme.

Liberalisierung

Die neuen Netzformen sind verbunden mit den Tendenzen der Liberalisierung von Netzbetrieb und Netznutzung (erkennbar in der Konkurrenz von privatem und öffentlich-rechtlichem Rundfunk, der Konkurrenz im Telekommunikationsmarkt nach Zerlegung und Privatisierung der Deutschen Bundespost). Liberalisierung verschärft den Wettbewerb, dadurch wachsen die Wahlmöglichkeiten für die Benutzer, die Märkte werden aber auch unübersichtlicher (und schließlich muss man zumindest einen Teil von möglichen Kosteneinsparungen darauf verwenden, sich über Möglichkeiten der Kosteneinsparung zu informieren). Der Wettbewerb führt aber auch möglicherweise zu erheblichen Veränderungen. Der Bereich, an dem man das in den nächsten Jahren gut studieren kann, ist der der „letzten Meile": Alle Wettbewerber um den Telekommunikationsmarkt müssen einen Zugang direkt zum Endverbraucher haben, der aufgrund der Tatsache, dass es so viele Endverbraucher gibt, die in der Fläche verteilt sind, recht teuer ist – die Telekom hat ihn in Form des Telefonnetzes. Wer also die letzte Meile zum Endverbraucher überwinden will, muss entweder der Telekom Nutzungsentgelte bezahlen oder einen eigenen Zugang legen (oder eine technische Alternative zum Kabel entwickeln, die billiger ist als das Neuverlegen von Kabeln etwa in Form von Funkstrecken, die die letzte Meile überwinden oder durch Nutzung der Stromnetze).

Konvergenz

Die getrennten Technologien wachsen zusammen – einige Beispiele:
- EDV und Telekommunikation tun dies schon seit einiger Zeit als *„Telematik"*.
- Telefon- und Datennetze sind teilweise bereits integriert, etwa in ISDN.
- Funk- und Festnetze im Telefon- und Datenbereich wachsen immer stärker zusammen (*Fixed-Mobile-Integration*).
- Die verschiedenen benachrichtigenden Kommunikationsformen (Voice Mail, Telefax, e-mail) können unter Internet-Browsern zusammengefasst werden (*Unified Messaging*).
- Telefon-, Daten- und Funknetze können zumindest teilweise in den *Kabelfernsehnetzen* integriert werden.
- Telefon-, Daten- und Funknetze können zumindest teilweise in neuen *Satellitengenerationen* integriert werden.
- Telefon, Computer, Fernseher tendieren dazu, zu einem *multifunktionalen Endgerät* zu verschmelzen. Allerdings muss erst noch eine Grundsatzscheidung über das Bild – Video-Norm oder Computer-Ganzbild – getroffen werden oder eine leistungsfähige und billige Paralleldarstellung entwickelt werden. Eine Vorentscheidung könnte damit gegeben sein, dass für die endgültige Digitalisierung des Fernsehens das Vollbild in Aussicht genommen ist. Wegen der Textorientierung der Computerwelt müssten dann allerdings die Bildschirme größer werden, da die Betrachtungsentfernungen beider Nutzungsformen recht unterschiedlich sind. Dies würde wieder andere Bildschirmtechnologien oder Projektions-

formen erfordern, an denen aus Präsentationsgründen ohnehin gearbeitet wird.

Die Tendenz des Zusammenwachsens nennt man „Konvergenz" (manche Leute auch „Mediamatik"). Sie wird über die Digitalisierung und die Integration von Kommunikationsprotokollen (Beispiel Internet) befördert. Ob sie tatsächlich zu multifunktionalen Geräten und Netzzugangsstellen führen wird, muss sich noch zeigen (Konvergenz-Typ multifunktionaler Alleskönner und ein multifunktionales Netz) – vielleicht geht die Konvergenz auch in eine andere Richtung, in der für einzelne Funktionen kleine, spezialisierte Geräte vorhanden sind, die untereinander in spezialisierten Netzen kommunizieren und sich nur bei Bedarf auf höheren Ebenen in andere Kommunikationsprotokolle einbringen (Konvergenz-Typ individueller Spezialist mit Netzzugang).

Literatur

Die Literatur zu diesem Bereich ist einerseits sehr reichhaltig und wandelt sich rasch, setzt andererseits aber selten die Schwerpunkte, die in diesem Text gesetzt werden. Die folgenden Literaturhinweise sind daher vor allem Angaben der Quellen, die schwerpunktmäßig verwendet wurden, ergänzt um einige Standardwerke und Werke der allgemeinen Technikgeschichte.

Braun, H.-J.; W. Kaiser: Propyläen-Technikgeschichte. Bd.5: Energiewirtschaft – Automatisierung – Information seit 1914. Berlin 1997

Faulstich, W.: Grundwissen Medien. 3. Aufl. München 1998

W. Faulstich, W.; C. Rückert: Mediengeschichte im tabellarischen Überblick von den Anfängen bis heute. Bardowick 1993

Freund, G.: Photographie und Gesellschaft. München 1976

Giddens, A.: Konsequenzen der Moderne. Frankfurt a.M. 1995

Giedion, S.: Die Herrschaft der Mechanisierung. Frankfurt a.M. 1982

Gööck, R.: Die großen Erfindungen. Schrift Druck Musik. Künzelsau 1984

Gööck, R.: Die großen Erfindungen. Schall Bild Optik. Künzelsau, Männedorf, Salzburg 1985

Gööck, R.: Die großen Erfindungen. Nachrichtentechnik Elektronik. Künzelsau 1988

Gööck, R.: Die großen Erfindungen. Radio Fernsehen Computer. Künzelsau 1989

Große, G.: Von der Edisonwalze zur Stereoplatte. Berlin 1981

Habermas, J.: Theorie des kommunikativen Handelns. 2 Bde. Frankfurt a.M. 1981

Hadorn, W.; M. Cortesi: Mensch und Medien. 2 Bde. Stuttgart 1985-86

Hiebel, H.H.: Kleine Medienchronik. Von den ersten Schriftzeichen zum Mikrochip. München 1997

Hiebel, H.H.; H. Hiebler; K. Kogler; H. Walitsch: Die Medien. Logik - Leistung - Geschichte. München 1998

Jüttemann, H.: Phonographen und Grammophone. Herten 1993

König, W.; W. Weber: Propyläen-Technikgeschichte. Bd.4: Netzwerke, Stahl und Strom 1840 bis 1914. Berlin 1997

Luhmann, N.: Die Gesellschaft der Gesellschaft. 2 Bde. Frankfurt a.M. 1998

Mackay, H.; T. O´Sullivan (eds.): The Media reader: Continuity and Transformation. London – Thousand Oaks – New Delhi 1999

Mumford, L.: Mythos der Maschine. Frankfurt a.M. 1977

Naturwissenschaft und Technik: Schall Bild Optik. Weinheim 1991

Oberliesen, R.: Information, Daten und Signale. Geschichte technischer Informationsverarbeitung. Reinbek 1982

Patzuri, F.: Chronik der Technik. Dortmund Chronik-Verlag

Prokop, D.: Medien-Macht und Massen-Wirkung. Freiburg i.Br. 1995

Riedel, H.: Fernsehen. Von der Vision zum Programm. Deutsches Rundfunk-Museum Berlin 1985

Rumpf, K.-H.: Trommeln Telefone Transistoren. Ein Streifzug durch die elektrische Nachrichtentechnik. Berlin 1971

Scheurer, H.J.: Zur Kultur- und Mediengeschichte der Fotografie. Köln 1987

Schmidli, P.: Das Zeitalter der Telekommunikation. Bern etc. 1997

Simoneit, M.; W. Zeitvogel: Satzherstellung. 3 . Aufl. Frankfurt a.M. 1992

Sjobbema, D.J.W.: Geschichte der Elektronik. Aachen 1999

Sonnemann, R. (Hrsg.): Geschichte der Technik. Leipzig 1978

Teuteberg, H.-J.; C. Neutsch (Hrsg.): Vom Flügeltelegrafen zum Internet. Stuttgart 1998

Toeplitz, J.: Geschichte des Films. 5 Bde. Berlin 1992

Troitzsch, U.; W. Weber (Hrsg.): Die Technik. Von den Anfängen bis zur Gegenwart. Braunschweig 1982

Völz, H.: Kleines Lexikon Audio- und Videotechnik. Berlin 1996

Völz, H.: Kleines Lexikon Multimedia und DFÜ. Berlin 1996

Wersig, G.: Die kommunikative Revolution. Opladen 1985

Wersig, G.: Fokus Mensch – Bezugspunkte postmoderner Wissenschaft: Wissen, Kommunikation, Kultur. Frankfurt a.M. 1993

Winston, B.: Media Technology and Society. A History: From the Telegraph to the Internet. London - New York 1998

Wolf. H.-J.: Geschichte der Druckverfahren. Elchingen 1992

Register

A
A-Netz 181
Additionsverfahren 58
ADSL 184
AEG 84, 108
AEG-Telefunken 73
Aiken, Howard 123
akustische Fernkommunikation 88
Algorithmus 119
AM-Radio 109
Amateurfilm 72
Ampére, André Marie 92
Ampex 73
Amplitudenmodulation 109
analog 27, 120, 155
Animation 147
Anrufbeantworter 76, 180
Anschlagdrucker 50
anschlagfreier Drucker 50
Anschütz, Otmar 65
ANSI 139
Antenne 107
Apparat 17
Arbeitsspeicher 123
Archer, Frederic Scott 56
Arco, Franz v. 108
Ardenne, Manfred v. 114
Armstrong, Edwin 111
ARPA-N→et 185
ASCII 139
Astigmatismus 59

Astra 163
Astrofotografie 62
asynchron 170, 177
AT&T 96, 100
ATM 184
Ausgabeeinheiten 124, 129
Austastlücke 115
Audio-CD 82, 85, 157
Autoradio 111
Autotelefon 181

B
B-Netz 181
Babbage 122
Backbone 174
Baekeland, Leo Hendrich 78
Bain, Alexander 97
Baird, John Logie 73, 113, 116
Bakelit 78
Bakewell, F.C. 97
Balgen 60
Bardeen, John 124
Barnack, Oscar 57
BASF 57, 84
Basisband 171
Baudot, Jean 95
Baum 171
Belichtungsmesser 60
Belichtungszeit 52
Bell, Alexander Graham 99
Berliner, Emil 77, 79, 101
Beschreibstoffe 36

Betriebssystem 124, 139
Beta-Movie 75
Beta-System 74
Bewegtbild 144
Bildplatte 156
Bildschirmtext 118, 180
Bildtelegrafie 97
Bildverarbeitung 138
Bildwandler 114
binär 28
Binärsystem 120
BIOS 131
Bioskop 67
Blaupause 48
Bleistift 37
Blende 52
Blitzlicht 60
Blocksatz 42
Boole, George 121
Box 56
Branly, Desiré 107
Brattain, Walter 124
Braun, Karl Ferdinand 108, 113
Braun´sche Röhre 109, 113
Bredow, Hans 110
Breitband 171
Breitband-Systeme 183
Breitwandfilm 71
Brennweite 52
Bridge 174
Broadcast 171
Browser 186
Bruch, Walter 117
BTX → Bildschirmtext
Buchdruck 40
Büroschablonendruck 46
Bürovervielfältigung 49
Bus 124, 171
Byte 139

C
C-Netz 181
Cache 139
Camcorder 75
Camera obscura 53
Cannstedt, Schilling v. 92
Caselli, Giovanni 97
CAV 156
CBS 78, 116
CCD → charge coupled devices
CD-DA → Audio-CD
CD-Interactive 159
CD-R 128, 159
CD-ROM 128, 147, 158
CD-RW 159
Ceefax 118
Celluloid 57
Celluloidfilm 66
Chappe, Claude 90
charge coupled devices 63, 114
Chat 186
Chauvin 103
Chekker 182
Chemicolor 70
Chip 125, 126
Chladni, Ernst 75
Chrétien, Gille-Louis 53
Chrétien, Henri 72
Chronochrom 70
Chronofotographoskop 67
Cinecolor 70
CinemaScope 72
Cinematograph 67
Cinéscorama 71
Cinerama 71
Circarama 71
Client 174, 186
Client-Server 133, 135, 186
closed shop 133
CLV 156

CPU 123
Cooke, William 92
Counterfivoskop 67
Cros, Charles 76
Crosby, Bing 73

D
D1/D2 182
D2-Mac 118
DAB → Digital Audio Broadcasting
Daguerre, Louis 55
DAT → Digital Audio Tape
Data Broadcasting 165
Daten 14, 120, 141
Datennetze 178
Datentypen 25, 121, 144
Datex-J 189
Datex-L 178
Datex-P 178
Desk Top Publishing 147
Desktop 132
Dezimalsystem 120
Dezimeterwellen 105
Diagnostikfähigkeit 136
Diapositiv 59
Diazotypie 48
Dickson, William 66
digital 28, 120, 155
Digital Audio Broadcasting 163
Digital Audio Tape 85, 149
Digital Theatre System 70
Digital Versatile Disk 160
Digital Video Broadcasting 163
digitale Kamera 63, 149
digitaler Camcorder 149
digitales Buch 161
digitales Satellitenradio 163
Diktiergerät 76
Direktdatennetz 177

direkter Druck 40
Direktsendesatelliten 170
Disk Operating System 127
diskret 27, 120
Disney, Walt 71
Dolby, Ray M. 73, 85
Domestizierung 188
Donnisthorpe, W. 68
drahtlose Telegrafie 107
3-D-Film 72
3M 73
Dreidimensionalität 144
Dreifarbendruck 44
Dreischichtenfilme 59, 71
Druck 35
Drucken 39
Drucker 49
Druckprinzipien 42
Druckstock 39
Druckverfahren 41
Duplex 170
Duplex-Betrieb 95
Durchdruck 42
DVB → Digital Video Broadcasting
DVD → Digital Versatile Disk
dynamischer Lautsprecher 80

E
e-mail 186
E-Plus 182
Eastman, George 56
Edison, Thomas Alva 57, 66, 67, 68, 76, 78, 79, 95, 101
EEPROM 126
EFH 105
Eidoloskop 66
Eingabeeinheiten 124, 129
Einzelbild 144
Eisenbahn 92

elektrische Nachrichtenübertragung 92
elektroakustische Wandlung 29
elektrodynamisches Mikrofon 81
Elektrofotografie 48
elektromagnetische Wandlung 30
elektromagnetische Wellen 83, 104
Elektromagnetismus 82
Elektronenröhre 109
Elektronenstrahlröhre 114
elektronische Fernsehkamera 114
elektronisches Fernsehen 114
elektronisches Wählsystem 69
elektrooptisch-akustische Wandlung 29
elektrooptische Wandlung 30
elektrostatischer Lautsprecher 80
Elektrotachyskop 65
Elster, Julius 98
embedded systems 131
ENIAC 124
Entfernungseinstellung 52
EPROM 126
erasables 128, 156
evolutionärer Holismus 10

F
Faksimileschreiber 97
Faraday, Michael 83, 104
Farbdruck 44
Farbfernsehen 116
Farbfilm 70
Farbfotografie 58
Fardeley, William 93
Farnsworth, Philo 114
Federn 37
Feld, elektrisches 82

Feld, magnetisches 82
Fernkommunikation 88
Fernschreiben 95, 179
Fernsehformate 164
Fernsinne 11
Fernsprecher 101
Fessenden, Reginald 108
Festplatten 127, 140
Festwertspeicher 124
Fiber-to-the-home 184
File Transfer 175
Film 66
Film, Digitalisierung 70
Filmpatronen 58
Fischaugenobjektiv 60
Fixed-Mobile-Integration 191
Fixierung, zeitunabhängige 28
Flachdruck 41
Flash Chips 128
Flash Speicher 85
Flechsig, Werner 116
Flexodruck 41
floppy disk 128
FM-Radio 111
Fokus 52
Forest, Lee de 69, 79, 109
Foto-CD 148, 160
Fotoeffekt 114
Fotoflinte 66
Fotografie 48, 51
Fotoindustrie 63
Fototelegrafie 97
Fotozelle 98
Fox, William 69
Frame Grabber 148
Free TV 164
Frequenzmodulation 111
Frequenzmultiplexer 170
Fritter 107
Füllfederhalter 37

Füllschrift 79
Funk 104
Funkeninduktor 106
Funknetze 169, 181
Funkstunde Berlin 110

G
Gabor, Dennis 162
Gammastrahlen 105
Gate 173
Gateway 174
Gaumont, Léon 70
Gauß, Carl Friedrich 92
GByte 140
Geha 46
Geitel, Hans 98
Gelatine 55
Gensfleisch → Gutenberg
Gentex-Netz 96, 177
geostationäre Satelliten 169
Geräte 16
Geske, Friedrich 94
Getthemoneygraph 67
Glasfaser → Lichtwellenleiter
Globalisierung 187
Globalstar 183
Goldmark, Peter 78
Goodwin, Hannibal 57
Grafik 144
Grammophon 77
Gray, Elisha 97, 100
Grenzwellen 105
Grimoin-Sanson, Raoul 71
Großauflagendruck 49
Grundig 74
GSM 182
Gummilinse 73
Gutenberg, Johannes 42
Guttapercha 94, 103

H
Halbbildverfahren 115
Halbduplex 170
Halske, Johann Georg 93
Halstead, William S. 111
Handeln 10, 13
handheld computer 132
Hardware 124
Hardware-Generationen 124
HDTV 117, 164
Herschel, Sir John F.W. 56, 104
Hertz, Heinrich 104
Heterodyne-Prinzip 109
HF 105
Hirnströme 189
Hochdruck 41
Hoff, Marcian 125
Hollerith 122
Holografie 161
Holzschliff 38
Horner, William George 65
Host 173
Host-Terminal 133
HTML 146, 186
http 146, 186
Hub 174
Hughes, David Edward 95
Huth, J.S.G. 99
Hyatt, John Wesley 57
Hyperband 117
Hypermedialität 146

I
IBM 131
ICO 183
Ikonoskop 114
Imax 71
In-Home-Netz 188
indirekter Druck 40
Individualisierung 188

Information 14, 19
infrarotes Licht 105, 150
Inmarsat 183
Integrated Circuit 125
Intel 125
Intelligenz 136
Interaktivität 145
Intercast 165
Internalisierung 188
Internet 185
Intranet 172, 187
Iridium 183
ISDN 183
ISO-Referenzmodell 174

J
Jacquard 122
Jolson, Al 69
JVC 74
JVC Videomovie 75

K
Kabel 168
Kabel-Verteilsysteme 179
Kalmus, Herbert T. 70
Kamera, Elektronik 63
Kameraentwicklungen 59
Kameraphon 68
Karolus, August 98, 113
Karoluszelle 98
Kassette 84
KByte 140
Kerrzelle 98
Kinemaphon 68
Kinétoscope de projection 67
Kinetoskop 66
Kinofilm 59, 66
Kleinbildformat 57
Kleinbildkamera 61
Kleinschmidt, Eduard 96

Kleinstkamera 61
Klondikoskop 67
Koaxialkabel 169
Kodak 60, 62, 70, 72
Kodak Nr.1 56
Kodierungsverfahren 89
König, Friedrich 44
Kofferradio 111
Kohärer 107
Kohlemikrofon 101
Kohlepapier 45
Kollodium 56
Kommerzialisierung 190
Kommunikation 15, 19
Kommunikationsfähigkeit 136
Kommunikationstypen 24
Kondensator-Mikrofon 81
Kontaktmikrofon 81
Kontaktverfahren 54
Kontrollfähigkeit 136
Konvergenz 191
Kopie 28, 47, 48
Kopiertelegraf 97
Korn, Arthur 98
Krarup-Kabel 103
Kristall-Lautsprecher 80
Kristall-Mikrofon 81
Kristalldetektor 109
Künstliche Intelligenz 138
Kugelkopfschreibmaschine 45
Kugelschreiber 37
Kurzwellen 105, 106
Kurzwellenfunk 111

L
Längstwellen 105
LAN 133, 134, 172, 187
Land, Edwin Herbert 61
Langspielband 84
Langspielplatte 68, 78

Langwellen 105, 106
Laptop 132
Laser 151
Laserdrucker 550
LaserVision 156
Laterna Magica 64
Lautsprecher 80
LCD 130
Leblanc, Maurice 116
LED 130
Leibniz 121, 122
Leica 57
Leitungsvermittlung 171, 177
LEO-Systeme 170
Lesage, Georges-Louis 91
Lettern-Setzmaschine 44
Letzte Meile 191
LF 105
Liberalisierung 190
Licht 150
Lichtpause 48
Lichtton 69
Lichtwellenleiter 169
Lieben, Robert v. 110
Ligaturen 42
Linotype 44
Linse 53
Lithografie 41
Lochkarten 122, 127
Lochstreifen 127
Lokalisierung 130 187
Loomis, Mahlon 107
Luftfotografie 62
Lumiére, Brüder 59, 66, 67

M
Maddox, Richard Leach 56
Magnacolor 70
Magnafilm 71
Magnetband 73, 128

magnetischer Lautsprecher 80
magnetisches Mikrofon 81
Magnetophon 84
Magnetton 69
Mainframe 133
MAN 173
Marconi, Guglielmo 107
Marey, Etienne Jules 66
Mark I 123
Maschinen 17
Massenspeicher 127
Maxwell, James Clark 104
MByte 140
MD → Mini-Disc
mechanisches Fernsehen 112
Mediamatik 192
Mehrfachverarbeitungsfähigkeit 137
Mehrplatzsysteme 132
Mensch, 9
MEO-Systeme 170
Mergenthaler, Ottmar 44
Metallfedern 37
MF 105
MIDI 147
Mihaly, Dénis v. 113
Mikrocomputer 126
Mikrocontroller 131
Mikrofon 80, 101
Mikrofotografie 62
Mikroprozessor 125, 126
Mikroverfilmung 62
Mikrowellen 105
Millimeterwellen 105
Miniaturmalerei 53
Mini-Disc 85, 160
Minitel 118
Minox 61
Mittelwellen 105, 106, 110
Mobilfunk 182

Modacom 182
Modem 131
Modemdienste 180
Monitor 130, 141
Morse, Samuel 93
Morse-Alphabet 93
MP3 85
MS-DOS 131, 139
Music-Box 79
Multicast 171
Multicolor 70
Multimedia 143
Multiplex 170
Multiplikation 28
Muybridge, Eadweard 65

N
Nachrichten 88
Nadeldrucker 50
Nadeltelegraf 92
Nadelton 68
Nahsinne 11
NBC 115
Negativmethode 51
Negativverfahren 55
Neumann, John v. 123
Neuronale Netze 137
Newsgroups 186
Nicholson, William 91
Niederfrequenz 105
Niepce, Nicéphore 54
Nipkow, Paul 112
Nipkow-Scheibe 112, 113
Nixdorf, Heinz 133
Non-Curl-Film 57
NTSC 117

O
Objektiv 52
OCR 148

Oerstedt, Hans Christian 83, 92, 104
Offsetdruck 41, 47
Ökonomisierung 190
Open System Interconnection 134
optische Fernkommunikation 88
optische Speicherplatten 155
optische Telegrafie 89
optomagnetische Wandlung 30
Oracle 118
Ormig 46

P
paging 181, 182
Paketvermittlung 172, 185
PAL 117
Palmtop 132
PAL Plus 164
Panasonic VHS-Movie 75
panchromatische Platten 56
panchromatischer Rollfilm 57
Panoptikum 66
Panoramafilm 71
Pantelegraph 97
Papier 38
Papyrus 36
Parallele Übertragung 141
Pascal 122
Pathé, Charles 67, 72
Pay-per-channel 164
Pay-per-view 164
PC-Einplatzsysteme 131
PC-Karten 128, 160
PCMCIA → PC-Karten
peer-to-peer-communication 134
Perforation 66
Pergament 36
Pfleumer, Fritz 84
Phanakistiskop 65

Register

Phantaskop 65
Philips 74, 156
Phonoautograph 75
Phonofilm 69
Phonograph 76
Phonovision 73
Photographie 55
Physionotrace 53
piezoelektrisches Mikrofon 81
Pilottonverfahren 111
Pistor, Karl 90
Plateau, Ferdinand 65
Plattenspieler 79
Pocket-Kamera 60
Polarisationsbrille 61, 72
Polaroid 61
Polavision 73
Polychromid 70
Polyvinylchlorid 78
Popow, Alexander 107
Positivmethode 51
Positivverfahren 52
Poulsen, Valdemar 83
Powerline Communication 184
Praxinoskop 65
Preese, William Henry 107
Premiere 163, 164
Prince, Louis Aimé Augustin le 67
Prismenlinse 54
Privat-Fotografie 63
Programm 120
Projekion 65
PROM 126
Protokoll 174
Punkt-zu-Punkt 171
Pupin, Michael 103
PVC → Polyvinylchlorid

R
Radio, Digitalisierung 163
Radiowellen 105, 106
RAM 126
Rasterfotografie 45
Raumüberwindung 30
RCA 73, 78, 115, 116, 157
Reichenbach, Henry N. 57
Reis, Johann Philipp 99
Remote Jog Entry 175
Reproduktionsfotografie 29, 45, 62
Reprografie 47
Reuter, Julius 94
Reynaud, Emil 65
Rhein, Eduard 79
Richtfunk 169
Ring 171
Ritter, Johann Wilhelm 104
Rocketbook 161
Röntgenstrahlen 105
Roget, Peter Mark 64
Rollfilm 57, 60
ROM 126, 155
Ronalds, Francis 91
Rosenblatt, Joseph 69
Rotationsdruck 44
Router 174
Roy, Jean Aimé le 67
Rückkanal 165
Rundfunk 106, 109
Rundrufdienste 181, 182
Rundumprojektion 71

S
Saint-Victor, Niépce de 55
Satelliten 183
Satellitenfunk 118
Satellitenkommunikation 169, 179

Satellitenradio 163
Scanner 148
Schallplatte 77
Schallwellen 75
Schattenmasken-Röhre 116
Schellack 77, 91
Schellack-Platten 73, 77
Scherenschnitt 53
Schickart 122
Schlitzverschluß 60, 65
Schnellpressendruck 44
Schnellseher 65
Schnittstelle 174
Schöller, Eduard 74
Schott-Glas 59
Schrägspuraufzeichnung 74
Schreiben, Mechanisierung 45
Schreibgeräte 37
Schreibmaschine 45
Schreibstoffe 37
Schrift 35, 39
Schröter, Fritz 115
Schulze, Johann Heinrich 54
Schwarz-Weiß-Film 70
Scotch 3 M 74
Scott, Leon 75
SECAM 117
Seitendrucker 50
Seitenschrift 77
Selbstwahl 102
Senlecq, Constantin 112
Selen 98, 112
Semaphoren 90
Serielle Übertragung 141
Server 132, 173
Set-Top-Box 164
Setztechnik 42
SGML 186
Shannon, Claude 121
SHF 105

Shockley, William 124
sichtbares Licht 105, 150
Siebdruck 42
Siemens 108
Siemens & Halske 96
Siemens, Werner 93, 94, 95
Siemens, Wilhelm 103
Siemens-Karolus-Telefunken-
 System 98
Simplex 170
Sinne 11
Skladanowsky, Brüder 67
Slaby, Adolf 108
Smith, George Albert 70
Smith, Oberlin 84
Sömmering, Samuel Thomas v.
 91
Sofortbildfotografie 61
Softbook 161
Software 124
Sony 74, 75
Sony Digital Sound 70
Soundkarte 130
Speicherfähigkeit 136
Spiegelreflexkamera 61
Spirit-Carbon-Umdruck 46
Spoor-Berggren 71
Spracheingabe 148
Sprachverarbeitung 138
Spulengeräte 84
Stampfer, Simon Ritter v. 65
Standbild 144
Standleitung 177
Start-Stop-Technik 96
Steindruck 41
Steinheil, Carl August v. 92
Stephan, Heinrich v. 191
Stereoton 79, 111
Stereotypie 44
Stern 171

Streamer 128
Stripping Film 56
Stroboskop 65
Strowger, Alan B. 102
Stummfilm 68
Submillimeterwellen 105
Subtraktionsverfahren 58, 70
Super8 73
Super-VHS 74
Supercomputer 133
synchron 171, 177
Synchronisationsverfahren 89, 115

T
T-Online 118, 180
TAE-Dose 180
Tafeldruck 40
Tageslichtwechslung 57
Taktfrequenz 140
Talbot, William H.F. 55
TCP/IP 185
Technicolor 71
Technik 15
Technik, Komplexitätszuwachs 20
Technik, Vertrauen 21
Technikanwendung 18
Technikevolution 20
Techniknachlauf 18
Technikvorlauf 18
Technisierung, primäre 20
Technisierung, sekundäre 21
Technisierung, tertiäre 21
Technisierung der Rationalisierung 23
technischer Wechselstrom 105
Technologie 17
Teleautograph 97
Teldec 73

Telefax 99, 180
Telefon 99, 180
Telefunken 108, 110, 113
Telegrafendrähte 103
Telegrafie 88
Telehor 113
Telekommunikation 87
Telematik 191
Teleobjektiv 60
Teletex 96, 179
Televisor 73
Telex-Netz 64, 96, 176
Terminal 133, 173
Tesla, Nicola 107
Text 144
Textfotografie 62
Thermokopie 48
THX 70
Tiefdruck 41
Tiefenschrift 76
Tiegeldruck 42
Tinte 37
Tintenstrahldrucker 50
Todd-AO 71
Ton 144
Tonband 83
Tonband-Stereophonie 85
Tonfilm 68, 78
Tonfrequenz 105
touch-screen 130
Träger 25
Transatlantikkabel 94
Transformation 29
Transistor 111, 124
Transport 30
Tri-Ergon 69
Trockenplatten 56
Trucolor 70
Tuner 153
Turing, Alan 121

Turing-Maschine 121
Tusche 37
twisted pair 168
Typendrucker 50
Typenhebelschreibmaschine 45

U
U-matic 74
Uchatius, Freiherr v. 65
Übermittlung 29, 31
Übertragungswege 103
Ufacolor 70
UHF 105
UKW → Ultrakurzwelle
Ultrakurzwelle 105, 106, 111, 117
ultraviolettes Licht 105, 150
Umkehrfilm 59
UMTS 183, 191
Unikat 35
Untergrundkabel 103

V
Varietätsfähigkeit 137
Veriscope Company 71
Vergrößerung 52, 53
Vermittlung 102
Verschluss 52, 60
Verstärkerröhre 110
Verteilsystem 10
Vervielfältigung 28, 46
VHF 119
VHS 74
Video 74, 152
Video8 75
Video for Windows 149
Video System 2000 74
Videocigraphoskop 67
Videokonferenz 184
Videoplatten 155

Videotext 118, 181
virtuelle Realität 138
Visitenkartenfotografie 56
Vitoscope 71
VLF 105
Voigt, Hans 69
Volta, Alessandro 91
von Neumann-Architektur 123, 127

W
Wähldatennetz 136
Wahrnehmungsfähigkeit 136
Walker, Georg 56
Waller, Frederick 71
WAN 172
Warner, Brüder 69
WATM 183
WebCast 165
Weber, Wilhelm Eduard 92
Wechselplatten 130
Wedgwood, Thomas 54
Wege 26
Wehnelt, Arthur 109
Weillersches Spiegelrad 113
Weitwinkelobjektiv 60
Werkzeug 16
Western Union 100
Wheatstone, Charles 92, 93
Winchester-Technologie 127
Windows 131, 139
Wirtschafts-Rundspruchdienst 110
Wissen 14
Wissensverarbeitung 138
Workstation 132
WORM 156, 159
Wortlänge 140
WWW 186

X
Xerographie 41, 49
XML 187

Z
Zecca, Ferdinand 72
Zeigertelegraf 93
Zeilendrucker 50
Zeilensprungverfahren 115
Zeit 13
Zeitmultiplex 170
Zeitpunktunabhängigkeit 136
Zeitüberwindung 30
Zentimeterwellen 105
Zentraleinheit 123
Zoopraxiskop 65
Zoetrop 65
Zuse, Konrad 123
Zworykin, Wladimir 114
Zworykin-Kamera 73

Reihe Praktischer

Grundwissen

Claudia Mast (Hg.)
ABC des Journalismus
Ein Leitfaden für die
Redaktionsarbeit
8., überarbeitete Auflage 1998
594 Seiten, br.
ISBN 3-89669-239-9

Hans-Joachim Schlüter
ABC für Volontärsausbilder
Lehrbeispiele und
praktische Übungen.
Mit einem Geleitwort
von Herbert Riehl-Heyse
2. Auflage 1991
256 Seiten, br.
ISBN 3-89669-013-2

Heinz Pürer (Hg.)
**Praktischer Journalismus in
Zeitung, Radio und Fernsehen**
Mit einer Berufs- und Medienkunde für
Journalisten in Österreich, Deutschland
und der Schweiz
2., überarbeitete und erweiterte
Auflage 1996
664 Seiten, br.
ISBN 3-89669-206-2

Peter Zschunke
Agenturjournalismus
Nachrichtenschreiben
im Sekundentakt
1994, 272 Seiten, br.
ISBN 3-89669-015-9

Michael Haller
Recherchieren
Ein Handbuch für Journalisten
5., überarbeitete Auflage 2000
ca. 340 Seiten, br.
ISBN 3-89669-232-1

Michael Haller
Das Interview
Ein Handbuch für Journalisten
2., überarbeitete Auflage 1997
458 Seiten, br.
ISBN 3-89669-009-4

Ernst Fricke
Recht für Journalisten
Grundbegriffe und Fallbeispiele
1997, 402 Seiten, br.
ISBN 3-89669-023-X

Hermann Sonderhüsken
Kleines Journalisten-Lexikon
Fachbegriffe und Berufsjargon
1991, 160 Seiten, br.
ISBN 3-89669-018-3

Journalismus

UVK
Medien

Ressorts

Josef Hackforth
Christoph Fischer (Hg.)
ABC des Sportjournalismus
1994, 360 Seiten, br.
ISBN 3-89669-014-0

Karl Roithmeier
Der Polizeireporter
Ein Leitfaden für die
journalistische Berichterstattung
1994, 224 Seiten, br.
ISBN 3-89669-021-3

Gunter Reus
Ressort: Feuilleton
Kulturjournalismus
für Massenmedien
2., überarbeitete Auflage 1999
366 Seiten, br.
ISBN 3-89669-245-3

Gottfried Aigner
Ressort: Reise
Neue Verantwortung
im Reisejournalismus
1992, 272 Seiten, br.
ISBN 3-89669-019-1

Presse

Karola Ahlke
Jutta Hinkel
Sprache und Stil
Ein Handbuch für Journalisten
1999, 174 Seiten, br.
ISBN 3-89669-242-9

Michael Haller
Die Reportage
Ein Handbuch für Journalisten
3., überarbeitete Auflage 1995
336 Seiten, br.
ISBN 3-89669-011-6

Werner Nowag
Edmund Schalkowski
Kommentar und Glosse
1998, 364 Seiten, br.
ISBN 3-89669-212-7

Peter Brielmaier
Eberhard Wolf
Zeitungs- und Zeitschriftenlayout
1997, 268 Seiten, br.
zahlr. Farb- u. s/w Abb.
ISBN 3-89669-031-0

Martin Liebig
Die Infografik
1999, 472 Seiten, br.,
zahlr. Farb- u. s/w Abb.
ISBN 3-89669-251-8

Reihe Praktischer

Hörfunk

Bernd-Peter Arnold
ABC des Hörfunks
1999, 2., überarbeitete Auflage
342 Seiten, br.
ISBN 3-89669-261-5

Wolfgang Zehrt
Hörfunk-Nachrichten
1996, 240 Seiten, br.
ISBN 3-89669-026-4

Udo Zindel
Wolfgang Rein (Hg.)
Das Radio-Feature
Ein Werkstattbuch
inklusive CD mit Hörbeispielen
1997, 380 Seiten, br., 33 SW-Abb.
ISBN 3-89669-227-5

Robert Sturm
Jürgen Zirbik
Die Radio-Station
Ein Leitfaden für den
privaten Hörfunk
1996, 384 Seiten, br.
ISBN 3-89669-003-5

Michael H. Haas
Uwe Frigge
Gert Zimmer
Radio-Management
Ein Handbuch für Radio-Journalisten
1991, 792 Seiten, br.
ISBN 3-89669-016-7

Norbert Bakenhus
Das Lokalradio
Ein Praxis-Handbuch für den
lokalen und regionalen Hörfunk
1996, 296 Seiten, br.
ISBN 3-89669-004-3

Heinz Günter Clobes
Hans Paukens
Karl Wachtel (Hg.)
Bürgerradio und Lokalfunk
Ein Handbuch
1992, 240 Seiten, br.
ISBN 3-89669-022-1

Claudia Fischer (Hg.)
Hochschul-Radios
Initiativen - Praxis - Perspektiven
1996, 400 Seiten, br.
ISBN 3-89669-027-2

Stefan Wachtel
**Sprechen und Moderieren
in Hörfunk und Fernsehen**
3., überarbeitete Auflage 1998
192 Seiten, br.
ISBN 3-89669-025-6

Stefan Wachtel
Schreiben fürs Hören
Trainingstexte, Regeln und Methoden
1997, 336 Seiten, br.
ISBN 3-89669-030-2

Journalismus

UVK
Medien

Fernsehen

Ruth Blaes
Gregor Alexander Heussen (Hg.)
ABC des Fernsehens
1997, 488 Seiten, br., 25 SW-Abb.
ISBN 3-89669-029-9

Robert Sturm
Jürgen Zirbik
Die Fernseh-Station
Ein Leitfaden für das Lokal- und
Regionalfernsehen
1998, 490 Seiten, br., 20 SW-Abb.
ISBN 3-89669-210-0

Michael Steinbrecher
Martin Weiske
Die Talkshow
20 Jahre zwischen Klatsch und News.
Tips und Hintergründe
1992, 256 Seiten, br.
ISBN 3-89669-020-5

Hans Dieter Erlinger u.a. (Hg.)
Handbuch des Kinderfernsehens
2., überarbeitete und erweiterte Auflage
1998, 680 Seiten, br., 35 SW-Abb.
ISBN 3-89669-246-1

Hans-Peter Gumprecht
Ruhe bitte!
Aufnahmeleitung bei Film
und Fernsehen
1999, 266 Seiten, br.
ISBN 3-89669-262-3

Internet

Klaus Meier (Hg.)
Internet-Journalismus
Ein Leitfaden für ein neues Medium
2. überarbeitete und erweiterte Auflage
1999, 360 Seiten, br.
ISBN 3-89669-263-1

Ralf Blittkowsky
Online-Recherche für Journalisten
inklusive Diskette mit 1400 Online-Adressen
1997, 336 Seiten, br.
ISBN 3-89669-209-7

*Bitte fordern Sie unser
Gesamtverzeichnis an!*

▲ UVK Medien
Verlagsgesellschaft mbH
Schützenstr. 24
D-78462 Konstanz
Tel: (07531) 9053-0
Fax: (07531) 9053-98

www.uvk.de

Presse

Heinz Pürer
Johannes Raabe

Medien in Deutschland
Band 1: Presse

2., überarbeitete Auflage 1996
576 Seiten, br.
mit zahlr. Tabellen und Abb.
ISBN 3-89669-000-0

Die Vereinigung der beiden deutschen Staaten bedeutete auch für das Pressewesen eine tiefgreifende Zäsur, deren Folgen die Wirklichkeit der deutschen Presse noch auf Jahre mitbestimmen werden.
In diesem Buch sind – unter Berücksichtigung der politischen und wirtschaftlichen Grundlagen – die Strukturen der Presse in Deutschand dargestellt. Dabei arbeiten die Autoren im ersten Teil des Bandes die Grundzüge des Zeitungs- und Zeitschriftenwesens von seinen Anfängen bis zur Gründung der Bundesrepublik heraus. Im mittleren Teil wird neben den ausführlich erörterten Strukturmerkmalen auch auf die unterschiedlichen politischen Funktionen und rechtlichen Grundlagen der Presse in der Bundesrepublik und der ehemaligen DDR eingegangen. Im letzten Teil schließlich sind jene Vorgänge im Pressewesen seit dem Ende der deutschen Teilung detailliert nachgezeichnet, die zur gegenwärtigen Struktur der Presse in Deutschland geführt haben.

»Die differenzierte Darstellung west- und ostdeutscher Pressestrukturen ist ein Muß für alle, die berufsbedingt mit Medien zu tun haben.«
Frankfurter Allgemeine Zeitung

Rundfunk

Heinz-Werner Stuiber

**Medien in Deutschland
Band 2: Rundfunk**

1998, 1170 Seiten
in 2 Teilbänden, br.
mit zahlr. Abb. und Tabellen
ISBN 3-89669-032-9

Die Etablierung von Hörfunk und Fernsehen als duales Kommunikationssystem markiert einen Wendepunkt der Rundfunkentwicklung in Deutschland. Deshalb ist es sinnvoll, diese Entwicklung jetzt nachzuzeichnen, die technischen Voraussetzungen und die rechtlichen Grundlagen zu klären.

Das Werk beleuchtet im 1. Teil die Geschichte des Rundfunks in ihren technischen, gesellschaftspolitischen, rechtlichen und theoretischen Dimensionen.

Der 2. Teil stellt die privaten und öffentlich-rechtlichen Organisationsmodelle dar und beschreibt deren Finanzierung, Programmstrukturen und -grundsätze, die sich zunehmend differenzierenden Programmformen, die Nutzung der Rundfunkangebote und diskutiert abschließend in einem kritischen Resümee und Ausblick die aktuelle Lage der Rundfunkpolitik.

Heinz-Werner Stuiber ist Professor für Kommunikationswissenschaft an der Ludwig-Maximilians-Universität München. Er hat zudem als Geschäftsführer der Mittelfränkischen Medienbetriebsgesellschaft das DVB Multimedia-Bayern-Projekt mitentwickelt und ist für die wissenschaftliche Begleitforschung verantwortlich.

»Ein monumentales Werk mit Handbuch- und Lexikoncharakter«
                        Rundfunk und Geschichte

»Standardwerkverdächtig«
    ekz-Informationsdienst

UNI-PAPERS

Heinz Pürer
Einführung in die Publizistikwissenschaft
Systematik, Fragestellungen, Theorieansätze, Forschungstechniken
6. Auflage 1998
208 Seiten, br.
ISBN 3-89669-042-6

Heinz Bonfadelli
Medienwirkungsforschung I
Grundlagen und theoretische Perspektiven
1999, 276 Seiten, br.
ISBN 3-89669-273-9

Heinz Bonfadelli
Medienwirkungsforschung II
Anwendungen in Politik, Wirtschaft und Kultur
2000, 302 Seiten, br.
ISBN 3-89669-274-7

Werner Früh
Inhaltsanalyse
Theorie und Praxis
4., überarbeitete Auflage 1998
260 Seiten, br.
ISBN 3-89669-243-7

Thomas Knieper (Hg.)
Statistik
Eine Einführung für Kommunikationsberufe
1993, 448 Seiten, br.
ISBN 3-89669-046-9

Jan Tonnemacher
Kommunikationspolitik in Deutschland
Eine Einführung
1996, 292 Seiten, br.
ISBN 3-89669-002-7

Rudolf Stöber
Deutsche Pressegeschichte
Einführung, Systematik, Glossar
erscheint Sommer 2000
ca. 300 Seiten, br.
ISBN 3-89669-249-6

Konrad Dussel
Deutsche Rundfunkgeschichte
Eine Einführung
1999, 314 Seiten, br.
ISBN 3-89669-250-X

Gernot Wersig
Informations- und Kommunikationstechnologien
Eine Einführung in Geschichte, Grundlagen und Zusammenhänge
2000, 210 Seiten, br.
ISBN 3-89669-276-3

www.uvk.de

**Reihe
Praktischer Journalismus**

Grundwissen

Claudia Mast (Hg.)
ABC des Journalismus
Ein Leitfaden für die
Redaktionsarbeit
8., überarbeitete Auflage 1998
600 Seiten, br.
DM 39,80/ÖS 291/SFr 37,-

Hans-Joachim Schlüter
ABC für Volontärsausbilder
Lehrbeispiele und
praktische Übungen.
Mit einem Geleitwort
von Herbert Riehl-Heyse
2. Auflage 1991
256 Seiten, br.
DM 38,-/ÖS 278/SFr 38,-

Heinz Pürer (Hg.)
**Praktischer Journalismus in
Zeitung, Radio und
Fernsehen**
Mit einer Berufs- und
Medienkunde für Journalisten
in Österreich, Deutschland und
der Schweiz
2., überarbeitete und erweiterte
Auflage 1996
682 Seiten, br.
DM 54,-/SFr 49,-

Peter Zschunke
Agenturjournalismus
Nachrichtenschreiben
im Sekundentakt
1994, 272 Seiten, br.
DM 39,80/ÖS 291/SFr 39,80

Michael Haller
Recherchieren
Ein Handbuch für Journalisten
5., überarbeitete Auflage 1999
300 Seiten, br.
DM 36,-/ÖS 263/SFr 33,-

Michael Haller
Das Interview
Ein Handbuch für Journalisten
2., überarbeitete Auflage 1997
458 Seiten, br.
DM 46,-/ÖS 336

Ernst Fricke
Recht für Journalisten
Grundbegriffe und Fallbeispiele
1997, 402 Seiten, br.
DM 48,-/ÖS 350/SFr 44,50,-

Hermann Sonderhüsken
Kleines Journalisten-Lexikon
Fachbegriffe und Berufsjargon
1991, 160 Seiten, br.
DM 30,-/ÖS 219/SFr 30,-

Ressorts

Josef Hackforth
Christoph Fischer (Hg.)
ABC des Sportjournalismus
1994, 360 Seiten, br.
DM 39,80/ÖS 291/SFr 39,80

Karl Roithmeier
Der Polizeireporter
Ein Leitfaden für die
journalistische
Berichterstattung
1994, 224 Seiten, br.
DM 38,-/ÖS 278/SFr 38,-

Gunter Reus
Ressort: Feuilleton
Kulturjournalismus
für Massenmedien
2., überarbeitete Auflage
1999, 366 Seiten, br.
DM 45,-/ÖS 329/SFr 41,50

Gottfried Aigner
Ressort: Reise
Neue Verantwortung
im Reisejournalismus
1992 , 272 Seiten, br.
DM 39,-/ÖS 285/SFr 39,-

Presse

Michael Haller
Die Reportage
Ein Handbuch für Journalisten
4. Auflage 1997
332 Seiten, br.
DM 38,-/ÖS 277/SFr 35,-

Werner Nowag
Edmund Schalkowski
Kommentar und Glosse
1998, 364 Seiten, br.
DM 45,-/ÖS 329/SFr 41,50

Karola Ahlke
Jutta Hinkel
Sprache und Stil
Ein Handbuch für Journalisten
1999, 172 Seiten, br.
DM 38,-/ÖS 277/SFr 35,-

Peter Brielmaier
Eberhard Wolf
**Zeitungs- und
Zeitschriftenlayout**
1997, 268 Seiten, br.
DM 38,-/ÖS 277/SFr 35,-

Hörfunk

Bernd-Peter Arnold
ABC des Hörfunks
1999, 340 Seiten, br.
DM 42,-/ÖS 307/SFr 39,-

Sturm/Zirbik
Die Radio-Station
Ein Leitfaden für den
privaten Hörfunk
1996, 384 Seiten, br.
DM 60,-/ÖS 438/SFr 60,-

Antwort

UVK Medien
Verlagsgesellschaft mbH
Postfach 102051
D-78420 Konstanz

Bitte liefern Sie umseitige Bestellung mit Rechnung an:

Unterschrift

Ort, Datum

Zindel/Rein (Hg.)
Das Radio-Feature
Ein Werkstattbuch
1997, 380 Seiten, br.
DM 45,-/ÖS 329/SFr 41,50,-

Clobes/Paukens/Wachtel (Hg.)
Bürgerradio und Lokalfunk
Ein Handbuch
1992, 240 Seiten, br.
DM 19,80/ÖS 145/SFr 19,80

Claudia Fischer (Hg.)
Hochschul-Radios
Initiativen - Praxis - Perspektiven
1996, 400 Seiten, br.
DM 58,-/ÖS 424/SFr 52,50

Wolfgang Zehrt
Hörfunk-Nachrichten
1996, 240 Seiten, br.
DM 34,-/ÖS 248/SFr 34,-

Stefan Wachtel
**Sprechen und Moderieren
in Hörfunk und Fernsehen**
3., überarbeitete
Auflage 1998
192 Seiten, br.
DM 36,-/ÖS 263/SFr 33,-

Stefan Wachtel
Schreiben fürs Hören
Trainingstexte, Regeln und
Methoden
1997, 336 Seiten, br.
DM 42,-/ÖS 307/SFr 39,-

Fernsehen

Blaes/Heussen (Hg.)
ABC des Fernsehens
1997, 488 Seiten, br.,
25 SW-Abb.
DM 42,-/ÖS 307/SFr 39,-

Sturm/Zirbik
Die Fernseh-Station
Ein Leitfaden für das Lokal-
und Regionalfernsehen
1998, 490 Seiten, br.
DM 54,-/ÖS 394/SFr 49,-

Steinbrecher/Weiske
Die Talkshow
20 Jahre zwischen Klatsch
und News.
1992, 256 Seiten, br.
DM 36,-/ÖS 263/SFr 36,-

Hans Dieter Erlinger u.a. (Hg.)
**Handbuch des
Kinderfernsehens**
2., überarbeitete und
erweiterte Auflage 1998,
680 Seiten, br.,
35 SW-Abb.
DM 58,-/ÖS 423/SFr 52,50

Internet

Klaus Meier (Hg.)
Internet-Journalismus
Ein Leitfaden für ein
neues Medium
2., überarbeitete und erweiterte
Auflage 1999,
360 Seiten, br.
DM 42,-/ÖS 307/SFr 39,-

UNI-PAPERS

Heinz Pürer
**Einführung in die
Publizistikwissenschaft**
Systematik, Fragestellungen,
Theorieansätze,
Forschungstechniken
6. Auflage 1998
208 Seiten, br.
DM 32,-/ÖS 234/SFr 29,-

Heinz Bonfadelli
Medienwirkungsforschung I
Grundlagen und
theoretische Perspektiven
1999, 276 Seiten, br.
DM 39,80/ÖS 291/SFr 37,-

Heinz Bonfadelli
Medienwirkungsforschung II
Anwendungen in Politik,
Wirtschaft und Kultur
2000, 302 Seiten, br.
DM 39,80/ÖS 291/SFr 37,-

Werner Früh
Inhaltsanalyse
Theorie und Praxis
4., überarbeitete Auflage 1998
260 Seiten, br.
DM 32,-/ÖS 234/SFr 29,-

Thomas Knieper (Hg.)
Statistik
Eine Einführung für
Kommunikationsberufe
1993, 448 Seiten, br.
DM 39,-/ÖS 285/SFr 39,-

Jan Tonnemacher
**Kommunikationspolitik in
Deutschland**
Eine Einführung
1996, 296 Seiten, br.
DM 36,-/ÖS 263/SFr 36,-

Konrad Dussel
Deutsche Rundfunkgeschichte
Eine Einführung
1999, 314 Seiten, br.
DM 38,-/ÖS 277/SFr 35,-

BESTELLKARTE

Bitte liefern Sie mir zzgl. Versandkosten:
(ab DM 50,- ohne Versandkosten)

Anzahl   Autor/Titel

❑ Bitte informieren Sie mich über Ihre Neuerscheinungen.

Adresse und Unterschrift bitte auf der Vorderseite eintragen.